数字经济、数字化转型与会计变革

王保忠 著

西北大学出版社
·西安·

图书在版编目（CIP）数据

数字经济、数字化转型与会计变革 / 王保忠著. -- 西安：西北大学出版社，2025.6. -- ISBN 978-7-5604-5620-1

Ⅰ．F233.2

中国国家版本馆 CIP 数据核字第202506HV75 号

数字经济、数字化转型与会计变革
SHUZI JINGJI SHUZIHUA ZHUANXING YU KUAIJI BIANGE

王保忠　著

出版发行　西北大学出版社
（西北大学校内　邮编：710069　电话：029-88302825）
http://nwupress.nwu.edu.cn　E-mail: xdpress@nwu.edu.cn

经　　销	全国新华书店	
印　　刷	陕西日报印务有限公司	
开　　本	787 毫米×1092 毫米　1/16	
印　　张	13.5	
版　　次	2025 年 6 月第 1 版	
印　　次	2025 年 6 月第 1 次印刷	
字　　数	206 千字	
书　　号	ISBN 978-7-5604-5620-1	
定　　价	36.00 元	

如有印装质量问题，请拨打电话 029-88302966 予以调换。

前　言

数字化是当今时代发展的最大特征之一。新一代数字信息技术、人工智能的迅速发展，不仅重塑了企业生产、管理和协作的模式，更深刻推动了会计理论与实践的变革。企业要想在激烈的市场竞争中保持优势，必须直面这场由数据驱动的变革浪潮。会计制度如何在这场变革中突破传统边界，重构自身价值，既是数字化时代下的挑战，更是这个时代的机遇。

笔者近年来一直在研究会计变革和经济发展与变迁之间的联系，已出版的两本著作《中国会计制度变迁经济学研究》（2010）、《会计制度变迁与经济发展》（2022），主要关注在经济发展、环境变化的背景下，广义上会计制度变迁的主要特征、内容及趋势。

本书主要讨论在数字化变革的背景下，数字技术如何颠覆传统管理思维、重构会计理论框架，旨在为学术界提供数字经济与会计交叉领域的研究新进展。聚焦数字经济与企业管理变革，剖析数字化转型的战略意义与必然性；聚焦会计理论创新，分析数字技术对重构会计基本理论的推动力；聚焦数字技术如何赋能会计制度从"记录者"向"价值发现者"转变；聚焦会计业务控制与价值管理，业财深度融合引致组织文化与战略思维的转型。站在数字文明的门槛上，会计制度的变革从未如此剧烈。数字时代下的会计制度需要蜕变与新生——以数据为基石、以价值为导向、以技术为杠杆，在颠覆中锚定方向、在变革中重获新生。

由于笔者水平有限，书中不足之处在所难免，敬请读者批评指正。在此特别感谢陕西省社科联出版资助项目"数字经济、数字化转型与会计变革"（项目编号：2024SKZZ002）对本书出版提供的大力支持。同时，也感谢我的硕士研究生们为本书出版所做的贡献，他们参与了收集文献、数据处理等大量工作。其中，第一章由刘张童、孙婧姿参与，第二章由张翔、刘科儿参与，

第三章由杨晓璐、骆泓延参与，第四章由韩璐遥、张静怡参与，第五章由杜雪、张舒羽参与，第六章由闫欢欢、李治磊参与，第七章由杨安琪参与，第八章由冯茹参与，第九章由郭一迪参与。最后，还要特别感谢西安工程大学管理学院学科发展基金对本书出版的大力支持。

编　者

2025 年 3 月

CONTENTS 目 录

❀ **第一章　数字经济与企业管理变革**　1

　　1.1　企业管理数字化发展趋势　1

　　1.2　数字经济时代给企业管理带来的变化　9

❀ **第二章　企业数字化转型：从信息化到数字化**　22

　　2.1　数字经济与企业数字化转型　22

　　2.2　企业信息化与企业数字化　34

❀ **第三章　数字化时代下会计基本理论的发展变化**　43

　　3.1　传统会计理论的基本内容：从准则到框架　43

　　3.2　会计理论的创新实践：数字技术驱动变革　50

　　3.3　未来会计理论的前景展望　58

❀ **第四章　数字化时代会计变革的基本演化路径**　64

　　4.1　现代会计体系的数字化变革　64

　　4.2　影响会计变革的信息技术、数字技术　69

　　4.3　数字经济、数字化转型作用于会计变革的基本路径　76

❀ **第五章　信息通信技术（ICT）与会计信息变革**　83

　　5.1　移动互联网技术与会计信息处理场景变革　83

　　5.2　大数据技术与会计信息数据层级变革　91

5.3 区块链技术与会计信息记录、传播及存储变革　99

5.4 数字化转型与会计信息质量的关系　107

第六章　信息通信技术(ICT)与会计业务控制行为变革　113

6.1 云计算与会计管理成本变革　113

6.2 物联网技术与会计时效性变革　118

6.3 人工智能技术与会计决策支持变革　125

6.4 数字化转型与会计控制和监督效能提升　131

第七章　数据要素与会计价值管理　139

7.1 数据要素的价值属性　139

7.2 业财分离与企业组织管理变革　144

7.3 业财融合与企业价值创造变革　150

7.4 数字化技术与企业价值创造流程优化　158

第八章　数字化与会计从业人员变革　163

8.1 数字化对会计变革的影响　163

8.2 会计从业人员如何应对数字化变革　169

8.3 企业如何支持会计从业人员应对数字化变革　178

第九章　数字化与会计教育变革　183

9.1 传统会计教育的现状　183

9.2 数字化时代会计教育的新发展　189

9.3 数字化背景下加强会计教育变革的措施　195

参考文献　203

第一章
数字经济与企业管理变革

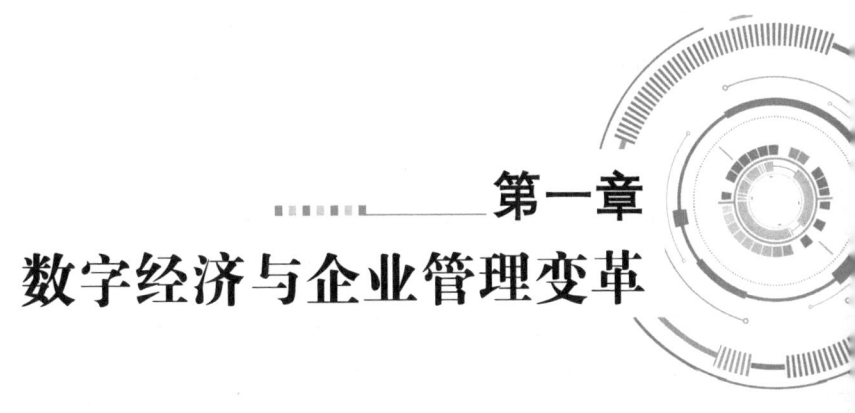

1.1　企业管理数字化发展趋势

1.1.1　数字经济概述

随着互联网、大数据以及人工智能的快速发展,数字经济几乎覆盖了人们生活的方方面面,并深刻影响着经济发展模式和产业迭代趋势。"数字经济"一词也在 2022 年上榜"十大网络热议语",可见数字经济已成为大众共同关心的议题,不仅影响着社会经济的高质量发展,而且与大众的生活联系也越来越密切。那么,何谓数字经济?

数字经济这一概念最早可以追溯到 20 世纪 90 年代。1996 年,著名经济学家唐·泰普斯科特首先提出"数字经济"的概念,并指出数字经济具有数字性、知识性、虚拟性、即时性、脱媒性等新特性,并在其 1998 年出版的《数字经济蓝图》(*Blueprint To The Digital Economy*)一书中对数字经济的特征和发展趋势进行了更为详尽的描述和预测,但并未提出数字经济的明确定义。1997 年,日本通产省根据数字经济所表现出的新特征将数字经济这一概念描述为广义的电子商务;美国商务部在 1998 年和 1999 年分别发布了研究报告《浮现中的数字经济》(*The Emerging Digital Economy*)和《浮现中的数字经济Ⅱ》(*The Emerging Digital Economy Ⅱ*),将数字经济视为电子商务与使电子商务成为可能的信息科技产业之和,同时正式将数字经济这一概念纳入经济统计体系,并在此后陆续发布的相关报告中去掉了"浮现中"等字眼,这也标志着数字经济已经作为经济发展的新动力和新方向正式进入大众视野。

随着互联网的普及以及数字化技术的发展,数字经济所涵盖的内容也变得更加丰富,各国的机构和学者基于不同的角度和出发点对数字经济作出的定义也不尽相同。时至今日,学界对数字经济的界定和理解仍存在一定的分歧。在我国认可度较高的数字经济定义是 2016 年在杭州 G20 峰会上发布的《G20 数字经济发展与合作倡议》中对数字经济的定义,即"数字经济是指以使用数字化的知识和信息作为关键生产要素、以现代信息网作为重要载体、以信息通信技术的有效使用作为效率提升和经济结构优化的重要推动力的一系列经济活动";随后,中国信息通信研究院于 2017 年发布的《中国数字经济发展白皮书》对上述概念进行了补充和改进,指出数字经济的发展应将数字技术创新作为核心驱动力,助力于深化数字技术与传统产业乃至实体经济的融合,进而促进经济发展与政府治理模式重构;此外,国际货币基金组织 IMF 对数字经济的定义在世界范围获得了较为广泛的认可,IMF 区分了数字经济定义的狭义和广义范畴,狭义上的数字经济仅指平台经济和共享经济等以线上平台为媒介的经济活动,广义上的数字经济则包括所有基于数字化的经济行为。

结合国内外众多学者对于数字经济的定义,本书最终确定的数字经济定义为:以数据资源为关键要素,以现代信息网络为主要载体,以信息通信技术融合应用、全要素数字化转型为重要推动力,促进公平与效率更加统一的新经济形态。在经济学上,将数字经济定义为通过大数据的识别、选择、过滤、存储、使用的过程,引导并实现资源的快速优化配置与再生,实现经济高质量发展的经济形态。在技术层面上,数字经济包括 5G、云计算、数据中心、互联网、物联网、人工智能、芯片、软件、区块链、量子计算等新兴技术。数字经济是继农业、工业之后的主要经济形态,目前已成为重组全球要素资源、重塑全球经济结构、改变全球竞争格局的关键力量。

事实上,数字经济的发展其实早已体现在人们日常生活中的点滴。例如,很多人的一天可能是这样度过的:早上起来通过手机查看公交车或者地铁的到站时间,急匆匆踩点上车;在地铁或公交车上一键下单公司楼下的早餐,点击"到店即餐";刷短视频发现正在推送洗面奶广告,突然想起家里没有洗面奶用了,于是下单购买;到公司楼下取了早餐通过人脸识别进入公司,与请假在家的同事通过线上会议商讨今日工作内容；下班高峰时段选择扫码骑共享单车回家，结束忙碌的一天。在数字经济的环境下，一部手机就能解决我们衣食住行所需的所有问题，数字经济已经渗透在每个人生活的方方面面。

当前，我国数字经济发展的势头非常迅猛。2023 年 8 月 16 日，在广东汕头举行的中国数字经济创新发展大会上，中国信息通信研究院发布了《中国数字经济产业发展报告（2023）》。该报告显示，我国数字经济占 GDP 比重已超过四成。2022 年，我国数字经济规模超过了 50 万亿元，占到整个 GDP 比重的 41.5%。据相关部门预测，2025 年中国数字经济规模将突破 60 万亿元，占 GDP 的比重将超过 50%。该报告还显示出 2017 年以前数字化转型工具对于服务业效率提升高于工业。2018 年，随着工业互联网战略的出台，工业领域数字经济的发展超越了服务业。截至 2024 年，各地建设数字化车间和智能工厂近 8 000 个。其中，2 500 余个达到了智能制造能力成熟度 2 级以上水平，基本完成数字化转型；209 个成为具有国际先进水平的智能制造示范工厂。全国具有一定区域和行业影响力的工业互联网平台超过 240 个，重点平台连接设备超过 8 900 万台套。由此可见，数字经济已经成为支撑经济高质量发展的关键力量。随着新一代技术的发展，全球经济社会的生产方式、生活方式、商业模式都在加速演进，数字经济将更多地服务于企业，尤其是工业领域的数字化转型。

不仅如此，数字经济也已在党和政府的文件中频频出现，如"十四五"规划建议中提出"发展数字经济，推进数字产业化和产业数字化"；2021 年，政府工作报告中指出"协同推进数字产业化和产业数字化转型"；2022 年，国务院发布的《国务院关于加强数字政府建设的指导意见》中指出，健全完善与数字化发展相适应的政府职责体系，强化数字经济、数字社会、数字和网络空间等治理能力；2023 年，国务院发布的《数字中国建设整体布局规划》中提到，到 2025 年，基本形成横向打通、纵向贯通，协调有力的一体化推进格局，数字中国建设取得重要进展。预计到 2035 年，数字化发展水平进入世界前列，数字中国建设取得重大成就。根据不完全统计，中央政府共出台了 9 部数字经济相关政策。其中，国务院出台了 4 部数字经济有关政策，重点包括数字经济制度完善、数字政府建设、数字安全体系构建等内容。中国银行保险监督管理委员会、财政部、住房和城乡建设部、中央互联网信息办公室和工业和信息化部分别出台了对应领域的数字化发展政策,涉及领域包括住房公积金、中小企业发展、银行业保险业转型、数字乡村、银行函证规范化等。另外,按照政策内容来看,《"十四五"数字经济发展规划》和《数字中国建设整体布局规划》等文件涵盖内容较为全面,其余 7 部政策则分别针对政府治理、乡村发展、中小企业转型、社会福利等领域提出数字经济发展的相应措施。数字经济各项政策的出台反映了国家对发展数字经济的重视程度甚高。

未来,数字经济还有巨大发展空间。首先,数字经济面临与人工智能的融合。人工智能可以提供更高效的数据分析和决策支持,同时也可以改变传统产业的生产方式和商业模式,人工智能技术的快速发展将进一步推动数字经济的发展。其次,通过云计算和大数据技术,企业可以更好地管理和利用数据资源,提高生产效率和创新能力,云计算和大数据技术的应用将进一步促进数字经济的发展。最后,区块链技术可以提供更安全、透明和可信的交易环境,进而推动数字经济的发展。它作为一种去中心化的分布式账本技术,将对数字经济产生重要影响。除此之外,数字经济未来还面临诸多挑战:第一,数字鸿沟问题。数字鸿沟是指信息技术在不同地区和不同社会群体之间的差距,数字经济发展需要解决数字鸿沟问题,确保每个人都能享受数字经济带来的机会和福利。第二,数据安全与隐私保护问题。随着数字经济的发展,数据安全和隐私保护问题日益突出。数字经济需要建立健全数据安全和隐私保护措施,保护个人和企业的数据安全和隐私权益。第三,法律法规和政策环境的规范问题。数字经济的发展需要有良好的法律法规和政策环境来支持和规范。相关部门和机构应加强监管和管理力度,并制定相关政策和法律法规,促进数字经济健康发展。

数字经济作为一种新型经济形态,逐渐成为全球经济的重要组成部分。未来,数字经济将继续推动产业升级和转型,促进跨境合作与互联互通,加强人才培养与创新能力的提升,从而为数字经济的可持续发展奠定基础。

1.1.2 企业数字化管理的必要性及意义

在大数据视阈下,企业开始高度重视从数据中获取信息,并以数据分析为载体优化管理。在企业数字化建设逐步深入的趋势下，人工智能技术在企业管理升级转型中的应用范围持续拓展。数字化建设在很大程度上加快了企业之间的跨界合作与有机耦合，在此形势下，企业将进一步侧重于提供优质与良好体验，持续推进升级转型进程。企业数字化管理建设独具现实意义，通过大数据分析，企业可深度了解市场动态与需求变化、消费行为、竞争对手等一系列相关信息，以助于企业有针对性地制定精准化决策。还可通过云计算、物联网、人工智能等多重技术手段，强化信息化建设以提高企业数字化管理水平，也可持续推动数字化升级转型，衍生数字化产品与服务，以充分满足消费群体的实际需求，强化企业综合竞争实力，同时可侧重人才培养机制与引进机制的构建，吸引高端人才，优化人力资源基础。因此，企业数字化管理实践是企业顺应数字化时代的重要选择，也是基于企业数字技术创新应用所带来的一场彻底的变革，其依托全新的行为、结构以及模式，对推进企业运营管理与效率的提升，具有十分重要的意义。

首先，企业数字化管理是企业自身谋求发展的必要条件。在以往的经营模式下，部分企业还沿用着传统的经营模式，企业的管理者与员工对数字化转型缺乏充分的认知，在转型过程中由于成本较高、自身资金不足等问题，多数企业会对数字化转型持保守态度，同时由于企业的转型内驱力不足等问题，企业在市场竞争中无法保持优势。从实践应用的角度来说，企业推进数字化管理能够实现对企业现阶段管理流程、方式的全面革新和重塑，在减少管理成本和投入、提高管理效率的同时，也增加了管理的透明度和各项决策的科学性，减少人为因素干扰所带来的各种消极影响。更重要的是，推进数字化管理本就是一场与时俱进的实践。企业的转型升级是当下各个级别企业的工作重心，也是企业需要关注的发展重心，要想保障自身在市场经营中的能力得到同步提升，促进自身市场竞争能力的突出，企业要充分思考如何在新时代下寻找创新的突破口，探寻数字化发展机遇、突出自身的发展实力，保障自身发展的先进性，减少发展中出现滞后状态的可能性。企业的数字化转型要以数字化技术为出发点，积极学习应用，进而提高企业的生产经营效率，节约生产成本。通过数字化、信息化数据分析，提升工作效率，在转型发展的实践过程中，企业要明确自身的不足与优势，了解自身的实力，应当坚持顺应时代的发展，把握数字化转型的方向。

其次，企业实行数字化管理也顺应了时代的发展要求。企业业务数字化是指信息技术与数据驱动的创新，体现了对于传统产业经营模式的大幅变动；管理数字化则主要指企业的流程线上化、信息化，处理速度加快、效率得到提升；经营数字化则是企业对数据资产的沉淀，以数据技术推进营销模式的进步，从而获取更多的客户。从理论建设的角度来说，一方面，数字技术的应用以及创新，正在对企业以往的管理学科和方法进行重构，其不仅将引领学术前沿，而且还会聚合现阶段我国管理学科相关领域的研究力量，及时构建数字时代管理科学体系，进而为创新和丰富企业数字化管理的知识维度做出贡献；另一方面，现如今国内已经涌现出很多具有国际影响力的数字平台和以服务企业数字化转型为方向的企业，也在不断促使很多企业迈向数字化转型的道路。加强对企业数字化管理实践展开系统性的研究，有助于本土企业生成更为系统、科学的理论实践体系，也将诞生一大批具有实践意义和指导价值的原创转型方案，能够为我国更多企业的数字化管理提供参考。

最后，企业数字化管理是政策推动下的企业模式创新。2021年10月18日，习近平总书记在中共中央政治局就推动我国数字经济健康发展进行第三十四次集体学习时强调："发展数字经济意义重大，是把握新一轮科技革命和产业变革新机遇的战略选择。"此次发言强调：数字经济健康发展有利于推动构建新发展格局、建设现代化经济体系、构筑国家竞争新优势。该阶段我国数字经济政策数量不断增多、内容日益丰富、体系愈加完善，逐步形成了覆盖各领域、贯穿各环节、打通各层级的政策支撑框架。其中，"数字政府""促进中小企业数字化转型""数字乡村""数据安全"等关键词被频频提及，发展数字经济已上升为我国最重要的经济战略之一。进入"十四五"以来，《"十四五"数字经济发展规划》作为我国首部在数字经济领域的国家级专项规划，明确了"十四五"期间我国数字经济的发展目标，从优化升级数字基础设施、充分发挥数据要素作用、大力推进产业数字化转型等八个方面部署了推动数字经济发展的重点任务，围绕信息网络基础设施优化升级、数据质量提升、数据要素市场培育试点等内容谋划了十一项重点工程，为今后工作的开展和产业政策的制定指明了方向。2022年10月，党的二十大报告将数字经济放到了国家战略地位，不仅重申了"加快建设网络强国、数字中国""加快发展数字经济，促进数字经济和实体经济深度融合"等战略性目标，而且从"构建新一代信息技术、人工智能等一批新的增长引擎""打造具有国际竞争力的数字产业集群""加快发展物联网"等方面构建了数字产业的发展路径，强调以"加快制造业高端化、智能化、绿色化发展""推进教育数字化""发展数字贸易""实施国家文化数字化战略"等方式推动传统产业的数字化转型，还明确提出"强化经济、重大基础设施、金融、网络、数据、生物、资源、核、太空、海洋等安全保障体系建设"，将网络安全和数据安全置于与经济安全、核安全、海洋安全同等重要的层面。这是党和国家首次将"发展数字经济"正式载入纲领性文件，并将数字产业化、产业数字化和数字化治理作为发力点擘画数字经济发展新蓝图，也是对"十四五"专项规划的呼应和总结，再次凸显数字经济在党和国家事业全局中的重要战略地位。《网络强国战略实施纲要》《数字经济发展战略纲要》《"十四五"国家信息化规划》《"十四五"大数据产业发展规划》等文件的相继出台，形成了推动我国数字经济发展的强大合力，激发和释放了数字经济发展的巨大潜能。2023年，根据党的二十大精神，中共中央、国务院发布了《数字中国建设整体布局规划》，强调建设数字中国是数字时代推进中国式现代化的重要引擎，并布局了明确的"2522"整体框架，揭开了数字经济顶层设计和系统规划的新篇章。在数字经济发展战略、政策的强力推动下，数字经济快速创新、高速发展，并在数字产业化与产业数字化"双轮驱动"效应的影响下，与传统产业深度融合，不断催生出大量的产业新业态、新模式，进而成为驱动全球经济发展的新动能。

在当今高度信息化的社会背景下，数字化转型已经成为企业生存和发展的关键因素，具有深远意义。

第一，强化数字化管理有助于提高企业竞争力。党的十九大报告明确指出了培育具有全球竞争力的世界一流企业的目标，为新时代我国企业的发展提供了明确的发展方向。企业是国家经济发展的主体，通过加快自身数字化转型，可以有效提高我国企业在国际市场上的地位。利用新型数字技术，我国企业的核心竞争力可以转变为制造、服务和数字化三者的有机结合，进而实现内部生产、客户需求和经营管理的高度融合。数字化转型不但可以减少时间和费用，而且可以增加对市场变动的敏感度。所以，通过对企业进行数字化转型，可以提高企业核心竞争能力，让其能够更好地作为中国的代言人走进全球市场，在全球范围内拥有发言权。这样，我国企业能更好地履行其应有的经济和社会责任。数字化转型将促使企业在市场竞争中拥有更强大的竞争优势，同时也能更好地满足不断变化的客户需求。通过数字化转型，企业能够更好地适应全球经济格局的变化，推动我国企业在全球市场上崭露头角，为中国经济的进一步发展做出更大贡献。因此，数字化转型已经成为实现我国企业高质量发展的必然途径，必须高度重视和积极推进。

第二，数字化转型有助于我国企业实体经济转型升级。以现代信息通信技术为基础，可以使企业之间的业务协作和经验交流变得更为有效，进而推动全行业乃至整个国民经济的数字化发展，进而推动我国实体经济的高质量发展，实现经济的转型升级。因此，必须加快我国企业数字化转型的进程，必须科学制定发展战略，优化完善组织架构，积极培育创新文化。在战略实施的过程中，要着力增强数据意识和数据能力，加快数字基础设施建设，加强对关键核心技术的研发攻关。

第三，数字化是优化企业价值链的重要途径。数字化管理是一种基于价值链的信息化管理系统。价值链管理强调了价值链的各项业务活动间的联系不仅存在于企业价值链内部，还存在于企业价值链与供应商和渠道的价值链之间。总而言之，价值链就是从供应商开始、直到顾客价值实现的一系列价值增值活动和相应的流程。只有对价值链的各个环节实行有效管理的企业，才有可能真正获得市场上的竞争优势。数字化是企业提升竞争力和加强内部管理的需要。价值链中存在着三个流程，即物流、资金流以及信息流。通过对物流管理的数字化可以重构企业的业务流程，降低企业的运营成本，优化企业组织内部管理结构。跨企业优化资源，在全球范围内选择原材料供应商，将供应商和合作伙伴纳入 EEP 统一计划，进行有效的供应链管理的数字化，通过数据的收集和分析，及时了解顾客需求，提升顾客体验感。企业数字化的实现和发展，企业价值链被技术和顾客重塑，实现数字化技术、业务和经营管理的深度融合，驱动企业增长模式的重塑。因此，数字化管理有利于创新商业模式，是优化企业价值链的核心。

企业内从设计以至销售等部门除在供应链中的上、下游关系外，还将因互动产生了并行运作、同时演进的新关系：当一方有变，其他方都能通过网络迅速做出反应。这样，企业的整体管理水平将得以提高，从而使企业更好地适应特殊的数字化市场环境。同时，数字化管理企业通过数字化技术的大量采用，改进和强化企业物资流、资金流、人员流及信息流的集成管理，对企业固有的经营思想和管理模式进行数字化变革，从而提高产品品质、降低生产成本、提高运营效率，进而使企业提高市场竞争力。

1.2　数字经济时代给企业管理带来的变化

数字经济正在重塑世界经济版图，也成为中国经济增长的新动能。大量的经济数据表明，中国经济正在高速前进。在此背景下，中国市场的竞争日趋激烈，市场变革浪潮一浪高过一浪，随着经济社会的不断深化，企业自身原有的经营模式开始出现市场不适性，拖累企业整体发展进程。因此，不断适应新形势下的经济社会秩序是企业发展无法避免的实际问题。如何正确认识经济环境变革，明确企业经营的实际需求，在企业实际运作中充分调节企业经营与经济大环境之间的联动关系，成为经济发展新形势下企业所需要面临的重要问题，也是不断强化企业在不同时期竞争力的重要因素。

1.2.1　管理思维变革

数字经济转变了传统的资源配置方式，是一种新型的商业活动模式，体现了新的经济形态。随着工业化进程推进，产业链将被重新组建，"产品＋服务"模式将创造新的价值。数字经济不仅能推进基础创新，还能促进商业模式创新。近年来，供应链已经发展到与物联网智慧供应链阶段，促进产业结构变化，推动大数据、人工智能等实体经济深度融合，为新型人力资本服务领域拓展了新动能。

传统商业关系中，企业是社会生产主力，但企业之间没有建立信息平台，信息无法高效传递，尤其当企业涉及不同领域时，会严重影响企业创新能力。企业通过改善运营方式或者创新服务，没能收到预期效果，创新速度无法满足客户需求。企业通过拓展经营模式,增加要素供给,如果没有妥善转型会影响企业核心竞争力。工作重心落在了技术改进上,会影响终端服务水平,造成客户流失。因此,企业生产创新能力不能完全被开发,用户不能参与到产品生产中来,权益不能得到根本性的保障。随着数字经济时代发展,数字化技术建立了通畅的商业网络,打破了组织界限,提高了用户主动权,从而突出用户价值主导地位。

在传统企业管理理论中,利用用户信息改进产品、服务的供给已经是常规做法。但是,信息存储技术能力有限,信息量在规模和范围上难以实现较大突破,在决策支持方面难以提供充分的证据。受益于云计算及相关辅助性技术的升级与完善,企业能够以较低的成本在多个维度快速地聚集海量的用户数据。例如,谷歌凭借搜索引擎所建立的庞大用户数据库,在美国疾病预测系统处于领先地位。然而,仅仅拥有数据仍然无法建立牢固的竞争壁垒。企业还必须能够从实时数据中快速、持续挖掘出稳定的边际价值,并且在较短时间内体现到产品、服务的供给中。高德地图、百度地图利用路况的实时数据,预测交通流量并推荐最优路线,赢得了大量用户,而这些实时数据在几分钟内就会失去价值。对实时数据的快速采集和高效挖掘,加剧了企业之间在价值创造上的竞争,直接的结果就是产品更新换代的速度逐渐增快。根据摩尔定律可知,计算机微处理器(芯片)的处理能力每18个月就会翻倍。同等价位的微处理器会越变越快,同等速度的微处理器会越变越便宜。这一规律反映了信息技术更新升级的速度,以及企业发展所面临的压力和危机。这也意味着,刚刚上市的新产品,可能还没有来得及实现成本优化和大规模盈利,便已陷入被淘汰的尴尬境地。

因此,数字经济下,企业之间的协同固然重要,但是不能忽略了用户的参与。在以用户价值为主导的商业逻辑下,用户与企业共同参与价值创造,这也是未来产业竞争的主要模式。让用户实质性地参与到企业的生产活动中,赋予用户更多的话语权,从需求端向供给侧发力,是数字经济下企业追求价值最大化的必要条件。

1.2.2 管理模式变革

1. 营销模式

企业采用网络化、扁平化的组织结构有助于强化对市场需求的即时响应，也提高了整合碎片化价值的综合能力。人工智能、区块链、云计算、大数据技术的应用极大地丰富了产品的供给，数据、信息充斥于数字化空间。然而，产品种类的增多，无形中增加了消费者的搜索成本，并不会带来更好的消费体验。信息的丰富导致用户对单个产品的注意力匮乏，信息过载降低了用户从产品中获得的使用价值。针对上述现象，工业化时代"广而告之"的粗放化营销模式在满足个性化需求方面的速度慢、时间长、成本高，越来越难以适应市场的变化。数字经济时代下，企业的营销模式必须更加精准化、精细化，在详细地了解用户需求的变化后，切实提供他们真正需求的产品和服务，减少信息噪音。其中，一个非常重要的方面，就是为用户打造独特、便捷的使用体验。与价值挂钩的使用体验因用户的不同而变化，企业在设计体验情境时还需要考虑用户需求的多样性。也正是这种以个体用户为中心的经营理念，使得企业从需求端的视角不断发现新的市场机遇。例如，联合利华公司的品牌之一"多芬"，根据用户群体的定位，在电脑端和移动端跨屏投放营销信息以增加品牌曝光，通过对人群、算法、时段、地域等多个维度进行优化，挑选优质目标群体参与品牌互动的各类活动中。多芬采用精准营销模式的投放成本仅为传统营销模式的1/3，活动转化率却是后者的3倍以上，在不断聚焦优质群体的同时，提升了服务的针对性和有效性。

技术应用提高了价值供给的效率，为企业提供个性化、一对一服务创造了条件，同时也实现了产品的差别化定价。差别化定价是指企业根据用户对产品性能的使用情况、消费偏好、紧急程度等，设计不同的价格标准，增加品牌影响力以及对用户群体的覆盖率。追求使用体验、品牌忠诚度高的用户对时间、性能的敏感超过了对价格的敏感，即使在使用中出现一些小的问题也不会削减他们的热情，新上市价格较高的产品也能够较好地迎合他们的需求。不过，大多数用户仍然希望能够获得有一定品质保证、价格相对合理的产品，企业要想获得他们的认可，就需要通过持续测试实现性能的稳定、成本的降低。随着用户体验场景的丰富化，不同的用户从同一件产品中获取的价值诉求表现出明显差异。在数字化空间中，企业可以对产品性能进行精细划分，按照用户提出的要求进行组合，设置相应的价格。用户仅需对所需的产品性能进行支付，不必以获取产品的全部性能为前提。例如，苹果公司旗下 iTunes 凭借让用户在线整理歌曲库、仅对入库歌曲进行付费的商业模式，减少了用户购买整张唱片专辑的成本以及盗版资源的泛滥，也节省了用户为听喜欢的歌曲而不得不更换 CD 的时间，iTunes 也因此成为美国最大的在线音乐商家，为苹果公司创造了巨大的经济利益。

精准化、精细化营销的基础是透过丰富的数据去深入分析用户的消费行为与消费需求，开展全渠道营销、拓展数据来源成为必要之举。所谓全渠道营销是指企业采用人工智能、区块链、云计算、大数据等技术，通过实体商店、网上商城、移动终端、社交网络等多元化的渠道满足用户多方面的综合性需求，给予用户全方面的直接沟通以及一体化消费体验，并在不同渠道之间实现精准衔接。其间，企业以数据的形式随时记录和采集用户的所有相关行为。数字化测量隐含了两个基本假设，分别是用户行为受到潜在意识的支配以及偏好趋于稳定。分析用户过去的行为总是能够为企业提供有价值的市场信息，这些信息也成为企业制定营销决策的重要依据。从这个角度来看，全渠道营销也意味着营销活动的全面数字化，即由数据驱动人流、物流、信息流、资金流的共享与汇集。例如，优衣库以信息化管理的方式打通供应链的主要环节，基于对用户数据的分析进行市场预测，连接线上、线下链条，改善生产、分配流程，降低库存数量。同时，优衣库还利用人工智能技术建立全球用户的数据平台，加强对用户需求变化的观察与判断，实现从"为所有人而做"向"为你而做"的转变。

2. 生产模式

精准化、精细化的营销模式倒逼上游的生产体系发生变化，模块化、柔性化生产模式应运而生，进而逐步替代了工业化时代的单一性、批量化的生产模式。为了满足顾客的多样化需求，企业的生产装配线必须具有快速调整的能力。为此，必须实现适合于定制化产品的模块化制造。模块化是指半自律的子系统，通过和其他同样的子系统按照一定的规则相互联系而构成的更加复杂思维系统或过程,即将产品的某些要素组合在一起,构成一个具有特定功能的子系统,将这个子系统作为通用性的模块与其他产品要素进行多种组合,构成新的系统,产生多种不同功能或相同功能、不同性能的系列产品。产品的模块化由两部分组成,一部分是所有产品共有的,另一部分是体现产品定制特征的,企业将共同的部分事先组装起来,一旦顾客提出自己的特定要求,便将这些满足要求的部件迅速组装上去,从而提高效率。模块化有多种形式,其中可组合模块化可提供最大程度的多样化和定制化,允许任何数量的不同构建类型按任何方式进行配置。

柔性化生产由英国莫林斯公司于1965年首次提出,生产技术的发展不断扩大了柔性化生产的内涵与形式。数字技术与制造业的不断融合带来制造范式的变革,制造业在数字化空间中实现闭环、赋能的价值循环。与传统的工业技术相比,云计算、大数据等数字技术的突出特点就是它们更加善于捕捉由数字化和信息技术普及带来的无处不在的力量,智能化的生产线能够在少品种、大批量生产与多品种、小批量生产之间的任意切换。数字经济降低了企业的搜索成本、复制成本、运输成本、溯源成本以及认证成本,极大地提升了生产的柔性化、供应链协同以及对生产风险的管控。企业可以根据实时获取的市场信息进行生产要素的配置,合理安排生产计划,弹性释放产能,加快库存周转。随着线上交易的普及,计算机在对用户订单进行分析后,为企业制订了最优的规划方案,信息、数字产品以及实体产品的运输成本及运输效率都得到了明显改善。三一集团作为高度离散化的制造型企业,在经过数字化升级后,建立起基于三维仿真的数字化规划之上多车间协同、执行一体化的柔性化生产模式,生产效率、物流配送效率得以提高,生产周期、误操作、不良品率、人力成本、运营成本等均有不同程度的降低。

柔性化、智能化的生产使得企业能够更为灵活地生产用户需求的产品,生产模式从传统的大规模生产转变为在数字经济下进行个性化定制。人工智能、区块链等技术强化了企业对生产流程的管控,促进产品质量的持续改善,也为企业打开了让用户参与生产活动的大门。在影响用户购买意愿的各类因素中,个性化、产品类型具有显著影响,而价格对购买意愿的影响却微乎其微。与标准化产品相比,个性化产品更好地满足了用户的需求,给用户带来更高的价值。用户不再满足于仅仅作为产品的被动接受者，而是更希望拥有在众多产品属性中进行选择的权利，进而根据个人喜好进行组合。用户是具有创造性的个体或群体，有意愿也有能力与企业共同进行产品的设计与研发。如果用户对自我偏好有更好的了解、更好地表达偏好并且更多地参与到产品中，那么获得的价值就会更高。因此，很多企业推出了由用户自行设计产品的网站，通过一系列的技术引导，帮助用户发现需求、表达需求，然后根据用户的作品进行定制化生产。例如，上汽大通采用 C2B 模式，在数字化平台上构建数字化运营体系和数字化营销体系，推出用户确认、在线互动、众智造车、随心选配、个性创造、自选服务、安心置换等方式定制化业务，打造全生命周期的数字化场景体验，实现用户对生产活动的全程在线参与。

3. 研发模式

传统的封闭式、闭源式创新模式在市场需求趋同、信息相对有限的情况时具有优势，但是在响应多样化需求以及应对不确定性方面存在不足。数字经济时代下，任何企业都不具备在所有领域保持领先的全部技术、资源与能力，只有在不断凝聚、展现新想法的过程中才能发展壮大。因此，创新不应仅仅是组织内部的闭门造车，而是需要整个生态的协力共进。整个生态在价值创造上的协同，产生指数级的增长效应。有价值的思想遍布数字化空间的各个角落，企业要实现可持续发展显然不能忽略规模庞大的外部知识。人工智能、区块链等技术以及开源系统能够为企业源源不断地输入新的创意，开放化创新模式为产品迭代提供了动能。从概念上讲，开放化创新是指企业借助互联网将研发职能众包给非特定的主体，在任何时间、任何地点对各种形式的意见都保持开放、接收的姿态，并将其中好的创意表现在产品和服务中。以维基百科为例，通过向全球用户开放编辑功能，加快词条的解释与更新，在 2002—2008 年已拥有多种语言版本，共计 20 多万组词条，信息储量远超《不列颠百科全书》。

众包是指通过汇聚来自不同领域的知识，发掘跨界创新的潜力，构建创新生态圈，它有助于企业调动网络上的资源与能力，将研发活动交由最合适的人员在最有效率的地方来开展。在动态的市场环境中，生态圈内部以参与主体的多元化为信息交换、解决问题提供了更多的选择，也提高了系统的稳定性及其应对未知风险的能力。企业借助生态圈内部合作伙伴跨界提供的专业知识基础，有利于优化创新的成本、质量和速度，更好地适应用户需求的变化。Raymond 创新模式分为大教堂模式和集市模式，二者分别对应了封闭化和开放化的创新文化。与大教堂模式相比，集市模式下开放化、开源化的研发思路，吸引了多方参与主体，也增强了企业对市场机遇的捕捉。2000 年年初，宝洁因为企业内部研发能力停滞，导致企业市值缩水 800 亿美元。随后，宝洁将非核心业务全部剥离，并且增加了创新支出规模，将研发重心转移至企业内、外部创意的整合与孵化，而不再仅仅依赖于内部研发。为了促进研发团队之间的信息共享，宝洁建立了产品资讯平台，加强与用户、供应商以及其他合作伙伴之间的技术交流。经过 4 年多的变革，宝洁完成了对近 200 个品牌产品的更新换代，还陆续推出一些全新的产品类别，其中一半以上的创新成果均来源于组织外部。海尔集团的开放化创新平台 HOPE，旨在打造全球智慧家庭领域最大的技术创新入口和交互平台，通过内部 1 000 多名研发接口人，紧密对接 10 万多家一流资源、120 多万名科学家和工程师，组成一流资源的创新生态圈，形成了一个遍布全球的创新网络，进而实现了"世界就是我的研发部"的开放化创新局面。

  开放化创新模式可以分为外部知识在组织内部的利用和内部知识向组织外部的转移。在内向开放化创新与外向开放化创新的协同作用下，知识的跨界传播与交互促进了不同主体在数字化空间中密集的虚拟集聚，催生出开放化创新网络。替代式竞争推进了企业对新知识的探索，不断寻找竞争优势的新基础。借助互联网的力量，企业能够在创新网络中实时获取互补性资产，尤其是隐性知识的积累。与显性知识相比，隐性知识往往是特定情境下的产物，具有较强的情境依赖性。数字化、密集化的创新网络降低了隐性知识在不同情境下应用的试错成本，加快了隐性知识的创造、传播、共享，促进产品迭代、技术升级以及创新扩散。只有接受者表现出更为积极的姿态，知识才能够在不同主体之间实现有效"转移"。这也要求企业与创新网络中的其他主体建立更为密切的连接，在掌握新思想、汲取新知识的同时，充分发掘并整合生态中的碎片化价值。Linux 系统向全球开放源代码，允许程序员在原始系统的基础上进行修改、研发与测试，提高产品质量和性能。正是凭借汇聚全球爱好者的共同努力，Linux 系统被广泛地应用于各类计算机硬件设备中。根据中国信通院发布的《中国云计算开源发展调查报告（2018年）》可知，有80%以上的企业在使用私有云的过程中应用了开源技术。

1.2.3 组织结构变革

对于工业企业而言，战略决定了组织结构。工业化时代，不管是直线制、职能制、直线职能制还是事业部制、矩阵制，企业组织结构都像金字塔一样，呈现垂直化、科层制、等级制的特点，在应对外部环境变化、资源配置等方面缺乏足够的灵活性。数字经济的高速发展使得企业战略发生转变，也要求企业对组织结构进行创新，重新协调、评估和筹划人、财、物的组合。数字经济背景下企业的战略应聚焦于"做正确的事"，通过加强与其他企业之间的协同，追求企业价值最大化。传统理论中，有关企业竞争优势的描述并没有涉及互补品和用户基础，然而在数字经济下二者对竞争优势的形成都发挥着重要的作用。针对竞争优势的研究主体也从企业转变为生态圈，价值共创和价值协同成为新的经营理念。有别于经典的价值链理论以及战略网络，生态圈可以定义为一组具有不同程度的多变性、互补性且不受等级控制的参与者。生态圈不仅覆盖供给侧，而且会向需求端进行延伸。在生态圈中，终端用户能够通过数字化连接直接选择产品的组成部分以及组合方式。生态圈的核心在于用户价值的供给，而非企业。ABCD 等技术的应用强化了企业之间的数据共享，重新诠释了服务的内涵，管理者可以及时了解一线情况并且配置相应资源。随着消费者对实时性体验的追求不断增强，企业的职能部门之间要加强相互配合、协作共赢，对市场需求作出即时响应，从而使得组织结构趋于网络化、扁平化。

企业职能部门之间的协同，体现为横向业务的跨界入局以及纵向业务的融会贯通，由此构建起网络化的组织架构。其中，企业、用户都表现为一个个独立的节点，节点之间通过数据传递建立实时连接。网络组织的运营以节点为单位，具有去中心化、去中介化等特点。在数字化空间中，经济时空的外延不断拓展，逐渐取代物理时空在资源配置当中的地位，进一步提高了要素流通对于价值创造的效率。一个富有活力的生态圈具有三个特征，即拥有一定规模且参与者之间能够高频交流、彼此信任、不断有新的参与者加入。因此，为了提高价值供给的效率，企业需要不断尝试扩大连接规模。在横向业务上，通过跨界入局为用户创造更多的附加价值。以腾讯公司的微信为例，在最早的通信功能之上，程序中陆续添加了手机充值、生活缴费、城市服务等新功能，并且通过与第三方合作的模式先后推出了车票购买、打车出行、点餐外卖、酒店预订等服务，打造微信生态圈体系。在纵向业务上，借助迁移学习、城市计算等技术实现业务之间的融会贯通，优化价值供给的成本与效率。为了改善城市生活品质，阿里巴巴提出"三公里理想生活圈"，在淘宝、天猫、蚂蚁金服、菜鸟、阿里云等业务的基础上，于2018年入股居然之家、收购饿了么，打通线上与线下的连接，组成新零售生态的"八路纵队"。

企业对市场变化作出的每一次应对，都会引发市场的新一轮变动。在企业与市场相互影响的过程中，市场会变得更加复杂。企业唯有加强对市场需求的即时响应，才有机会在竞争激烈的环境中赢得发展先机。为此，企业内部有必要消除冗余层级，减少对数据、信息传递的阻碍。然而，传统的垂直型、多层级，封闭的组织结构过度依赖于集团总部的中央管控，缺乏灵活应变的管理机制，越来越难以适应数字经济时代。集团与终端用户之间相距甚远，不利于数据、信息快速地转化为经营决策，严重削弱了企业的市场竞争力。扁平化的组织结构能够以用户为中心，基于小型团队的分散化决策以及更广泛的连接与集合，加快资源的交互与整合，成为企业内部数字化转型的最优方案。在扁平化组织结构下，供给侧的分工得到深化，小型团队将致力于持续强化在用户价值创造方面的核心能力，企业的核心能力更加侧重于价值整合、价值供给以及改善用户体验，通过平台化管理为小型团队与用户的沟通以及小型团队之间的交流、合作提供所需的各类支持。以红领集团为例，集团遵循"源点论"的价值观引导，按照"四去两组"的变革思路，逐步转变为"全员对应目标，目标对应全员、高效协同"的扁平化组织模式。红领集团的大量中层被取消后，管理者以服务和支持性业务为主要工作，员工直接对接用户，客服中心成为集团内部指令传达、资源协调的关键部门。

1.2.4　企业用工模式变革

工业化时代的用工模式具有直接雇佣、刚性化的特点，在用工成本上给企业造成了很大的负担。特别是在产业转型升级、智力资本价值凸显、劳动力结构和配置亟待优化的背景下，传统用工模式加重了企业发展的困境。在开放化创新模式下，企业劳动力结构与技术之间的匹配扭曲，会阻碍新技术应用所带来的积极效应，抑制创新产出。ABCD等技术应用对生产率的影响具有不确定性，而只有在特定情境下与高技术劳动力相结合之后才能产生正向的促进作用。高技术劳动力在数据分析、深度思考以及解决新问题等方面的优势，能对ABCD等技术形成有益的赋能与补充，其市场需求日益增加。互联网促进了企业与高技术劳动力之间的快速匹配，二者通过建立短期、灵活的项目契约关系达成合作。劳动者不必拘泥于传统组织的束缚，企业也能够按需招聘，从而降低用工成本、提高创新能力。由于长期、稳定的用工契约被打破，劳动者在整个职业生涯中将会完成更多性质不同的工作，终身学习成为每个人必备的新技能。这种新的用工形态较好地迎合了高技术劳动力的工作偏好，被称为零工经济。基于云技术而建立的人力云模型，为企业在全球范围内实时获得人才资源提供了便利。根据世界银行发布的《2019年世界发展报告》可知，当前全球零工经济的活跃劳动者不到0.5%，发展中国家的这一数据不到0.3%，未来还有很大的发展空间，特别是在高技术劳动力的供给方面。根据在线工业人才供应商People Ready对美国劳动者的调研结果显示，有超过52%的劳动者表示计划将在2020年承担更多的零工任务。

企业可以根据数据分析的结果仅保留稳定性的最小单位，将每个项目作为浮动结构，借助互联网在全球范围内调用所需资源，并支付相应的费用。零工经济平台汇聚了来自全球各地的劳动力，无论是软件开发还是图形设计，在线服务的供给都超过了需求，企业管控的重点从工人工作状态的监督转变为对劳动产出的评估。例如，海尔在大幅削减中层管理人员后，在册员工人数减少，但是通过双创平台向社会提供了超过100万人次的零工就业机会。海尔通过双创平台向零工就业人员提供必要的资源支持，汇聚全社会的智力资本，不断推进人力的社会化。大数据、云计算等技术的应用，进一步加强了海尔对在线劳动进度以及产出的管控。

在创新驱动的全球氛围下，零工经济使得组织边界随着目标的变化而变化，劳动者之间以项目为单位形成液态组织。液态组织没有层级结构，人才、技术、知识等要素在自由流动的过程中实现共融共生。自适应、自驱动的模式强化了劳动者的"使命感和归属感"，激发了组织的创新活力。多元化、弹性化的用工模式，也使得企业能够对市场竞争和变革作出快速有效的应对。以字节跳动为例，企业自成立之日起便建立了信任文化，员工可以在重大项目之间调配或者自行组建项目团队，按照团队目标、关键成果进行周期性考核。凭借项目团队的自主创新能力，字节跳动在 8 年多的时间里，陆续推出了今日头条、抖音短视频、懂车帝等产品，业务遍布全球 150 多个国家和地区。

由于大数据、云计算等技术的应用加快了决策自动化，简单劳动岗位大幅减少，企业对高技术劳动力的需求日益扩大，员工队伍中高技术劳动力占比将不断提高。根据麦肯锡全球研究院发布的《人机共存的新纪元：自动化、就业和生产力》可知，自动化促使全球生产力以每年 0.8%～1.4% 的速度持续增长，对全球 15 万亿美元的工作内容形成替代，从事简单劳动的员工将面临转业和技能提升的现实压力。在多元化、弹性化的用工模式下，企业的用工理念从"为我所有"转变为"为我所用"。灵活用工的思路不仅有助于企业优化用工成本，而且还有利于缓解高技术劳动力供不应求的失衡局面。根据金柚网研究院发布的《2019 中国灵活用工及灵活就业研究报告》可知，2017 年中国除去劳务派遣外的灵活用工渗透率仅为 1%，远低于美国和日本的同期水平；随着企业对人才需求的日益扩大，预计在 2018—2025 年，中国灵活用工市场的复合增长率将达到 23% 以上。

1.2.5　财务模式变革

目前，我国企业的数量逐年增加，企业之间的竞争也随之不断加大。企业财务管理模式转型已经是必然的发展趋势。由于专业水平低、管理制度不完善、部门沟通效率低、设备落后、模式单一等原因，导致传统的财务管理模式已经无法满足数字经济时代的需求。数字经济时代给财务管理的财务政策、成本规划等都带来了很大影响。各企业需要把握住机遇,加快财务管理改革进程,促进企业的发展。

1. 财务决策的变化

在我国的大多数企业中,财务决策一般都凭借工作人员的主观感觉进行决策。此种决策方式局限性较大,容易受到工作人员主观情感的影响,对于企业的资产收入、负债情况无法进行准确判断,进而出现一定的偏差。尤其是在投资项目选择过程中更易受到情感的影响,容易给企业带来较大的风险。大数据的应用在信息统计、数据分析过程中更具公平性,能够得出更准确的结果。数字经济时代的到来,大数据、互联网技术发展迅速,给企业财务决策带来了很大的转机,能够摆脱经验主义的困扰,进行科学精准化决策。大数据在企业财务管理当中的应用,能够将市场风向、盈利状况等进行精准分析,能够为企业工作人员在决策时提供理论基础,有利于企业的发展。

2. 资金管理的变化

在以往的资金管理中,大多数企业更趋向于平面化资金管理模式,主要针对企业内部的账户管理、资金结算、债务管理等内容上,资金管理的范围相对较窄,企业资金的利用率较低,阻碍了企业的进一步发展。数字经济时代的到来,互联网大数据技术的应用,企业资金管理方面开始从企业内部资金的管理逐渐进军企业供应链资金的管理,有利于提高企业资金的利用率,进而促进企业的发展。对供应链资金的管理供应商与企业之间实现了资金管理共享功能,能够有效降低企业的生产成本,并且能够提高企业融资的效率,为企业提供更多可支配的资金,进而促进企业的发展。

3. 成本管理的变化

成本管理是财务管理工作中比较重要的内容。传统成本管理工作中,由于数据统计不及时、核算效率低下等原因,导致成本管理的质量相对较低,极大地阻碍了企业财务管理的发展。作业成本法是当下成本管理中经常使用的一种核算方式,但由于受到技术的限制,很多企业在实际工作中还存在很大的困难。在数字经济时代,工作人员可以利用大数据内容,对企业的成本核算实现高质量、精细化管理,进而提高企业财务管理的效率。互联网设备与成本管理的结合,能够对企业任意生产过程中产生的费用进行实时统计,并且能够对统计的数据进行一定程度的结果分析,不仅能够优化企业成本管理工作质量,还能够有效降低生产成本,促进企业的发展。

4. 财务报告的变化

在以往企业制作财务报告时,往往仅在规定的时间进行报告编制,这种报告编制方式存在一定的局限性,没有办法将企业实时信息及时记录下来,且编写过程中完全依照模板进行,使财务报告的实用性不高。并且传统的财务报告内容单一,只分析了企业内部的财务信息,没有体现发展规划的内容。数字经济时代,信息处理速度提升,也可以针对企业不同的数据随时编写相应的财务报告内容。由于不同的企业、不同的管理者对于报告的需求不一样,采用人工编写的方式会给工作人员带来较大的压力。大数据的应用提高了报告编写的效率,可以随时随地为企业提供实用性报告,进而达到促进企业发展的目的。

5. 财务风险的变化

在传统的财务管理工作中,财务风险的预测完全由工作人员完成,但由于工作人员认知具有局限性以及存在消息接收不及时等现象,导致风险管控工作不到位,容易给企业带来相应风险。并且人工管控风险的过程中不仅质量较低,而且需要耗费企业大量的资金应用在风险管控中,不利于企业的发展。数字经济时代,计算机设备对于风险管控的效率提升,能自动识别出潜在的风险并能给工作人员作出提示,为企业提供充足的准备时间,可以降低给企业带来的损失。企业只需要建立起相应的风险管控模型,输入相应数据,计算机便可自动生成风险报告。并且现金管理系统还能够对后续工作进行实时追踪,能够时刻监视数据的变化,并在发现潜在的风险时及时通知工作人员作出应对措施,进而提升风险管理的效率。

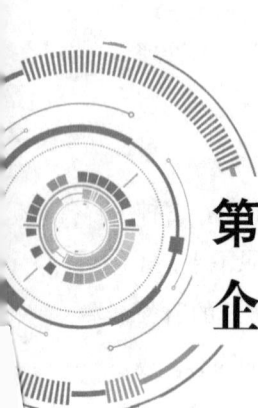

第二章
企业数字化转型:从信息化到数字化

2.1 数字经济与企业数字化转型

2.1.1 数字经济的内涵

随着数字技术的飞速发展,数字经济已经成为全球经济的重要组成部分。数字经济的兴起引领了企业数字化转型的浪潮,企业在信息化基础上,通过数字技术的进一步应用和创新,实现了从传统的信息化到更高级的数字化转型。随着数字经济的不断演进,企业数字化转型的重要性日益凸显,企业积极拥抱数字化时代,加快数字化转型的步伐,以在竞争中立于不败之地。

1. 推进数字经济涵盖的三个层面

(1)数字产业化又称数据要素产业化。以电信、互联网、电子信息制造、软件和信息技术服务业为代表的数字产业蓬勃发展,是整个国民经济中最具活力的部分,信息消费引领消费转型升级,数字领域投资和新模式新业态不断涌现。利用数据通过虚拟平台,形成实体经济产业,是现代数字技术带来的市场化产物,即通过利用现代技术对数据要素进行市场化配置和数据资源整合,迸发数字价值,将数据优势转化为产业优势,实现数字经济效益和效率的最大化,同时,对区域和行业品牌建设起到了至关重要的作用。

(2)产业数字化。2005 年以来,产业数字化年均增速超过 25%,远超同期 GDP 增速。新一代信息技术是创新最活跃的领域之一,其与传统产业深度融合,产业数字化转型正在拓展出无穷无尽的新空间,迸发出源源不断的新动能。服务业、工业、农业三大产业的数字化整体态势:服务业数字化持续名列前茅、工业数字化加速推进、农业数字化相对滞后。以工业制造业数字化转型推进为例，离散型制造企业的数字化转型探索丰富多样，流程型制造企业的数字化转型探索全面系统。例如，华为力推的数字矿山等，华为组建海关和港口军团、智慧公路军团、数据中心能源军团和智能光伏军团，进军传统产业领域助力数字化转型。

（3）数字化治理。从政府层面来说，一是加强数字政府建设。整合业务、统一平台，不断完善推进政务服务"一网通办"；优化流程、创新模式，大力推进智慧政务建设；一网统管、智慧监管，推进城市治理体系和治理能力现代化；加快探索"互联网+监管"治理新模式，加强各类数字平台经济监管的各类法规制度建设，建立政府部门协同政企联动的治理模式、加强平台企业自治意识、强化企业联盟和行业组织的桥梁。二是培育数字经济市场，增强数字经济发展新动能。三是服务国民，提升数字政务服务能级。这就是由传统的信息数字化（数字化转换）发展到工作流程数字化（数字化升级），再到实现业务数字化的数字化治理（数字化转型）。

2. 数字经济相关法律和政策

（1）数字经济的发展需要逐渐完善规范数字经济发展的法律、法规和政策。

在法律层面，我国先后出台了《中华人民共和国网络安全法》（以下简称《网络安全法》，2016年）、《中华人民共和国电子商务法》（以下简称《电子商务法》，2018年）、《中华人民共和国数据安全法》（2021年）、《中华人民共和国个人信息保护法》（2021年）等相关法律，从程序法方面对数字经济发展进行了规范。在政策层面，自"十三五"以来，中国陆续出台了一系列与数字经济相关的政策措施。例如，在"十三五"规划中提出要"实施网络强国战略，加快建设数字中国"；2017年，党的十九大报告提出了"推动互联网、大数据、人工智能和实体经济深度融合"；2019年，发布的《数字乡村发展战略纲要》要求把"数字乡村"作为"数字中国"建设的重要方面带动农业农村现代化发展等；2020年，发布的《关于推进"上云用数赋智"行动 培育新经济发展实施方案》，启动"上云用数赋智"行动企业在云计算、大数据、人工智能等方面加快数字转型；2021年，发布的《"十四五"信息通信行业发展规划》提出，到2025年，基本建成高速泛在、集成互联、智能绿色、安全可靠的新型数字基础设施，成为建设制造强国、网络强国、数字中国的坚强柱石。这些法律、法规和政策既涉及行业整体发展，又涉及各类试点工作，反映了我国对数字经济发展的重视。

（2）国家层面的数字经济政策与规划是推动企业数字化的重要支撑。我国政府一直致力于推动企业数字化转型，并为此制定了一系列相关政策和举措。

2015 年发布的《中国制造 2025》旨在推动中国制造业向智能制造转型升级。该计划提出了一系列政策措施，包括加强信息技术在制造业的应用、推动工业互联网建设、培育数字化企业等，以促进制造业的数字化转型；《"互联网＋人社"2020 行动计划》旨在促进互联网与传统产业的深度融合，鼓励企业利用互联网和信息化技术进行创新和转型升级，包括加大对数字技术创新的支持、加强互联网基础设施建设、推动数字经济发展等，以促进企业数字化转型；"国家大数据战略"旨在加强大数据的应用和发展，推动企业利用大数据进行业务创新、决策优化等方面的转型；《电子商务法》旨在规范电子商务领域的经营行为、平台责任、消费者权益保护等方面，为企业数字化转型提供法律保障；《网络安全法》旨在规范网络安全的基本要求和管理措施，为企业数字化转型提供网络安全保护和管理指导；《新一代人工智能发展规划》旨在推动中国成为全球 AI 技术和产业的领先者，支持企业利用人工智能技术进行业务升级和创新；《中小企业数字化转型指南》旨在贯彻落实中央国务院决策布署，强化科学指引、深化转型认知、凝聚工作合力，以中小企业数字化转型促进实体经济的高质量发展；《关于进一步深化法治央企建设的意见》旨在加强数字化管理的力度，通过区块链、大数据、云计算、人工智能等新一代信息技术，推动法务管理从信息化向数字化升级。

这些政策和措施旨在推动我国企业的数字化转型，提高产业竞争力和创新能力。具体的政策细则和支持措施可能会根据不同行业和地区的具体情况而有所差异。

3. 数字经济的发展现状和趋势

（1）数字经济作为我国区域发展的新动能，将社会产业化和数字化工作紧密联系在一起，形成更具竞争力的数字经济社会群体。新时期，我国以高质量发展代替快速发展作为目标，以数字产业化、产业数字化作为数字经济模式的核心内容。①数字产业化：数字产业化又称数据要素产业化，即利用数据通过虚拟平台，形成实体经济产业，是现代数字技术带来的市场化产物，对区域和行业品牌建设起到了至关重要的作用；②产业数字化：产业数字化是指传统产业通过数字化转型提升自身效率和扩大规模的能力，即利用数字化应用，使产生的数据资产能够再次发挥价值，产生更多基于数据加工利用的资源，从而提高产能，获取收益，如利用人工智能提升产品品质等。

（2）数字经济总体规模及预测。目前，中国数字经济已进入快速发展新阶段，传统产业数字化转型不断加快，数字经济基础设施实现跨越式进步，新业态、新模式蓬勃发展。相关数据显示，2016—2022 年，我国数字经济总体规模逐年递增，中国数字经济规模的增长速度快于 GDP 的增长速度，《中国互联网发展报告 2021》指出，2020 年中国数字经济规模达到 39.2 万亿元，占 GDP 比重达 38.6%，中国数字经济同比增长 14.7%，增速高于 GDP 增速。"十三五"期间，中国数字经济总规模从 2016 年的 22.6 万亿元增长到 2020 年的 39.2 万亿元，数字经济增长率除 2020 年为 9.7% 之外，其他年份均在 15% 以上，年均增长率为 17.08%；2021 年，数字经济总规模更是达到 45.5 万亿元，数字经济增长率为 16.2%；2022 年，数字经济总规模达 50.2 万亿元，同比增长 10.3%，预计 2025 年达 70.8 万亿元。

2022 年 1 月 12 日发布了《国务院关于印发"十四五"数字经济发展规划的通知》（以下简称《规划》），《规划》阐述了"十三五"时期中国数字经济的发展现状和形势，以及"十四五"时期中国数字经济发展的总体要求，并提出了优化升级数字基础设施、充分发挥数据要素作用等方面的具体内容。近年来，随着中国数字产品技术的不断成熟，数字经济的规模将进一步扩大，中国数字产品在出口商品结构中的占比也越来越大，承接欧盟和北美地区的数字产品制造和服务越来越多，欧盟数字产品生产占其经济总量的比例也在不断下降。未来数字技术在中国的应用领域将更广，与实体经济的融合更深入，在制造业领域，新一代信息技术将推动生产要素、组织形态、商业理念等全方位变革催生柔性制造、网络协同等新制造模式，数字经济市场规模将进一步扩大。根据《规划》可知，中国数字经济核心产业增加值占 GDP 的比重将从 2020 年的 7.8% 上升到 2025 年的 10%，软件和信息服务业规模将从 2020 年的 8.16 万亿元增长到 2025 年的 14 万亿元，电子商务交易规模将从 2020 年的 37.21 万亿元增长到 2025 年的 46 万亿。数字经济新时代为传统企业数字化转型带来新机遇。

4. 数字经济发展的战略意义

近年来，由于技术的进步、互联网普及率的提高和消费者消费行为的变化，数字经济取得了显著的发展势头。

（1）数字经济成为经济增长新动能。当前，发展数字经济已经是世界经济发展的大趋势。数字经济的快速创新能力，以及刺激经济增长的能力逐渐显现，各国的研究均表明了数字经济在提升劳动生产率、加速市场创新、创造新的经济增长点，以及实现可持续增长等方面，正发挥着重要作用。虽然，各国并没有正面表明数字经济对 GDP 增长的贡献度，但是国内外各大金融机构已经对数字经济发展进行了相关研究型测算。此外，伴随着我国经济的高速发展，社会消费能力不断增强，对物质产品的需求质量也在不断提升，而数字经济发展模式凭借其高端供给能力，可以进一步拓展市场总需求，以满足广大人民日益增长和不断升级的个性化需求，在不断挖掘传统消费的前提下，还能培育新型消费人群，创建新消费模式。

（2）挖掘数据信息内在价值，提高管理效率。数字经济的运行能力表现为信息存储量大、计算速度快，这也是数字经济有别于其他经济模式的最本质区别。信息存储量的增大，意味着数字经济可以获得更多的社会、经济以及文化等方面的信息。数字经济的管理能力更强、管理效率更高、服务质量更优，因此可以为社会经济发展提供基础性保障。大数据、云计算及区块链等现代互联网技术的运行方式及手段，可以使复杂的网络化数据进行快速的分类计算及线性计算，在提升管理效率的同时还能挖掘数据信息的内在价值，提升数字经济的整体价值。但数字经济发展应当是一种工具和手段，其目的还是服务实体经济，为社会经济发展及提升人类生活品质做出贡献。

（3）数字经济是我国供给侧结构性改革的重要支撑。以互联网新型技术与创新制造技术相融合为特点的数字经济模式，正在引发新一轮的制造业变革，传统工业的数字化、虚拟化和智能化发展已经成为主流。数字经济模式通过互联网技术实现了市场供需的完美对接，通过创新要素的汇聚及资源优化配置等方式，可解决当前我国供给侧结构性改革的核心问题。具体而言，数字经济提升了社会有效供给能力，减少了市场中不必要的低端供给。同时，数字经济的创新能力实现了传统产业与互联网技术及现代生产技术的融合，新的商业模式、智慧发展模式不断产生，大幅度提升我国传统产业的组织能力和生产效率，进而加速了传统产业的变革与转型。

2.1.2 企业数字化转型的现状

1. 企业数字化转型的基本特征和核心要素

数字化转型是一个较为复杂的过程，要整合企业内外部资源，利用新一代信息化技术，结合企业发展实际情况，有针对性地不断优化企业生产、业务、管理等流程，持续提升企业核心竞争力。数字化转型的动能来自技术驱动和创新能力。企业需要不断引入新的数字技术和创新方法，从而实现数字化转型。同时，组织变革和文化转型也是数字化转型的关键要素，企业需要打破传统的组织结构和文化，转向更加灵活和敏捷的结构和文化。

（1）技术驱动与创新能力。一方面，数字化转型中的软、硬件设施需要企业投入大量的研发经费，因此拥有高研发经费的企业享有更坚实的数字技术支持基础。企业的研发经费在某种程度上反映了企业的创新能力，拥有高创新能力的企业由于自身所处行业的特性以及接触较多先进理念和新技术，因此对新技术的接受能力要明显高于持有传统保守思维的企业。另一方面，"巧妇难为无米之炊"，企业要想在激烈的市场竞争中占据竞争优势地位，研发投入固然重要，但人力资本是决定企业创新绩效的第一要素。企业要进行数字化转型，首先需要对人力资本提出新要求，不仅需要补充数字化专门人才，而且还要对现有人力资本进行数字化相关的学习和技能培训，以使企业的人力资本队伍能够熟悉并灵活运用各类数字技术和数字工具，这在很大程度上决定了企业数字化转型的成效大小。企业如果拥有大量训练有素、经验丰富的技术员工，还能降低包括数字化转型在内的技术创新的适应和转换成本，将会更好地推动企业数字化转型。

（2）组织变革和文化转型。首先，企业特征是影响普遍性产生差异化结果的主要因素。例如，企业为采用创新技术投入相同的成本但却难以获得同等收益的主要原因就是企业各自的特征不同。面对数字化转型的大趋势，即便是同一行业内竞争力相当的企业，企业是主动作为、积极应对，还是犹豫观望，与企业规模、年龄、产权安排等企业特征因素都有密切关系，因此企业特征是影响企业数字化转型组织层面的一个重要条件。其次，企业治理结构是影响企业重大战略决策的主要因素，旨在通过内部和外部、正式和非正式的制度安排，协调公司和所有利益相关者之间的利益分配，以提升企业决策的科学性和有效性。

（3）人才培养和能力提升。企业高管的经营管理能力在很大程度上决定企业重要战略决策的发展走向。企业高管是企业采纳新技术的具体决策者、组织者和实施者。《2021中国首席数字官白皮书》指出：企业董事长和总经理往往处于数字化的主导地位。数字化转型是一项对企业全方位的战略转变，高管对数字化转型的积极参与和坚定支持对于推动企业数字化转型而言至关重要。企业高管在数字技术发展和应用方面的能力会增加企业使用数字技术的机会，具有信息技术背景的高管能够着眼于企业未来发展趋势，发掘企业数字潜力，并制定长远发展的数字化转型战略，促进企业数字化转型。特别是对于中小企业而言，企业的决策和发展方向大部分都取决于高管的决策。

（4）金融资源。金融资源与人力资本同等重要，因为企业数字化转型的资金投入巨大，且具有更高的沉淀成本属性。许多复杂的创新由于缺乏一些特定的资源而无法实施，在众多资源中金融资源是各个企业广泛争取又难以获得的稀缺性资源。相比而言，上市企业可以通过金融支持获取更多的融资机会，促进自身数字化水平的提高。然而，资本投入对企业数字化转型来说，是必要条件而非充分条件。企业如果过度依赖资本投入，可能陷入过度金融化困境，从而阻碍数字化转型。因此，金融资源对企业的数字化转型而言是既不可或缺又暗藏危机的影响因素。

（5）环境层面。首先，政府政策对企业数字化转型的影响不容忽视，抓住数字技术变革的机遇期，促进数字经济和实体经济深度融合是我国建设现代化产业体系的重要内容之一，而企业数字化转型是数字经济和实体经济深度融合的基础。

其次，来自行业竞争层面的影响。行业竞争压力在创新文献中早已被认为是采用 ICT 的驱动因素之一。处于竞争环境中的企业更有可能投资于信息和通信技术以作为加强其业绩和确保其生存的一种方式。当前,以新一代信息技术为代表的新技术和新产业革命将全面重塑市场竞争格局,越早触碰并踏入数字化转型的行业,越可能感受到竞争压力,推动数字化转型的意愿也可能越强烈。此外,行业内企业之间的激烈竞争促使他们密切关注彼此的竞争动向,企业不想在接受新技术时落伍于竞争对手,因此可能产生追随心理,会相对迅速地接受技术创新。

最后,企业所处的宏观经济环境也会对企业进行数字化转型和数字化转型的效果产生一定的影响。与在经济活跃度低、经济发展前景不够明朗的地区进行企业数字化转型投资相比,企业更有意愿在经济活跃度高、发展前景明朗的地区进行数字化转型投资,后者从宏观环境的角度可能为企业数字化转型带来更高的回报率。因此,处于经济发展速度和发展水平越高的地区,企业数字化转型的程度往往较高。

2. 企业数字化转型的现状

在数字经济时代,传统经营模式存在的诸多局限在很大程度上阻碍了企业的可持续发展,企业为了更好地适应市场环境的变化,必须顺应数字化变革的浪潮,加快数字化转型的步伐。与此同时,数字化转型意味着对传统生产经营模式的变革,由此增加的成本和风险也是企业决策时必须考虑的因素。

(1)我国企业的数字化转型整体尚处于起步阶段。有关研究显示,我国 34.54% 的企业已经开始实施数字化转型路,其中 15.9% 的企业正在全面推进数字化转型;而 18.64% 的企业仅在部分或产品开展数字化转型;有 18.83% 的企业正在计划启动数字化转型,这表明我国有超过半数的企业已经具备了较为清晰的数字化转型意识和数字化转型计划;但与此同时,仍有超 37% 的企业目前还没有任何数字化转型计划,尚未计划开展数字化转型的企业仍然多于已经开展数字化转型的企业。由此可知,我国企业数字化转型当前正处于初始的起步阶段。

(2)企业数字化转型面临的挑战。企业数字化转型是其提高生存能力和可持续发展能力的必然选择,企业在数字化转型过程中面临诸多挑战,部分企业存在数字配套设施不足、高端技术人才匮乏、技术创新能力有限、转型成本高与风险大等问题，容易陷入"不会转""不愿转""不敢转"的困境。数字化转型是一场系统性变革，涉及企业的研发设计、生产加工、经营管理、销售服务等方面，不能仅仅局限于某一个环节。现在多数企业的数字化转型主要集中在经营管理上，缺少系统谋划，成效不太显著。要成功实现数字化转型，首先要制订一个全面的数字化战略，然后遵循"从易到难、由点及面、不断延伸"的思路稳步推进。

3. 传统产业数字化转型面临的问题

（1）企业认识不到位，缺乏理论支撑。数字化不仅需要技术更新，更需要经营理念、战略、组织、运营等全方位的变革。目前，多数企业数字化意愿强烈，但普遍缺乏清晰的战略目标与实施路径，更多还集中在生产端如何引入先进信息系统，没有从企业发展战略的高度谋划，在企业内部尤其是高层管理者之间并未达成共识。与此同时，数字化转型是一项长期艰巨的任务，面临着技术、业务能力建设、人才培养等方面的挑战，需要企业全局有效协同。目前，多数企业没有强有力的制度设计和组织重塑计划，部门之间数字化转型的职责和权利不清晰，缺乏有效的配套考核和制度激励。多数企业仍以原有IT部门推动数字化转型，没有设立专门的数字化转型组织，协调业务和技术部门，阻碍了相关业务的价值发挥。

（2）数据资产积累薄弱，应用范围偏窄。数字化转型是企业数据资产不断积累的过程。数据资产是数字化转型的重要依托，如何加工利用数据、释放数据是企业面临的重要课题。目前多数企业仍处于数据应用的感知阶段而非行动阶段，覆盖全流程、全产业链、全生命周期的工业数据链尚未构建；内部数据资源散落在各个业务系统中，尤其是底层设备层和过程控制层无法互联互通，形成了"数据孤岛"；外部数据融合度不高，无法及时全面感知数据的分布与更新。受限于数据的规模、种类以及数据的质量，目前多数企业数据应用还处于起步阶段，主要集中在精准营销、舆情感知和风险控制等有限场景，而未能从业务转型角度开展预测性和决策性分析，挖掘数据资产潜在价值。大数据与实体经济融合的深度和广度尚不充分，应用空间亟待拓展。

（3）核心数字技术及第三方服务供给不足。传统产业数字化转型面临较高成本，一是由于核心数字技术供给不足，如关键工业软件、底层操作系统、嵌入式芯片、开发工具等高端技术领域基本被国外垄断，相关产品需要依赖进口；二是缺乏有能力承担集战略咨询、架构设计、数据运营等关键任务于一体，且能够实施"总包"的第三方服务商。目前市场上的方案多是通用型解决方案，无法满足客户或行业的个性化、一体化需求。更为重要的是，对于很多中小企业而言，市场上软件、大数据、云计算等各类业务服务商良莠不齐，缺乏行业标准，选择难度较大。以云计算为例，中国信息通信研究院通过调研发现，目前云服务商在安全服务能力上表现参差不齐，存在数据备份机制不健全、秘钥管理策略不完善以及业务安全风控能力不足等问题，容易导致用户数据泄露。

（4）产业协同水平较低。传统产业数字化发展不平衡、不充分的问题依然突出，绝大多数中小企业数字化水平低，网络化、智能化基础薄弱。相比发达国家，我国互联网生态建设缓慢，行业覆盖面、功能完整性、模型组件丰富性等方面都较为滞后，与行业内存在的数字鸿沟有较大关联。龙头企业仍以内部综合集成为主入口，开展工业互联网建设，产业链间业务协同并不理想，平台针对用户、数据、制造能力等资源社会化开放的程度普遍不高。对于不少中小企业而言，即使参与了数字化合作，在安全性方面也存有较大顾虑，这在一定程度上制约了企业资源共享、业务协同的水平和效率。

2.1.2 数字经济与企业数字化转型之间的关系

数字经济与企业数字化转型密切相关、相互影响。数字经济的快速发展和数字化技术的广泛应用，推动了企业的数字化转型进程。数字经济为企业提供了更多的合作和协同机会，促进了产业链协同的优化；同时，数字经济还支持企业数据驱动决策，提供了更准确的市场洞察和业务决策支持。此外，数字经济还构建了创新生态系统，促进了企业创新能力的提升和新业务的发展。

1. 数字经济是数字化转型的基础和前提

通过数字经济对企业数字化转型的推动作用，企业能够更好地适应和利用数字经济的机遇，提高经营效率和市场竞争力。然而，实施数字化转型也面临着一些挑战，包括技术投入、组织变革和能力培养等方面的问题。企业需要制订全面的数字化转型战略，以应对数字经济时代的变革和竞争挑战。

（1）产业链协同的优化。通过数字化技术的应用，企业可以实现供应链、生产链和销售链的协同优化，提高运作效率和降低成本。例如，通过物联网技术的应用，企业可以实现物流、库存和生产设备的实时监控和数据共享，提高供应链的可视性和响应速度。同时，数字经济还促进了跨行业合作和创新，使企业能够借助其他行业的技术和资源进行业务拓展和创新。

（2）数据驱动决策的支持。数字经济时代产生了大量的数据资源，企业可以通过数据分析获取有价值的信息。数据可以揭示市场的新兴趋势、需求的变化和潜在的消费者群体。通过对数据的深度分析，企业可以识别出目前市场上尚未满足的需求和痛点，发现新的产品或服务的创新点，并及时调整企业的战略和定位。企业通过数据分析评估不同市场策略的效果和潜在风险，优化资源的配置和投资决策。通过基于数据的预测和优化，企业可以更好地把握市场机会，降低决策风险，进而促进企业的增长和竞争力。基于数据驱动的决策，企业能够更准确地预测发展趋势、优化产品和服务，并实施个性化营销和精细化管理。此外，数据驱动决策还能帮助企业发现潜在的商业机会和创新点，从而推动企业的创新和市场拓展。同时，企业也可以发现新的市场细分和渠道机会，拓展新的客户群体和市场份额。

（3）创新生态系统的构建。数字经济时代涌现了许多新兴的业务模式，如共享经济、平台经济、订阅模式等。这些新兴业务模式为企业的创新提供了新的思路和途径。企业可以利用数字技术和平台，构建多边平台生态系统，整合供应链和价值链上的各个环节，创造更高效、灵活和创新的商业模式。数字经济推动了企业创新生态系统的构建和发展。数字化转型使企业能够更好地利用云计算、人工智能、区块链等新兴技术，实现产品、服务和业务模式的创新。企业可以与科技公司、创业公司和研究机构等合作伙伴共同构建开放式创新生态系统，充分利用各方的资源和优势，加速创新的速度和效果。企业通过与外部的创新主体进行合作和交流，学习和吸收新的经验和资源，不断提升自身的创新能力，如提供创新工具、培训和教育资源，帮助企业员工提升创新技能和知识，从而提高企业的创新能力。

2. 数字经济的发展需要数字化转型的支撑

数字经济是以数字技术为基础的经济形态，它依赖于数字化的基础设施和技术应用。而企业作为数字经济的参与者，需要通过数字化的手段来实现业务流程和管理的数字化。数字经济的核心就是"数字化企业"，传统企业完成数字化转型才可能形成促进经济发展的内驱力。传统企业的数字化转型主要通过改变传统产业的生产方式、组织形式和商业模式，创造新的商业机会和增长点。因此，使企业更好地融入数字经济的发展趋势，掌握新的技术和市场机遇，实现产业的转型升级、推动产业结构的优化和升级，最终促进经济的可持续发展，这也是未来中国用数字经济构建核心竞争力的重要保障。

数字化企业通过数字化的手段更好地参与到创新生态系统中，与其他创新主体进行合作和协同创新，共享资源和知识，推动创新的加速。数字化企业能够利用数字技术和平台，构建多边生态系统，整合供应链和价值链上的各个环节，利用数字技术创造创新和增长的机会，实现创新能力和资源的互补和整合，提升企业的竞争力，促进创新生态系统的形成。

企业的数字化转型能够推动数字经济的发展，并带动数字经济相关产业的发展，是数字经济发展的支撑。企业的数字化转型是中国经济发展的重要动力之一，对于实现经济的可持续发展和提高国际竞争力同样具有重要作用，只有通过有效的数字化转型，企业才能在数字经济时代取得持续的竞争优势和创新能力。

3. 数字经济与数字化转型二者相互依存

数字经济时代下，企业需要积极应对挑战、抓住机遇。企业数字化转型使企业能够快速适应市场环境的变化，巩固其市场地位和增强核心竞争力，增强企业的可持续发展能力。同时，数字经济的发展速度快、技术变革迅猛、市场竞争更加激烈，这些对企业转型也是巨大的挑战。企业需要不断跟进技术发展，学习和应用新的数字技术，以适应市场的变化。

数字经济和数字化转型之间存在着相互促进的循环关系。数字经济的发展推动了传统企业数字化转型的步伐，而企业完成数字化转型后，又为数字化转型提供了支撑和保障，更好地适应和参与到数字经济中，推动数字经济的不断发展壮大。数字经济和数字化转型形成了一个良性循环，相互促进并支持着彼此的发展。综上所述，数字经济与企业数字化转型二者相互依存。企业数字化转型是数字经济时代的必然结果。

2.2 企业信息化与企业数字化

2.2.1 企业信息化

1. 基本概念

企业信息化是企业通过利用计算机、软件、网络等信息技术，将信息进行收集、传递、处理和利用，从而提高信息的效率和质量，促进信息在社会和经济中的广泛应用。信息化的核心是数据，它可以是文字、图像、声音等形式。信息化的发展得益于计算机、互联网、物联网等技术的不断进步。

2. 信息技术在企业管理和运营中的应用

（1）提高企业的竞争力。在数字时代，企业面临庞大而复杂的信息流，如何有效管理这些信息，对企业的发展至关重要。随着企业规模和业务量的扩大，传统的人力资源管理方式已无法满足企业快速发展的需求，信息化管理可以大幅提高企业的工作效率和生产效益。例如，通过 ERP 系统、CRM 系统等信息化工具，企业可以实现生产计划和物料控制的自动化、客户维护与销售管理的全面覆盖，以及数据分析与决策支持的快速响应。

目前，企业要想在市场上立于不败之地，必须拥有数据驱动的决策能力。企业信息化管理可以实现数据的采集、存储、处理和分析，帮助企业提取有价值的信息，为企业决策提供支撑。此外，通过信息共享和协同，企业成员的工作效率也可以得到提高，从而提升整个团队的竞争力。企业信息化管理可以提高企业的管理水平和精益化生产能力。信息化管理工具可以对企业人员、资金、物流、工时等方面进行监控和管控，帮助企业实现资源的优化配备和精益化生产。同时，这些信息还可以为企业制定发展战略、管理流程、优化成本结构提供决策支持，从而提高企业的管理水平。

（2）明确企业的实际发展需求。在数字化转型的背景下，企业需要更高效地处理海量数据，因而信息化管理至关重要。随着数字化和信息化的发展，企业面临越来越多的数据和信息，这些数据需要被有效收集、处理、存储和分析。发挥数据的价值是企业信息化管理的一项重要任务，信息化管理能帮助企业更快地获取数据、更准确地分析数据、更有效地利用数据，从而提高企业效率，增强其竞争力。然而，在数字化转型背景下，数据的处理、存储和传输面临很多潜在风险。企业需要通过信息技术手段维护数据安全，首先，应建立完善的数据安全保障体系，保护企业和客户的权益；其次，企业还要通过信息化手段实现运营的数字化和智能化，从而更加高效、精准地运营，加速企业的业务流程和决策过程。

3. 信息系统的建设与发展

信息系统是指收集、存储、处理、传递和利用信息资源的系统。它由硬件、软件、数据、人员和过程组成，具有数据输入、数据处理、数据输出和数据反馈的功能。信息系统具有实时性、准确性、全面性和可靠性等特点，能够帮助企业进行高效地管理和运营。

随着技术的进步和企业需求的变化，信息系统也在不断地发展和升级，以适应企业的发展。在企业信息化的初始阶段，信息系统主要用于简单的数据管理和处理，通常是基于主机和中央计算机支持企业的核心业务流程，如会计、财务、人力资源等。这些系统功能相对简单，主要用于数据的收集、存储和报表生成。随着企业业务的增长和发展，企业逐渐意识到不同部门和业务系统之间的数据共享和流动的重要性。在集成阶段，企业信息系统开始倾向于实现数据的整合和共享，开始引入企业资源计划（ERP）系统，将不同的功能模块（如采购、销售、生产等）集成到一个统一的系统中，实现数据的无缝衔接。随着互联网的普及和发展，企业步入互联网阶段，并开始意识到利用互联网技术进行业务拓展和创新的重要性。企业信息系统开始逐渐向互联网化发展，借助电子商务平台、在线支付、电子数据交换等技术，实现与供应商、客户和合作伙伴的在线交流和合作。随着移动互联网的快速发展和移动设备的普及，企业信息系统开始向移动化转变。企业意识到员工需要随时随地访问和处理企业信息的需求，因此开始开发移动应用程序，以实现在移动设备上的业务操作和管理。在大数据和人工智能技术的浪潮下，企业信息系统也开始向大数据和智能化方向发展。企业开始采集、存储和分析海量数据，并利用数据挖掘、机器学习等技术实现对数据的深度分析和洞察，为企业决策提供更精准和有价值的信息。云计算技术的成熟与普及，使得企业逐渐开始将信息系统部署在云平台上，云计算为企业提供了更灵活、可扩展和安全的信息系统架构。通过云计算，企业可以根据实际需求弹性调整计算资源，降低硬件和软件的成本，提高信息系统的可靠性和可用性。

信息系统在企业管理中发挥着重要作用，为企业提供可靠的数据和信息，从而帮助管理者作出决策。信息系统能够加快信息的传递和流转，提高沟通效率，促进协同工作，优化业务流程，提高工作效率和生产效益。信息系统能够提供实时监控和报告功能，帮助管理者及时了解企业运营状况，并作出调整。此外，信息系统对企业的竞争力有着重要影响。信息系统提供准确的市场信息和竞争对手数据，帮助企业了解市场需求和趋势，制定相应的战略，提高企业的运营效率和灵活性，进而降低成本，增强企业的市场竞争力。

信息系统的发展是一个持续不断的过程，企业需要密切关注科技的发展趋势和市场需求，并不断进行技术创新和系统升级，以适应企业快速变化的需求，进而提升企业的信息化水平和竞争力。

2.2.2　企业数字化

1. 基本概念

数字化是指将现实世界中的事物转化为数字形式，以便于存储、处理和传递。数字化的基础是数字技术，包括数字信号处理Q、数字图像处理、数字化设计等，它使得现实世界的物体和信息可以被计算机处理和管理。

企业数字化是对业务进行数字化的过程，重点是优化甚至重构业务模式，通过前期的信息化，在系统里积累大量的数据，再对数据进行识别和分类，包括产品性能数据、客户数据、销售数据等，通过对这些数据进行分析，写一个算法预测未来的趋势，从数据中寻找价值再反推给业务，从而帮助业务部门进行决策，以制订更好更合理的生产计划。

2. 数字技术在企业各个层面的应用与影响

企业数字技术的快速发展和普及是由数字化时代的兴起和科技的进步所驱动的。随着云计算、大数据、人工智能和物联网等技术的不断成熟，企业可以更好地利用数字技术来处理和分析大量的数据,实现对业务运营和决策过程的深度理解和洞察。因此,研究企业数字技术在各个层面的应用与影响,对于了解企业数字化转型的现状和趋势,探索企业数字化发展的路径和策略具有重要意义。企业数字技术的应用能够提高企业的效率、创新能力和竞争力,进一步推动企业的发展和转型。

第一,数字化决策支持系统利用大数据和分析技术,帮助企业对复杂的业务问题进行决策分析和预测,通过对实时数据的收集、分析和可视化,企业能够更快速、准确地做出决策,并提高决策的质量和效果。

第二,<u>企业资源计划系统</u>是一种集成化的信息系统,能够整合和管理企业各个部门和业务流程的数据和信息。通过企业资源计划系统,企业可以实现信息的共享和流动,提高工作的协同性和效率,企业资源计划系统可以实现对企业资源的全面管理和监控,帮助企业更好地调配资源、优化业务流程,并支持管理层作出战略性的决策。通过实时的数据和报告,管理层能够快速了解企业的运营状况,及时作出调整和决策。

第三,客户关系管理系统帮助企业对客户进行全面的管理和服务,提供个性化的产品和服务,从而增强客户满意度和忠诚度。客户关系管理系统能够帮助企业监控和分析客户的需求和行为,提供精准的营销策略和服务,促进客户关系的建立和维护,企业管理层能够更好地了解客户的需求、喜好和购买行为,从而制定更符合客户需求的产品和市场策略,提高客户满意度和业务销售。

第四,人力资源管理系统帮助企业对员工进行全面的管理和发展,包括招聘、培训、绩效管理、薪酬福利等方面。帮助企业更好地管理人力资源,提高员工满意度和绩效。通过对企业数字技术的应用,管理层能够更有效地招聘和筛选人才,进行员工培训和发展,设定个人目标和绩效评估,并提供及时的反馈和奖励机制,也将有助于提高员工的工作效率。

3. 数字化转型的意义与挑战

企业数字化转型的意义包括以下几点:

(1)提高企业的效率和竞争力。数字化转型可以优化业务流程,提高企业的运营效率和生产效率,进而提高企业的竞争力。

（2）创新和增加收入来源。数字化转型帮助企业开展新的业务模式和创新产品，拓展新的市场和收入来源。

（3）实现数据驱动决策。数字化转型使企业能够收集和分析大量的数据，从而更好地了解市场趋势和客户需求，作出更准确、科学的决策。

（4）提升客户体验和满意度。通过数字技术，企业能够提供个性化、定制化的产品和服务，进而提升客户的满意度和忠诚度。

（5）开拓全球化市场。数字化转型使企业能够更好地与全球市场进行连接和交互，拓展国际业务和进一步扩大市场份额。

企业数字化转型面临的挑战包括以下几点：

（1）技术挑战。数字化转型需要企业具备先进的技术能力和基础设施，包括云计算、大数据、物联网和人工智能等技术的应用和整合。

（2）组织和文化转型。数字化转型需要企业进行组织结构和文化的变革，包括培养数字化人才、激发创新精神和建立灵活的工作方式。

（3）数据安全和隐私保护。数字化转型涉及大量的数据收集和处理，因此企业需要加强数据安全和隐私保护的措施，以防数据泄露和滥用。

（4）人才需求和培养。数字化转型需要企业拥有具备数字技术和数据分析能力的人才，因此企业需要加大对员工的培训和发展投入。

（5）预算和投资压力。数字化转型需要企业进行大量的投资和资源配置，因此企业需要制订合理的预算和投资计划，并确保资金的有效利用。

（6）竞争和市场变化。数字化转型是持续进行的过程，企业需要不断跟上技术和市场的发展变化，以适应竞争的压力和市场需求的变化。

2.2.3 企业信息化与企业数字化的关系

信息化与数字化紧密联系，二者相辅相成。信息化的前提是数字化，只有将现实世界中的信息数字化，才能在信息系统中进行处理和传递，而数字化的目标之一就是实现信息化，即通过数字化技术使得信息的传递和处理更加高效和便捷。

1. 信息化与数字化的区别

企业信息化与企业数字化的目标导向和方向建设不同，数字化是以企业转型升级和创新发展为主要目标,以获取价值效益为衡量标准。其主要以数字化战略为引领,以打造可持续竞争合作优势为主线,着力于推动传统业务向数字业务创新变革,增强客户交互协作,构建数字时代业务新体系和发展新生态,开辟数字经济新价值和发展新空间,防范和应对未来不确定性,使企业更具有柔性竞争力。数字化转型是信息化发展到新阶段所带来的技术创新、管理变革、模式转变等系列转型创新,是一项复杂的系统工程,而企业信息化建设是以业务技术的管理规范化和优化为主要目标,主要侧重于以信息化建设来支撑优化和提升企业管理为衡量标准。最终建立和形成数据贯通、业务互通、产品融通、服务相通的企业数字化管理模式。

2. 信息化为数字化提供前提条件

(1) 企业信息化是企业数字化的前一阶段。从企业数字化转型主要视角上理解,信息化建设是企业数字转型中的一个主要任务,信息化建设对标数字化转型的系统性解决方案,二者都需要明确各自的主要任务。数字化管理的基础是企业信息化和信息管理,且企业数字化管理的工具是企业信息系统。信息化建设使得企业能够更高效地管理和利用信息资源,提高运营效率和决策能力。企业通过信息化建设,实现了信息系统的建立和运行,搭建了数据和信息的基础设施,为企业数字化提供了数据支持和信息基础。在信息化的基础上,企业可以更加便捷地收集、加工和分析数据,实现数据驱动的决策和运营。信息化使得企业能够建立起完善的信息系统,包括企业资源规划系统、客户关系管理系统、供应链管理系统等,这些系统为数字化转型提供了数据管理和业务支持的基础。

(2) 信息化是数字化的基石与支撑。从企业数字化转型方法过程上理解,信息化建设是企业数字转型中的一个重要方法,其对标点是数字转型方法过程中系统性解决方案四要素中关于信息化系统建设方案的需求策划、方案实施、系统试运行、系统验收、匹配规范、运行控制等过程方法。同时其还对标数字化转型中数字化治理体系和基于能力单元的信息物理空间(IT/OT 系统、网络)。信息化使得企业能够更好地应用数字技术,实现业务流程的自动化和优化。通过信息化,企业可以实现数字技术的应用和整合,包括人工智能、大数据分析、云计算、物联网等。信息化为企业提供了数字化转型所需的技术和工具，帮助企业实现业务流程的数字化、自动化和智能化，进而使得企业能够更好地应对数字化带来的挑战和机遇。

3. 企业需要进一步促进信息化的发展

从企业数字化转型发展阶段上理解，信息化建设是企业数字转型发展阶段中的重要路径，其对标点是数字转型发展阶段中系统性解决方案的等级和层次，两者都需要明确系统性解决方案不断跃升的发展路径，由此形成数字化转型的不同发展阶段。企业数字化转型既是企业信息化发展到一定程度的自然趋势，也是实现智慧化宏伟目标的重要基础。随着数字经济的快速发展，企业面临更多数字化应用和创新的需求。企业数字化变革是企业的全新变革，是企业信息化的新发展阶段，也是企业信息化的延续和再创新，其本质是依托数据要素流动性强和零边际传播成本的特征，对企业进行更深维度的重塑。企业数字化提高了企业信息化管理能力、强化企业信息化思维、重视企业数字化转型意识的培养。企业需要进一步加强信息化基础设施的建设，提升信息系统的性能和安全性。同时，企业还需要加强对数字技术的应用和创新能力的培养，从而提升员工的数字素养和技术能力。数字化的推动也需要企业进一步加强信息化与业务的融合，将信息化建设与业务创新紧密结合起来。企业需要将信息化视为推动业务发展和创新的重要手段，积极探索和应用新的技术和模式，推动业务转型和创新，进而实现数字化转型的目标。

总之，信息化建设是企业数字化转型中不可缺少的关键要素，是以业务技术为导向优化创新企业生产、运营和管理的数字化抓手和工具。而数字化转型是企业实现战略柔性发展和获取可持续竞争合作优势和新型能力、最终实现价值效益的系统性过程方法和体系。企业通过信息化建设来支撑数字化转型，两者的协调互动与不断优化迭代式发展，最终实现数字化转型的战略目标。

4. 数字化转型背景下企业信息化管理存在的问题

（1）部分企业对数据采集和处理并没有深刻的认识，存在数据质量低下、数据存储和处理能力不足等问题。同时，由于企业信息系统中存在数据孤岛和应用闭环的问题，相关部门在进行数据采集和处理时，会存在重复劳动和浪费资源的情况。此外，部分企业在数据使用方面存在认识不足的问题。许多企业虽然拥有和产生了大量的数据资源，但没有充分发挥数据的驱动作用，仅仅将数据应用于表面，未能深入挖掘数据背后的潜在价值，导致企业的大量敏感数据被存储在信息系统中，可能会给企业造成重大损失。然而，还存在很多终端用户不重视数据安全问题的情况，这些用户往往简单地将安全责任交给技术人员和信息部门，最终导致数据安全事故的发生。

（2）信息化建设不完善。企业开展信息化建设时，缺乏对自身实际需求的深入分析和信息化使用场景的深刻理解，导致其在规划方面存在缺陷。例如，有的企业缺乏信息化的顶层设计，只是在一些业务领域进行部分信息化实践，导致企业信息化建设缺乏整体性、协同性和可持续性。在信息化建设中，项目管理是至关重要的环节。但是，很多企业在项目管理上存在缺陷，如缺乏项目的可控性与风险评估、缺乏合理的项目计划与资源配置、缺乏有效的项目管理工具与技术等，导致信息化项目的进度和成果无法达到预期效果。在数字化转型的背景下，企业需要依靠大量的信息技术人才支持信息化建设。然而，由于信息技术人才的缺乏和流失，很多企业无法快速、高效地实现信息化建设。

（3）在数据管理方面，企业数据收集和存储不规范，导致数据管理存在隐患。企业在进行信息化建设时，需要对数据进行收集、存储和处理。然而，有些企业在这方面存在不规范的行为，如没有规范的数据收集流程、没有统一的数据命名规则、没有完善的数据归档和备份等。这些不规范的行为可能导致数据丢失、冗余、质量差等问题。随着企业信息化建设的不断深入，数据面临越来越多的安全风险。例如，网络攻击、黑客入侵、数据泄露等问题，都可能导致企业数据的安全被侵犯。此外，企业员工的行为也可能对数据安全造成威胁，如删库跑路、贩卖数据等。在数字化转型的背景下，企业需要通过数据分析获取更多的商业价值，但是由于企业数据分析能力较低，无法充分发挥其数据分析的潜力，导致商业效益不佳。

（4）在数字化转型的背景下，企业信息化管理已成为一项不可或缺的任务。然而，企业人力资源在信息化方面投入不足的问题仍然存在。企业信息化需要高素质、高技能的专业人才，而企业往往缺乏相关人才。不仅如此，随着信息技术的快速发展，企业在缺乏投入的情况下难以招到合适的员工。考虑到信息化技术的复杂性，企业也需要对现有员工进行培训和教育，提高他们的信息技术能力。此外，企业需要注重信息化管理人力资源的充分投入，包括人力资源的数量、质量和配备等方面。以拥有先进信息系统的企业为例，如果人员调配不当或人员不足，会出现信息系统操作不当或维护不及时等问题，从而影响企业的运营效率。

第三章
数字化时代下会计基本理论的发展变化

3.1 传统会计理论的基本内容：从准则到框架

在 20 世纪 30 年代，为了规范资本市场流动的会计信息，财务报告逐渐转向接受公认会计原则的约束和指导，但公认会计原则的发展需要有一定的会计理论概念作为依据。最早对会计理论领域的研究可以追溯到坎宁的《会计中的经济学》，其首次将经济学观点系统地引入会计理论的研究中，从经济学中引进若干与会计相关的概念，会计的基础概念如资产、负债、所有者权益、收益及净收益等皆源自经济学，明确有力地指出了收入概念的重要性，坎宁的研究成果对现代会计理论与会计实务的发展产生了非常深远的影响。佩顿和利特尔顿的《公司会计准则导论》在 20 世纪 40 年代出版，在该书中，作者以 1936 年发表的《公司财务报表的会计原则说明书》为开端，对相关基本概念做了详尽阐述并予以扩展，对准则本身进行了更广泛的说明，相当清晰地揭示了应用准则、选择所推荐的特定准则的动因，并列出大量资料表明准则在实务中得到了应用。这本著作的重大贡献是为美国准则制定机构财务会计与报告（又称会计理论）在基本理论上开辟了道路。利特尔顿的另一部著作《会计理论结构》比较深刻地阐述了会计的本质、会计理论的含义与作用，建立了会计时空框架，对会计理论的基本要素如会计行为、目的、理由、规则、指南、惯例、原则等一系列基本会计概念的涵义及其相互联系上进行了充分论证，并建立了会计理论结构体系。

1976 年 12 月，美国财务会计准则委员会（FASB）发布《财务会计和报告概念结构:财务报表的要素及其计量》,1961年,美国会计原则委员会(APB)会计研究部(ARD)成立后开始公开出版其研究成果——会计研究论文系列(ARS),对财务会计概念框架开始进行系统地研究。从1978年11月起至今,FASB陆续发布了7辑"财务会计概念公告"(SFAC)。FASB围绕着财务会计的目标,将会计基本理论、基本概念、指导性会计原则融为一体,以便能构建出一套相互关联、前后一致的会计处理程序和规则,构建了财务会计框架体系。从20世纪70年代开始,受怀特报告和特鲁伯鲁特报告的影响,财务会计准则委员会(FASB)发布财务会计公告的概念框架已经开始指导着民间部门的准则制定,2018年3月,IASB正式发布了"财务报告概念框架(2018版)"。

我国会计理论体系中迄今为止还没有严格意义上的财务会计框架。1992年11月,财政部首次制定并发布了《企业会计准则》,2006年2月,修订并发布《企业会计准则——基本准则》及38个具体准则的企业会计准则体系,2014年7月,对"基本准则"做了微小修订。葛家澍指出:部分经济发达国家都有财务会计和财务报告概念框架,而我国则用《企业会计准则——基本准则》取代本准则作为我国的概念框架,表现出鲜明的特色和新意并符合中国国情。目前我国的会计理论框架大致包括以下四种类型:

第一,会计一般基础理论。主要包括会计系统理论、会计本质理论、会计对象理论、会计职能理论、会计目标理论、资金(资本)理论、财产估价理论、会计方法理论、会计结构理论、会计特色理论、会计国际化理论等。第二,会计核算基础理论。主要包括会计信息理论、会计信息系统理论、会计核算体系理论、会计核算基本前提(会计假设)理论、会计核算准则理论、会计计量理论、会计确认理论、资产核算理论、负债核算理论、权益(或基金)核算理论、收入核算理论、费用核算理论、成本核算理论、利润核算理论等。第三,会计管理基础理论。主要包括会计现代管理理论、会计管理系统理论、会计管理体系理论、经济效益理论、资本经营理论、资金管理理论、成本管理理论、利润管理理论等。第四,会计体制基础理论。主要包括会计体制理论、会计机构理论、会计人员理论、会计制度理论、会计法规理论、会计机制理论等。

1. 会计一般基础理论

会计目标是会计基础理论的最根本内容，主要包括明确会计工作的原因、服务对象及内容。会计目标是关于会计系统所应达到境地的抽象范畴，是沟通会计系统与会计环境的桥梁，是连接会计理论与会计实践的纽带。在不同历史阶段，会计的具体目标是不同的，会计目标受到环境因素的影响，随环境因素的变化而变化。

会计对象是指会计所核算和监督的内容，即会计工作的客体。由于会计需要以货币为主要计量单位，对一定会计主体的经济活动进行核算和监督，因而会计并不能核算和监督社会再生产过程中的所有经济活动，即凡是特定主体能够以货币表现的经济活动，都是会计核算和监督的内容，也是会计的对象。以货币表现的经济活动通常又称为价值运动或资金运动。由于单位的组织形式和经济活动的内容不同，所以不同单位的会计对象均有不同的特点。

会计职能是指会计在经济管理过程中所具有的功能。会计具有会计核算和会计监督两项基本职能，还具有预测经济前景、参与经济决策、评价经营业绩等拓展职能。基本职能主要有会计核算职能与监督职能，核算职能是指会计以货币为主要计量单位，对特定主体的经济活动进行确认、计量和报告；监督职能是指对特定主体经济活动和相关会计核算的真实性、合法性和合理性进行审查。

会计方法是用来核算和监督会计对象、执行会计职能、实现会计目标的手段。会计方法包括会计核算方法、会计分析方法、会计检查方法、会计预测方法和会计决策方法，这些方法既相对独立，又相互联系、相互配合，共同构成统一的方法体系。

会计的基本原则主要包括两个方面：①财务会计资料一定要保证准确无误且清晰，通过特定的计量标准和权利职责发生制来保证收入与开支成正比。为公司的相关业务或者项目提供最可靠最科学的会计工作服务。②财务会计在进行核对计算工作和提供数据资料时，务必保持非常严谨的态度和遵循重要性原则，从而确保所完成工作的质量。

会计要素主要包括负债、资产、所有者权益、费用、利润、收入。其中，负债、资产和所有者权益这三条基本会计要素属于资金运动的相对静止状态，可以反映公司的财务基本情况；费用、收入和利润这三条基本会计要素则属于资金运动的显著变动状态，也就是反映公司的运营状态。

会计环境包括外部环境和内部环境，其中外部环境是存在于经济主体外部并对会计信息系统产生影响的经济、政治、法律、社会、文化、教育、科学技术等方面。而内部环境是经济主体内部影响会计工作的各种因素的总和，包括企业管理体制、企业整体管理水平、企业领导对财务管理的重视程度、企业生产规模、企业会计人员的素质等方面。外部环境与内部环境对经济主体会计的影响是相辅相成的，会计环境决定着会计人员的行为举止，制约着会计工作所作出的各项成果，会计环境对会计活动有着极其深远的影响。

2. 会计核算基础理论

会计核算是以货币为主要计量单位，对会计主体已经发生或已经完成的经济活动进行的事后核算，也被称为会计反映。它涉及对会计对象（会计要素）进行完整的、连续的、系统的反映和监督。会计核算的方法包括设置会计科目、复式记账、填制审核凭证、登记账簿、成本计算、财产清查、编制会计报表等。这些方法的实施确保了会计信息的质量和时效性，满足了相关会计信息使用者的需求。会计核算不仅是事后反映，还包括事前核算、事中核算和事后核算。事前核算主要是进行预测、参与计划、参加决策；事中核算主要是干预经济活动；而事后核算则是记账、报账、算账。此外，会计核算还涉及对企业决策提供科学、准确的数据信息，以保证会计登记的准确性、及时性和完整性。计算机辅助核算可以提升会计核算的效率和准确性。会计核算是一项基本的会计职能，是会计工作的核心和重点，它贯穿于经济活动的整个过程，是企业决策的重要依据。

会计信息系统论有关会计基本理论的观点，都是围绕信息论和系统论展开的。由于系统论强调目标是系统存在和运行的前提，因此，会计信息系统自然要有一个目标，即以财务系统为主的经济信息。在信息提供的内容和提供对象上，存在决策有用性和受托责任观之争。前者认为，会计信息系统应该向同在的和潜在的投资人（债权投资人）提供他们进行投资决策所需要的信息；后者则认为，会计应以向现在的投资人提供反映管理当局受托责任履行情况的信息为主。

会计假设是指会计人员对会计核算所处的变化不定的环境和某些不确定的因素，根据客观的、正常的情况或趋势所作出的合乎情理的判断。会计假设是组织会计核算工作应当明确的前提条件，是建立会计原则的基础，所以又叫会计核算的基本前提，它一般包括会计主体、持续经营、会计分期和货币计量等内容。

会计计量是指用货币或其他量度单位计量各项经济业务及其结果的过程。其特征是以数量（主要是以货币单位表示的价值量）关系来确定物品或事项之间的内在联系，或将数额分配于具体事项。其关键在于计量属性的选择和计量单位的确定。作为财务会计的一个重要环节，会计计量的主要内容包括资产、负债、所有者权益、收入、费用、成本、损益等，并以资产（负债往往可称为负资产，而所有者权益为资产扣除负债后的剩余资产或净资产）计价与盈亏决定为核心。

会计确认是会计实务中的一个重要环节，它是会计人员在会计处理过程中对经济事项是否作为会计要素正式加以记录和报告的一种认定。具体来说，会计确认主要包括两个方面，一是初始确认，即将新的经济业务或会计事项纳入会计系统的过程，这个过程需要将交易或事项的信息收集、整理和记录；二是后续确认，即对已经记录在账簿中的交易或事项，在发现新信息或情况发生变化时，对其进行重新评估和调整的过程。后续确认包括调整确认和摊销确认。在进行会计确认时，会计人员需要遵循一系列的原则，如真实性原则、权责发生制原则、货币计量制原则、持续经营假设原则等。

3. 会计管理基础理论

会计管理理论是从传统的会计系统中分离出来的、与财务会计并列，着重为企业进行最优决策，从而提高经济效益服务的一个企业会计分支。为此，管理会计需要针对企业管理部门编制计划、作出决策、控制经济活动的需要，记录和分析经济业务，"捕捉"和呈报管理信息，并直接参与决策控制过程。

资本运营，又称资本运作或资本经营，是利用市场法则，通过资本本身的技巧性运作或科学性运动，实现价值增值和效益增长的一种经营方式。它是企业或个人利用资金进行投资和管理的过程，涉及资金的投资、资产的配置、风险的管理以及利润的最大化等方面。资本运营可以包括各种形式的投资，如购买股票、债券、房地产、外汇、商品期货等，其目标是实现投资者的财务目标。此外，资本运营也包括资产管理、风险管理以及市场分析等内容，旨在通过有效的管理和控制，实现资本的最大利益和经济效益。

资金管理是社会主义国家对国营企业资金来源和资金使用进行计划、控制、监督、考核等项工作的总称。资金管理包括固定资金管理、流动资金管理和专项资金管理。其主要内容包括投资决策与计划、建立资金使用和分管的责任制、检查和监督资金的使用情况、考核资金的利用效果。管理的主要目的是组织资金供应，保证生产经营活动不间断地进行；不断提高资金利用效率、节约资金；提出合理使用资金的建议和措施，促进生产、技术、经营管理水平的提高。

成本管理是企业生产经营过程中的一个重要环节，涉及一系列科学管理行为。具体来说，成本管理包括：①成本核算是指对产品的原材料和人工成本等进行准确的计量和记录，以便进行后续的成本分析和管理；②成本分析是指通过深入研究成本构成，揭示影响成本的各个因素，为企业提供优化生产和降低成本的依据；③成本决策是在收集和分析成本信息的基础上，企业作出关于如何最有效地管理和控制成本的决策；④成本控制是指对成本支出的持续监控和调整，确保企业始终处于预算范围内，并防止不必要的浪费；⑤成本计划和目标设定是指企业需要根据市场情况和自身条件，制订合理的成本计划，并通过设置具体的成本目标来实现这些计划；⑥成本预测是指通过对未来市场趋势的预测，企业可以提前规划成本支出，避免可能的成本上升；⑦成本考核是指通过对成本管理的成果进行评估和奖惩，激励员工更加高效地工作，同时也促进企业管理层的自我提升。

成本管理是一个综合性的管理活动，其目的是帮助企业降低生产成本、提高经济效益，从而实现企业的长远发展和盈利增长。

4. 会计体制基础理论

会计制度是对商业交易和财务往来在账簿中进行分类、登录、归总，并进行分析、核实和上报结果的制度，也是进行会计工作所应遵循的规则、方法、程序的总称。国家统一的会计制度是指国务院财政部门（即财政部）根据会计法制定的关于会计核算、会计监督、会计机构和会计人员以及会计工作管理的制度。根据《中华人民共和国会计法》的规定，国家统一的会计制度由国务院财政部门根据本法制定并公布。国务院有关部门可以依照本法和国家统一的会计制度对会计核算和会计监督有特殊要求的行业实施国家统一的会计制度的具体办法或者补充规定，报国务院财政部门审核批准。

会计规则是指在进行会计工作时必须遵守的一系列原则和方法，它们确保了会计记录和财务报表的准确性和可靠性。会计规则涉及如何处理不同的交易类型，如收入、费用、资产和负债等，以及如何在账本上正确地记录这些信息。会计规则的意义不仅在于保证会计工作的科学性，还包括了对企业经营者的约束和激励。当企业的所有权与经营权发生分离时，股东可能会对会计规则的制定产生兴趣，因为这关系到他们自身价值的实现和收入的分配。因此，会计规则的制定权和分享成为了一个重要的研究课题，它有助于在博弈中使社会资源的配置达到最优化，减少不必要的经济危机和资源浪费。会计规则制定权的分享是一个复杂的过程，需要考虑多方面的因素，包括但不限于法律、道德、市场竞争和内部控制等因素。

会计机构是指单位内部所设置的专门负责办理会计事项的职能部门。它们的主要职责是对企业的财务状况和经济业务进行核算、记录、报告和分析，从而为组织的经营管理提供准确、及时、可靠的财务信息。会计机构和会计人员是完成这些任务的主要承担者。在具备设置条件的情况下，单位应自行设立会计机构；如果条件不允许，可以委托获得批准的会计代理记账中介机构代为处理账务。会计机构的类型和名称可能因单位性质而异，但通常包括但不限于会计师事务所、会计代理机构、企业会计部门、事业单位会计部门以及政府会计部门等。

3.2 会计理论的创新实践：数字技术驱动变革

3.2.1 会计数字化的内涵特征

会计数字化是继会计电算化（运用电子计算机解决会计核算问题）、会计信息化（运用互联网技术解决数据共享问题）之后出现的一个热词。所谓的数字化其实有两种含义：一是在认知层面上将文字、符号等非数字字符转化为以阿拉伯数字表示的字符或字符串，如用"101"或"1001"替代作为会计账户（科目）名称的"库存现金"；二是在技术层面上将语音、文字、数字、图像、声音等承载信息的数据转化为能为电子设备直接处理的二进制数字，如用扫描枪提取电子发票承载的会计数据时，其工作原理便是按二进制计数规则对非二进制数字数据进行编码和解码。由此完整意义上的会计数字化，一方面是指运用数字化方法扩展会计数据范围并实现非数字数据的代码化；另一方面是指运用数字化工具实现会计数据采集、存储和传输的电子化。当被用以表示会计信息化发展的一个特定阶段（如同用"会计信息化"取代"会计电算化"）时，则是指以大数据、人工智能、移动支付、云计算、物联网、区块链、二维码、图像识别、数据挖掘等新一代信息技术为手段，通过会计数据的大幅扩张、高效传输和科学组织，实现微观组织管理和宏观社会监管的全面数字化。

作为会计信息化发展的一个更高级阶段，会计数字化的主要任务应为充分发挥会计在微观组织管理和宏观社会监管方面的作用，而运用数字化方法和数字化工具实现会计数据的大幅扩张、高效传输和自动采集，即在会计信息化基础上，通过扩展会计数据范围、优化会计数据传输路径并提升会计数据采集效率，为会计智能化所要实现的智能运用夯实数据基础。相对于会计信息化而言，会计数字化具有以下特征：

（1）全域网络化，即将网络覆盖至会计活动的每个角落。会计是对交易事项财富影响的确认、计量、记录和报告，因交易至少涉及两个主体（这里指"组织主体"而非"基金主体"），并且只有在两个主体均实现会计信息化并外接互联网的前提下,相关会计数据以及与之相关的支撑材料才能以电子数据形式呈现、传输和存储,故而全域网络化既是会计数字化的前提和保障,也是其基本特征。故此会计数字化阶段要将企业级会计系统通过网络连接变成社会级会计系统,使处于社会网络中的每一节点时,系统均能既满足组织内部的核算和管理需要,又方便组织外部的数据传输和数据采集需要,从而全面消除不同组织之间、同一组织内部不同部门之间的"信息孤岛"。

(2)全面数字化,即将交易事项的所有数据都纳入会计系统。任何一笔交易或事项的发生都由依次继起的一系列"事件"组成并涉及众多参与者。由此,为得到交易事项的全景信息,就要将包括事件类型、发生时间、发生地点、参与者、资源种类在内的所有承载会计信息的所谓数据,均通过数字化(即系统化编码)变为会计数据。故此,在会计数字化阶段,一方面要扩展会计的内涵,即将以"物"为中心的传统会计发展为"人"与"物"并重的人本会计;另一方面要将会计系统的应用场景由组织内部的业财税一体化跃升为内外兼顾的业财税管一体化。

(3)全程无纸化,即会计数据的传输和存储均依赖电子化介质。在信息技术条件下,数字化的一个重要方面是作为信息载体的数据均能由电子设备进行识读和处理。故此会计数字化阶段承载会计数据的所有原始凭证、记账凭证、会计账簿和会计报表,在技术上均应通过电子设备呈现,并运用电子设备进行传输、接收和存储,从而实现会计信息传递和会计数据处理的全流程无纸化。

(4)全链标准化,即在会计数据传输链条的每一环节均采用标准化数据结构和规范化数据内容。标准化是效率的保证,没有标准化前提,自动化和智能化无从谈起。从现实情况来看,起步于会计核算电算化并不乏行业特色的系统软件,不仅在会计元数据组织方面(主要表现为数据表文件结构)存在较大差异,而且在实际应用方面亦是差异明显。例如,就电子发票系统与网上银行系统中预存的大量"简称"而言,当一方使用"XX银行股份有限公司YY市南第ZZ支行",而另一方将其简称为"X行Y市南Z支行"时,基于银企互联的网银支付就不可避免地要进行大量数据转换工作,即将记账凭证所载收款单位开户银行数据(通常源于发票)转换为网银系统预存的开户银行数据。显然，这种仅为消除数据内容不一致而进行的数据变换（实务中经常要将规范化全称转换为不规范的简称）在全链标准化下自然能够得以避免。故此会计数字化阶段还应为消除数据采集过程中的不必要数据转换而统一数据结构并规范数据内容。

数字经济的快速发展能够为会计数字化转型升级提供助力。第一，数字经济的发展使各种会计要素的定义域得到拓展，更好地满足了数字经济发展的实际需求。第二，数字经济的发展能够为会计体系的完善提供助力，引导会计人员积极探索以数字经济为基础的会计计量方法、确认手段、报告流程，有利于会计数据信息真实性和可靠性的提升，能够为会计工作在数据资源配置和数据要素市场发育中作用的发挥提供保障。第三，数据技术的普遍应用能够为传统会计模式向智能化和信息化转型提供助力。有关资料显示，对会计人员存在影响的十种主要技术包括财务云、大数据、电子发票、流程机器人、电子档案、ERP（企业资源计划）系统、区块链技术、数据挖掘技术、移动支付技术、审计监督技术，这些技术都开始在财务领域获得广泛应用，为会计模式的转型升级提供了助力，提高了会计数据的处理效率和信息系统的自动化程度，改变了会计数据的收集、存储、分析模式。

同时，会计赋能数字经济发展。首先，会计人员要利用先进技术对各项经济政策进行调研，判断企业政策方针与实际需求之间的适配性，科学预测和及时处理各种财务风险。其次，会计人员要利用信息技术将自身工作与企业生产经营流程有效融合，出具规范全面的财务报告，便于管理人员全面掌握企业的实际经营状况。再次，财务会计可以利用数字化手段积极参与企业数字化转型升级，帮助企业识别和防范转型过程中存在的风险问题，从而为转型策略的制订提供支持。最后，会计人员可以利用信息技术挖掘各种类型数据信息的价值，为领导制订发展规划和战略目标提供支撑，进而为企业会计数字化转型提供助力。

3.2.2 数字化对会计理论的影响

"大智移云"和区块链等新型信息技术已经渗透到经济活动和社会生活的方方面面，将我们从过去的慢速世界拉入快速世界。由于这些技术有着不同结构特征和应用场景的要求，各行各业在与其结合时都需要作出或多或少的调整。而作为传统行业之一的会计，在面临新技术挑战的同时，也面临着信息时代下企业管理的新要求。

会计系统是一个充满规则的"人工世界"，通过复式记账法记录现实世界的有限信息。而现代信息技术建立在计算机技术和微电子技术上，二者的应用逻辑和信息需求都存在较大差异，这具体表现在四个方面：一是计算机技术的应用逻辑和会计范式的复式记账法并不一致；二是区块链分布式架构的存在让系统内所有成员都成为记录者，在颠覆传统会计主体假设的同时也要求复式记账规则作出相应改变；三是会计系统当前所提供的信息与新技术环境下的信息需求并不匹配，外部信息使用者需要运用大数据进行合理的分析和预测等；四是智能技术的推理职能和执行功能可以提升信息提供质量等。新技术冲击着传统会计理论范式，但也可以支撑起传统会计范式重塑的需求。

与此同时，新技术的运用也给企业管理提出了一些新要求：为获得持久的竞争优势，企业需要通过战略联盟、并购等方式与上下游企业建立起良好的合作关系，竞争的主体逐渐从单个企业扩展到整条价值链；企业已经无法在近似稳定均衡状态的环境里运行；互联网平台加强了公司与用户之间的紧密联系，使得供给双方能够更直接地进行有效的沟通和交易；企业成功的因素从单一的利润，转化为时间、质量、成本、创新和环保等综合竞争优势，价值逐渐取代利润成为企业成功的关键。为满足企业管理工作的更高要求，会计的重心也应该从原来的"收益"向"企业价值"偏移，实时地提供价值增值信息和管理的多维度信息，以适应从慢速世界到快速世界的发展趋势。

在技术突破和管理变迁的双重挑战下，会计范式正在遭受着前所未有的冲击。但这种冲击带来的问题无法通过对会计系统进行适应性改变予以消除。因此，为继续指导实践，会计理论有必要进行重塑，以适应当前大环境变化的要求。此外，当前大数据、智能化、互联网技术和云计算等各种数字技术正在驱动会计科学的认识手段不断进步，会计范式正在从继承、积累、修正、深化的渐变形式过渡到否定、颠覆、突破、革命的突变形式，真正迎来范式革命。

规范会计理论和实证会计理论是当前并驾齐驱的两大会计主流理论。规范会计理论在过去相当长的一段时期内在会计理论界占有主导地位，对会计理论与实务的发展影响重大。进入 20 世纪 70 年代，实证会计理论开始蓬勃发展。自此，会计理论界"二分天下"的局面逐渐形成。

规范会计研究源于 20 世纪二三十年代经济大萧条时期的美国。该时期收益决定模型被提出，同时确立了配比原则、历史成本原则、持续经营原则等多项会计原则，这为后续 30 多年的规范会计研究奠定了坚实的基础和稳固的思维框架，并逐渐促成了以财务会计概念框架为主要内容的成熟体系。规范会计理论视会计系统为"白箱"，着重说明会计"应当是什么"，其优点是具有较高的可视性和指导性。但该理论带有设计者主观性的价值判断，固化会计的职责和界限，限制提供信息的广度和理论科学性。进 21 世纪以来，规范会计理论逻辑与新兴数字技术逻辑存在较大差异，规范会计理论的缺陷也越来越明显。

实证会计理论产生于 20 世纪 60 年代。在这一时期，受实证经济学的影响和启发，会计领域开始引入实证研究，使得传统规范会计研究独大的局面被打破。实证会计理论作为一套研究会计"是什么"的系统知识体系，把会计系统看作"黑箱"，不深究其内部构造和原理，只是通过观察"输入"和"输出"的变量，对某些现象和关系进行解释和预测。虽然实证会计理论的逻辑性极强，但"黑箱"的构造也使得研究者过分关注历史数据的解释而忽视未来目标与路径设计，因而无法对事物的发展进行指导性的说明，往往需要与规范研究相结合，才能形成具有指导意义的完整会计理论。

无论是规范会计理论还是实证会计理论，都是假设使用者需求已知，满足的是大部分人的共同需求，即以"价值法"为基础实现各自的目标。而在当前的信息化、智能化时代，技术和管理要求会计能够服务于决策者各种可能的信息需要，因此遵循事项会计的"事项法"原理似乎更为恰当。现有的会计理论无法给当前的会计范式革命提供合理的指导，以事项法为核心的事项会计理论或许能提供一些思路。

3.2.3 数字时代会计理论的转变

（1）会计环境。事物的产生与发展离不开其所处环境的影响。会计的发展是反应性的，会计依存于特定的环境，积极地适应会计环境的变化是会计赖以生存和发展的基本要求。会计环境泛指会计所依存的客观情况和条件，包括社会环境、法律环境、制度环境、技术环境等多个方面。会计环境变迁是会计发展的第一推动力，新一轮数字技术的快速迭代发展与广泛普及，迸发出前所未有的创新力量，逐渐渗透到社会经济生活的各个方面，构成了当前会计所面临的最主要技术环境，这一会计环境的变化对传统的会计理论与方法形成了较大地冲击，导致传统的会计理论与方法对数字经济中新现象、新问题的解释力大幅减弱，已经在一些方面表现出"力不从心"。例如，在数字经济时代，借助于数字化平台所形成的"无边界组织"应运而生，企业内部与外部的界限日益模糊，导致会计主体变得难以识别，因此对会计主体这一基本假设进行调整就成为必然选择。再如，虽然数据已经被视为是企业的重要资产，但如何对数据资产进行确认、计量、报告，在现有的会计规则中尚不明确。在数字经济时代，会计应当结合技术环境的变化，对会计理论与方法作出适应性的调整，这也使得会计转型成为大势所趋。

（2）会计对象。会计对象是会计工作特定的客体，是对会计具体内容的抽象概括。会计对象是会计理论体系的重要组成内容，在上世纪末的20多年内，我国会计研究者针对会计对象问题展开了广泛而深入的探讨。其中，"会计对象是资金运动或价值运动"这一观点得到了多数学者的认同。从资金流动方式来看，现阶段移动支付技术已经覆盖到社会经济生活的各个方面，从而改变了资金循环和运转的具体方式，使得一部分会计对象由实物形态转化为数字形态或虚拟形态。从价值运动层面来看，资产、负债等会计要素是会计对象的具体化，作为资产重要组成内容的数字产品，其研发、生产、销售等各个环节主要通过数据形式表达出来，增加了对资产的确认与计量难度，使得传统的资产负债表难以全面反映资产的信息。

（3）会计职能。会计职能是指会计在特定环境中所发挥的作用。虽然理论界对会计职能的具体表述有所差异，但多数学者认为会计的基本职能是核算和管理。在数字经济时代，会计的基本职能并未发生改变，只是会计职能的具体表现形式发生变化而已，主要体现在：第一，会计的核算职能得到强化。随着人工智能、自动化、网络技术等在会计中的广泛应用，会计数据的获取、分析与处理更为便捷，会计对经济业务或事项的核算效率得到快速提升，会计系统所反映的内容和信息含量也更加丰富。可以说，在数字技术与会计系统的充分融合下，会计的核算职能得到了强化。会计作为企业数据反映中心的地位将会进一步巩固。第二，会计的管理职能进一步拓展。在数字技术的影响下，部分重复性的、流程化的会计基础工作或基于明确核算规则的会计工作将会被人工智能替代，由核算型会计向管理型会计转型、乃至战略管理型会计转型成为主流趋势；另外，会计部门是企业最大的数据生产与处理部门，随着会计部门所掌握的信息愈加丰富，会计的分析、预测、监督、控制、评价、决策支持等功能将会得到进一步拓展，使得会计赋能企业经营管理与决策的重要性更加突出。因此，在数字经济时代，优化并拓展会计的管理职能显得尤为必要。当然，本文强调要重视会计的管理职能并非是对会计核算职能的弱化，而是要实现会计核算职能与管理职能并重。

（4）会计目标。现阶段会计目标更加多元化，要达到的目标逐渐丰富起来，除了要满足日常会计工作，还需要具备前瞻性、预测性，目标也日渐多样。从会计目标本质上来说，企业会计工作需要达到一定目标和标准，属于会计实务发展方向的决定性因素，其自身价值和意义非同小可。在不断发展的过程中，会计目标发展也开始走向了多样化，这主要是由于会计工作对于其职能方面的要求不断提高，多样性越来越明显。在不断发展的过程中，会计目标是提高企业经济效益十分关键的一部分内容，这也就导致企业快速发展、信息化不断应用之后，其自身的关键性价值和实际性意义也日渐关键起来。在信息技术支持之下，会计的各种信息处理开始走向自动化、多样化、多元化，而且也走向了精细化、系统化和立体化。由此可见，不断发展的过程中，信息化对于整体会计目标产生了关键性的影响和至为关键的干预。

（5）会计基本假设。会计活动本身就存在着较多的假设，而伴随信息化的快速发展，也给假设带来了很大影响，如总体发展、持续经营和分期等。不同假设的影响也各具差异，其中最大的差异就体现在会计分期假设，这部分的假设很容易随着会计工作环境的改变发生较大程度的改变，从而带来不同程度的实际影响。会计分期本质上指的是企业所有经营活动进行细节性、短周期划分，然后结合结算账目和报表，分阶段地提供准确的财务现况、经营利润等方面情况，从而为整体的企业决策质量提供一定的支持。然而在不断发展的过程中，其分期假设是对持续经营假设的补充，信息化发展的背景下，市场与企业、企业与企业之间的距离发生了很大程度的改变，距离不断缩短之后，其受到各种因素影响就更加明显，变化也可能更大。信息技术可以更好地为企业财务管理提供一定的支持，在开展管理工作的过程中，会计分期只能分为一周、一个月左右，维持在这样的范围之内，不能太长地设定假设分期，但也不能太短。这主要体现在，一些企业的经济业务存在着周期性、连续性，如果划分过小，连续性不会被体现出来。划分周期过长，则总体的周期性难以体现出来，这也意味着，总体环境如果发生改变，其假设的内容也会发生一定程度的改变，不能太长也不能太短，才能有效地评价总体经营业绩，为日后的发展趋势、财务情况等提供一定的支持和保障。相比之下，有效的分期在现阶段变得异常重要，在进行整体划分的过程中，为了实现宏观调控、掌握企业现况，必须坚持合理分期，其自身的重要性得到了明显提升。

（6）会计信息。在会计信息方面，现阶段对于会计信息质量的要求不断提高，对其可靠性、时效性、可利用性和多元性的要求也不断提高。然而信息化的快速发展带来的各种冗杂信息还需要进行细致的甄别、利用，这也就意味着，在进行核算的过程中，还需要对信息进行考量、权衡，以取得更好的效果。由此可见，这一系列的改变较为突出，带来的影响也较大，直接影响着自身会计理论发展，对于企业实际活动带来了较大程度的干预作用。一方面让工作开展变得更加便捷；另一方面也为信息的有效收集、利用带来了很高的要求，因此必须正视这样的改变和变化，有针对性地开展实际工作。

（7）会计计量。会计计量要考虑的因素较多，一般开展实际工作的过程中，都会拿既往的成本、历史数据作为计量的原始依据，来确定企业金额，在不断发展的过程中，信息化大背景下其自身也会受到较多的实际影响。在实际操作的过程中，现阶段计量方法也需要走向多元化、多样化，这一点十分关键，主要体现在，现阶段涉及的领域较多，各个领域之间的壁垒、隔阂逐渐转小，带来的成本方面的影响就逐渐增大。如果单纯围绕着成本进行会计计量，肯定会出现波动和不准确性，现阶段主要以成本为主要参考，形成一个以成本为核心的报表系统,然后进一步与公允价值等计量方法进行结合,将这部分内容作为依据,开展后续的财务成本管理,以满足计量方面的需求。由此可见,在现阶段信息化不断发展、变化的过程中,会计计量方面也带来了全新的标准要求,为了发挥其自身作用,需要先形成相应的体系,并在实务具体落实的过程中进行不同程度的调整。只有通过这样的方法和策略,总体的质量才可以得到提高,有关问题才可以得到规避,进而让会计工作在信息化发展的背景下不断走向完善化、多元化。

3.3　未来会计理论的前景展望

3.3.1　会计理论的创新发展

(1) 财务会计基本假设的创新。财务会计基本假设包括对财务会计前提进行假设、会计主体假设、会计持续经营假设、会计期间假设、会计货币计量假设。经济的发展和财务会计有着紧密的联系,经济的发展促进着财务会计工作的发展,而财务会计的基本假设工作就是财务会计工作的前提。所以,财务会计理论的发展趋势就是基本假设环节要进行创新。例如,在会计的持续经营假设过程中,要打破传统经营理念的束缚,着重考虑企业的实际经营状况,并将企业的经济利益以及经营时间等因素融入会计持续经营假设当中,并促进会计经营假设理论的创新。而在进行会计期间假设的过程中,传统的会计期间假设不能够随时满足会计信息使用者对会计信息的要求,所以对会计期间假设的创新,更要其会计期间建设所提供的信息更具有精准性和完整性,以满足使用者对会计期间制订财务报表的数据要求。最后,对于货币计量假设也要进行创新,在当今时代,市场经济变化无常,市场产品的价值货币的价值变化速度非常快,所以会计基本假设创新的过程中,要将货币价值假设理论进行创新,以满足会计理论对新货币价值概念的要求。

(2) 财务会计的理财观念逐渐改变。在当代数字化转型的背景下,信息知识是引领改革浪潮的前提,如何发挥信息知识改变发展的效果,其归结点是人才,所以适应于当代社会发展的人才决定了知识经济能否顺利发展。因此，企业应重视"以人为本"的理念，注重加强对会计人才的激励与约束、注重工作创新，以激发其在会计管理工作中的积极性与进取性，考虑多重影响会计管理信息的因素，通过充分发挥人才优势，最终实现企业财务发展目标。财务会计人员需跳出传统经济发展模式的财务理念，随着时代变化不断更新理财观念，强化自身信息财务理念，充分利用互联网先进工作模式，通过使用智能化、共享化办公软件，在实际财务工作中，逐步转变财务会计理财观念，以适应现代知识经济发展步伐及趋势。伴随着人们生活质量的提高，对于理财产品的重视也会有所增强，因此对于会计人员理财意识的培养力度也会更大。在这种背景下，会计理论和会计工作要求会计人员必须具有更加现代化和专业化的理财观念，不仅要能够在经济危机到来时具备良好的危机意识和风险观念，还要具备足够的信息收集能力和计算机网络技术，只有这样，会计工作才能具备创新性，企业也能在市场上有一席之地。

（3）财务会计的工作手段不断创新。在数字经济发展环境中，会计工作方式受当代新经济发展模式的影响，发生了重要改变。随着"互联网+"的普遍应用，多元化网络办公软件也应运而生，这就要求会计人员掌握互联网技术，熟练应用互联网操作软件及共享平台，使会计工作朝着网络化、高效化的方向发展。会计工作也从传统手工做账工作方式转变成现代互联方式，以起到减少人工、节约成本、提高效率的作用。在现代会计工作中，企业可利用"互联网+"信息技术，达到信息获取、实时共享的目的；可利用大数据分析模式，进行准确、全面的数据分析，进行企业综合管理；可利用云计算工作方法，从内部到外部、从行业到地区等实现财务会计数据空间分析，从而有效进行风险管控；可充分利用人工智能工具以及高效的办公软件，将输入的会计信息及时、准确地进行整理、输出；可使用区块链模式达到有效管理、深化改革的效果。

（4）财务会计报告的披露体现及时性与充分性。网络化信息时代要求更加及时、全面地获取会计信息，在瞬息万变的发展环境中，知识的更新、数据的变动都增加了企业进行投资、融资、管理的风险，为其带来的既有机遇也有挑战。在当今风云变化的金融市场下，金融工具的创新和衍生金融工具的出现加剧了经济动荡，这就要求会计信息使用者及时披露财务会计报告，以确保会计信息的真实性,在一定程度上降低企业决策者的经营风险。对为了确保企业能够在激烈的市场竞争中脱颖而出,财务会计的会计方法和分析方法需要不断修订和创新,进而突出财务会计报告的及时性与充分性。会计处理准则、会计制度等在不断更新换代,并且这种变化是持续的。

(5)财务会计队伍更加专业化。随着会计环境的互联化发展,企业财务信息的获取和分析能力显得尤为重要,在当前财务会计工作中不仅需要基础做账人员,还亟须具备财务管理分析能力的全面性人才,这就需要现代财务人员在完成基本财务工作的同时不断对财务工作处理方法进行思考和创新,只有不断创新,才能确保企业能够适应社会的发展需求。信息时代的发展导致企业对财务会计人员的要求不断提高。财务会计人员不仅需要掌握企业财务会计的相关知识,还需要对信息技术有很好的掌握,具有相对较强的逻辑思维能力,才能满足现代社会的发展要求,能够胜任财务会计工作,成为具有多种技能的财务会计人才,促进新时代财务会计的创新与发展。为了保障会计工作的高效性、准确性、创新性,这就对财务会计工作人员带来了机遇和挑战。新的时代背景下,财务会计理论内容更多,涉及的知识更加专业,而这无疑给会计理论学习者带来了更大挑战。但是,在经济飞速发展的今天,市场对于会计从业人员的要求有了很大提高,会计工作者必须及时拓宽自己的知识层面,提高自己的专业素质,才能适应日益激烈的会计市场。由此可见,未来的会计队伍会更加专业化和现代化,会计从业人员的素质水平会较以往有很大的提升。

(6)网络会计的发展。信息化技术以及互联网技术的发展,人们进入了互联网时代,网络对财务会计的发展起到非常重要的促进作用。而在未来,网络技术将会更多的应用到财务会计工作当中,促进财务会计理论的发展,网络会计的形成是财务会计发展的必然趋势。网络会计的形成能够很大程度上提高企业财务会计的工作效率。网络会计的形成将促进企业内部各部门之间的联系增强,实现业务部门、财务部门以及生产部门逐渐一体化。网络会计的形成也更方便企业管理者对企业财务会计工作进行教学。随着网络的发展尤其是电商的诞生,网络会计工作作为一种新型会计工作类型应运而生,现如今,更加宽松的网络环境使会计行业间的交流更加方便,同时伴随着国际贸易的推广，越来越多的企业逐渐朝着国际化方向发展，更多外商的引入不仅给会计工作带来更多挑战，也让会计工作获得了前所未有的发展机遇。

（7）会计基本表制作更具创新性。创新是企业不断发展壮大的动力和源泉，对会计基本表进行创新和改革，可以在一定程度上改善企业的人文环境、增强企业的技术竞争力。随着信息化进程的加快和经济全球化的发展，企事业单位之间的界限缩小，这使得会计基本表的内容更为多样和灵活，传统的会计基本表已不能适应当前的企事业单位会计工作。因此，对会计基本表进行创新和改革，已成为当前背景下的一项重要举措。未来的会计理论将朝着更为创新和更具活力的方向发展。伴随着数字经济朝全球化的方向发展，企业的边界变得更加模糊，这使得会计基本表的内容更具灵活性和多变性，尤其是对于一些暂时联合的企业来说，传统的会计基本表已经不再适用于企业的日常会计工作。由此可见，对会计基本表进行创新，已经成为了绝大多数企业在现代贸易背景下的重要举措，因此，未来会计理论中的会计基本表将更具创新性，会计工作将具有更多的活力。

3.3.2　智能财务的发展趋势

习近平总书记在党的二十大报告中提出"加快发展数字经济，促进数字经济和实体经济深度融合，打造经济发展新引擎"的任务。数字经济的崛起与繁荣，赋予了经济社会发展的"新领域、新赛道"和"新动能、新优势"，正在成为引领中国经济增长和社会发展的重要力量。高质量发展是全面建设社会主义现代化国家的首要任务，在实现高质量发展的过程中，数字经济大有可为。我国作为数字经济大国，智能财务转型是大型企业集团开展财务转型的有利时机，应加速智能技术在财务领域的延伸，推动我国制造业向数字化、网络化和智能化转型。

第一，以创新增强智能财务的发展动力。党的十九届五中全会提出："坚持创新在我国现代化建设全局中的核心地位，把科技自立自强作为国家发展的战略支撑。"著名会计学家查特菲尔德认为："会计的发展具有反应性"，创新效率越高、成本越低，创新点就越多样化。智能化转型的本质是数据技术驱动的智能升级，应积极推进作业管理的标准化、业务处理的流程化、财务信息的智能化，充分发挥管理会计的作用，为财务智能化变革提供信息支持。借助互联网和大数据技术工具，有效筛选和整合信息数据，激活智能财务技术来源，融入大数据分析思维，真正实现管理智能科学性、决策智能合理性，增强智能财务发展的内动力。

第二，以协调促进智能财务的发展平衡。国家发改委以经济转型、增效发展为总纲，旨在加快产业的数字化升级；要求企业提高政治站位，树立社会主义核心价值体系的创新理念，服务社会经济发展大局，推动会计理论创新，发挥会计改革的导向作用。当前，社会主义核心价值体系已成为引领当代社会经济均衡发展的重要条件。注重协调发展，构建系统化的智能体系，再造企业的组织结构，建立多源异构的数据模块，融合大数据促进绿色会计、环境会计学的拓展。提高循环经济与管理会计体系的适应性，构建智能财务转型的全循环流程，根据数据智能分析的结果，准确引导企业生产的有序管理，实现业财深度融合。借助大数据技术均衡配置信息资源，加强会计数据标准体系的建设和推广，将智能技术贯穿于企业发展及行业对标的全过程。充分考虑环境与社会等诸多因素的影响，在智能财务建设过程中重点关注企业的经济系统衍生性，把握物质循环在自然生态系统中的经济规律，促使企业和经济平衡发展，促进智能财务系统与社会和自然生态系统融为一体。

第三，以绿色提升智能财务的发展品质。可持续发展是绿色会计存在的前提和理论基础。绿色会计将环境科学、可持续发展理论、现代经济理论、传统的会计学原理相结合，形成绿色智能发展的基础。加强绿色会计理论研究，基于数据拓展智能会计的主体范围，进而构建绿色会计的原则与准则。财务智能化管理以业财融合的思维模式为基础，智能财务场景的实现关键在于互联网技术和云端思维的应用，智能数字化平台的建立关键在于数据的聚类分割。以智能财务管理平台为依托，加强分类智能预测、关联数据分析，促进业财数据的融合。以人工智能技术为依托，强化对人工智能技术的数据治理与预测能力，提升数据资产使用效率。财务智能化是一项管理方式和经营方式相融合的系统工程，通过财务流程与业务管控的融合，可有效提取客户的特点和偏好，实现业财数据的智能化和集成化。提升智能财务的决策支持能力，增强智能财务与绩效评价的融合，实现财务业务流程全自动分析和处理，统筹协调、高效决策，进而加快会计改革促进智能财务高质量发展的步伐。

第四，以开放推动智能财务的发展融合。对外开放是促进智能财务国际交流新格局形成的关键。上海国家会计学院智能财务研究院发布的《2024年中国企业财务智能化现状调查报告》指出：智能财务运用最多的领域是财务智能关键技术的开发、研究和融合。探索中国特色的智能技术、智能财务、智能服务、智能分析，运用大数据技术构建新型商务智能模式，采用动态发展的理念搭建新型财务智能系统。发挥数据要素在数字产业化和产业数字化中的联动作用，增强系统架构的开放性。在推动集团公司智能转型的过程中，形成交替的业务模式、开放的商业模式、新型的业态要素，从账务集中处理中心向开放的数据中心演进，不断拓展共享边界、提高共享效率，协同企业管理变革。

第五，以共享引领智能财务的发展方向。智能财务转型发展是系统性、全局性的组织变革。财务智能是当前"大智移云"技术（大数据、人工智能、移动互联、云计算、物联网）与财务领域最新的融合研究，未来将成为一种新的发展趋势。发挥智能财务会计共享平台的作用，通过智能财务的业务层实现智能管理的全面性，重点研究新一代共享技术对会计和财务领域的影响，探索我国智能财务的实施条件和发展路径；探索财务合力的智能审计新方式，创新智能财务数据治理思路，建立智能财务绩效优化评价体系，完善风险控制与指标预警管控，推进财务共享平台和财务数字化平台建设；探索依托财务共享平台实现财务数字化转型的有效路径，高效融合数据仓库，构建业财一体化模式，进而凸显数据共享的价值。

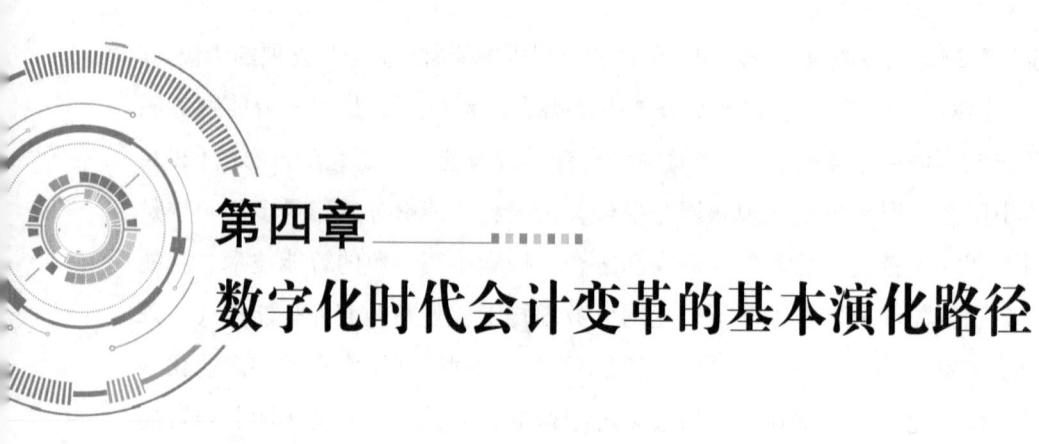

第四章
数字化时代会计变革的基本演化路径

4.1 现代会计体系的数字化变革

会计发展与科技变革、商业文明进步密不可分。早在 15 世纪，航海技术的突破使得地中海沿岸迅速成为世界贸易中心，意大利的热那亚和威尼斯等地的商业和金融业因此日渐繁荣。与此同时，银行业的存款、转账业务也得到了很大的发展，这使得复式记账法应运而生，成为记录和反映商业和金融活动的重要工具。复式记账法的出现，不仅标志着近代会计历史的开端，也为现代会计学的发展奠定了基础。虽然卢卡·帕乔利在 1494 年出版的《算术、几何、比及比例概要》被公认为会计理论研究的起点，但我们不能忽视"复式簿记"所揭示的资产与资本、负债之间的经济关系对于会计理论研究的重要性。在现代会计中，随着企业经营规模的扩大和多元化，会计理论研究需要更加全面和深入，不仅要涵盖传统的经济关系，还要考虑到与企业财务报告相关的会计信息和报告机制的变革。因此，虽然"复式簿记"在会计理论研究中具有里程碑式的意义，但它所揭示的经济关系远不能涵盖现代会计的全部内容。

直到工业会计这一概念的出现，现代会计方法才逐渐成熟并被广泛应用。18 世纪末到 19 世纪初的工业革命改变了英国纺织业的生产方式，机械设备开始代替人力成为工厂生产的核心力量，促使现代工业生产方式得到了快速的发展和演变。随着工业化生产的广泛应用和拓展，船舶制造和铁路运输等资金密集型行业也逐渐变得更为重要，从而大幅增加了资本投入的数量和规模。

这些行业需要更精准的财务管理和会计数据，以保证资本的合理配置和有效利用，同时为企业决策者提供必要的财务支持和建议。在这个过程中，工业会计方法得到了不断的完善和发展，从而为现代会计方法的诞生和发展奠定了重要基础。随着市场经济的发展，英国企业的会计管理在成本核算和控制中发挥的作用越来越重要，这是由企业经营管理的需求和经济环境的不断变化所决定的。为了适应这种变化，英国企业实践中所采用的会计方法也在不断发展和创新，其中最引人注目的是固定资产核算、费用控制、责任管理、间接费用分配、成本预算等新的会计方法的应用。这些新的会计方法不仅更加精细地反映了企业经营管理的实际情况，而且为企业管理决策提供了更加科学、可靠的依据。会计核算的复杂化则进一步推动了会计分工的细化，为了适应这种变化，英国企业的会计部门也在不断优化其内部组织结构，提高其人员素质，以适应企业经营管理的需要。

科技革命所带来的经济发展新动能，也使得社会、经济和金融业中的各种价值活动的组织模式都产生了极大的变化，这种变革带来了全新的生产和商业模式，也极大地推动了现代会计体系的发展。第二次工业革命带来了深远的影响，其中最明显的就是现代工业企业的发展，尤其是汽车、化学和石油工业的快速崛起。这些工业生产规模的大幅扩张，对于推动经济的发展和繁荣作出了巨大的贡献。在现代市场经济条件下，股份制公司已逐渐成为企业的主导形式，企业所有权与经营权出现分离，这导致了企业管理需求的变化，企业需要一种更高效、更专业的财务会计模式以适应这些变化。于是，财务会计逐渐形成，其主要职能转变为对外提供企业的财务信息，且需要接受"公认会计原则"的约束。商品经济的突破性发展使得企业的竞争压力逐渐增加，面临更为激烈的市场竞争和瞬息万变的外部环境。在这种情况下，与高度流程化的工业相匹配的科层制组织逐渐成型，并在企业管理中发挥着越来越重要的作用。与此同时，"科学管理"思想应运而生，强调通过科学的方法和流程来实现高效的企业管理。在这种思想的影响下，管理会计逐渐从传统会计中分离，形成与财务会计相对独立的领域。管理会计通过对企业的各项财务数据进行分析和预测，为企业的管理层提供决策支持，从而帮助企业实现更好的发展。在第三次科技革命的推动下，信息系统的产生与发展使得人类社会从工业经济时代逐渐跨入了知识经济时代。在这个转变过程中，会计作为一门基础学科也经历了深刻的变革，其业务流程和工作方式都发生了巨大的变化。信息系统的发展和普及使得会计业务变得更加高效和便捷，人们可以通过计算机技术和信息系统来处理和存储海量的财务数据，实现会计业务的自动化处理和智能化管理。这样不仅能够大大提高会计工作的效率和准确性，还能够为企业管理者提供更加及时和准确的财务信息，从而帮助人们作出更加科学合理的决策。

此外，会计借助信息系统的发展，已经从传统的手工记账解放出来，开始采用计算机技术进行业务处理。电脑强大的计算能力和存储容量，使得会计人员能够更加轻松地处理大量的数据，并且能够在短时间内完成复杂的财务报表和分析工作。同时，信息系统还为会计工作提供了更加安全可靠的保障，使得会计业务的数据质量和安全性得到了显著的提高。

在第三次科技革命的推动下，信息系统的产生与发展为会计业务带来了巨大的变革和机遇。借助信息系统，会计业务能够更好地满足企业和社会的需求，实现更加高效、便捷和安全的财务管理和决策支持。在科技革命解放和发展生产力的背景下，生产关系的变革与创新是必然趋势。其中，资本市场的快速发展，使得生产方式的革新和生产关系的调整变得更加紧迫，而会计作为企业财务信息的重要传递者和管理者，也需要进行相应的调整和优化。在这种背景下，会计职能的调整与优化是必然的趋势，同时，会计透明度的提升也成为人们关注的焦点。重资本生产的基础在于大规模融资，而一个健全的资本市场则离不开会计控制监督机制的完善和会计信息标准化、法治化的保障。为此，各国纷纷设立专门的财务会计准则委员会，负责制定会计准则，明确制度概念框架。同时，我国政府也积极参与财务会计准则的制定工作，为我国经济发展提供了强有力的支撑。财务会计准则的制定和完善有利于规范企业行为，促进企业会计信息的透明和公开，从而提高资本市场的运作效率。特别是对于我国这样的发展中国家，需要更加强有力的财务会计准则来维护市场秩序，实现经济的快速发展。20 世纪 70 年代，在资本市场全球化和跨国资本流动的不断加速下，企业对于会计信息的要求也越来越高，会计职能开始向投资者决策有用的方向倾斜，其帮助归集和维护契约以及帮助参与者重新签订契约的功能日益受到重视。在这样的背景下，公允价值会计逐渐获得广泛应用，其价值所在不仅在于帮助企业更加准确地反映其财务状况，更重要的是，它能够为投资者提供更加可靠和有用的决策信息，进而推动资本市场的健康发展。金融危机和一系列重大财务舞弊案件对会计准则和会计监管制度的发展产生了深远影响，推动了会计准则和会计监管制度的完善和创新，与此同时，注册会计师制度、内部控制制度与会计准则和会计监管制度的发展密切相关，共同致力于保障会计信息的全面性、真实性和可靠性。

随着工业化大生产格局的形成，企业的生产规模也不断扩大，相应地，产品的制造工序也日益复杂。在这个背景下，重型机器设备在企业资产中的占比也越来越高，这一系列的变化都给企业的成本管理带来了更大的挑战。为了更好地控制产品制造的成本，很多企业开始逐渐关注起全面控制产品制造成本的问题。而这个问题也在推动着企业对会计分工的需求逐渐多元化，从而进一步促进了管理会计的快速发展。在20世纪初期，杜邦公司的事业部模式得到了广泛应用，这是一种采用M型组织结构的组织结构形式。事业部在总部的授权下，拥有更大的经营和投资自主权，并且这种模式鼓励每个事业部积极地创新和发展，以适应不断变化的市场需求和产品特性。同时，会计部门在遵循统一的会计政策和核算程序的基础上，对业务和资金的管理有更高的自治权，这有助于降低成本、提高效率，并且更加有利于企业的长期发展。自20世纪中叶之后，随着经济全球化的发展，企业逐渐将正确经营决策放在管理的首位，以满足日益增长的市场需求和竞争压力。同时，由于全球竞争日益激烈，企业需要不断提高自身的竞争优势，而管理和决策的科学化、高效化和信息化也成为了企业发展的必然选择。因此，"决策会计"的地位逐渐上升，已经成为现代企业管理中的一项重要内容。在这样的背景下，决策会计不仅需要提供财务信息，还要帮助企业作出更加科学、高效、合理的经营决策，提高企业的竞争力和发展潜力。自20世纪末以来，全球市场竞争激烈，客户导向的流程再造与信息技术的不断融合为企业注入新的活力，使得企业的组织架构开始向扁平化方向演变，企业资源的共享程度得到大幅提升，这为会计服务提供了更多可能性，也对会计满足更加实时和灵活的服务提出了更高要求。在企业管理中，管理层级的细化对于提升组织的整体运行效率至关重要，这样可以使得企业内部的各职能部门都能够更准确地定位自己的角色和职责，从而更好地实现企业的战略目标。此外，对于企业的管理者来说，他们还需要站在更高的角度，全面地关注和了解企业所处的产供销整体环境，以便能够及时调整企业的战略方向，这也是战略管理在企业中的应用和重要性。为了更好地实施可持续发展战略，环境管理会计应运而生，它将环境因素纳入管理会计体系，为企业的可持续发展提供有力支持。而服务全球发展战略的国际管理会计也随着科技进步、经济全球化的大潮应运而生，其主要任务是帮助企业在全球范围内拓展业务，实现全球价值最大化，这极大地扩展了管理会计的外延，让管理会计在全球范围内发挥更大的作用。

20 世纪中期，计算机科学的诞生不仅掀起了信息技术革命的浪潮，也带动了人类社会迈向学科交叉、融合发展的知识爆炸阶段。在这样的时代背景下，会计信息系统也逐步演化成为管理信息系统中不可或缺的重要组成部分。随着信息技术的快速发展，会计信息系统的技术含量、处理能力、灵活性和可靠性越来越高，已经成为了会计信息化的重要支撑。在计算机技术快速发展的背景下，会计信息系统从最初的桌面应用程序发展成为现在的互联网应用程序，可以通过网络实现会计信息的传输和共享，提高了会计工作的效率和准确性。自 20 世纪 90 年代以来，以微电子信息技术为代表的信息科技革命将人类带入了知识经济时代，而会计领域也随之进入了一个新的时代——会计信息化时代。信息科技革命使得信息获取的方式发生了巨大的变化，人类可以更快捷、更高效地获取和传递信息。而在这一过程中，会计信息也呈现出了新的特点，如数据量大、数据种类多、数据处理速度快等。因此，会计信息化程度也获得了质的飞跃。同时，在这一时代背景下，ERP 系统逐渐成为企业运营管理中不可或缺的一部分。它将供应商、分销网络、客户等各个环节纳入到一个紧密的价值链管理中，从而能够更好地协调企业内部各部门的运营，提高企业的运营效率，降低企业的成本。在 ERP 系统的支持下，企业能够更好地满足客户需求，提高客户满意度，从而提升企业的市场竞争力。

自 21 世纪以来，数字经济是一场全面而深刻的经济社会变革，其主要特征是以数字化的知识和信息作为关键的生产要素，以现代信息网络作为其重要载体,以信息通信技术(ICT)的有效应用和使用作为重要手段,促进效率的提升和经济结构的优化。在互联网、云计算、大数据、物联网以及金融科技等新兴技术的应用推动下,信息的采集、存储、分析和共享过程正在发生深刻的变化,这也使得社会互动方式发生了重大改变,深刻地影响了人们的日常生活和工作方式。新技术如"大智移云物区"等在新经济和新业态中的深度融合,促使着人类社会正式进入了数字经济时代。在这个全新的时代,数字化的知识和信息成为了经济发展的关键生产要素,而现代信息网络作为经济活动的重要载体,已经成为经济发展中不可或缺的一部分。在数字经济背景下,以用户价值为主导和替代式竞争作为推动企业管理变革的根本力量,已经引起了社会各界的广泛关注。这两种力量不仅推动了企业目标的转变和治理结构的创新,而且也引发了企业内部管理模式的一系列变革。这些变革包括组织结构趋于网络化、扁平化,营销模式趋于精准化、精细化,生产模式趋于模块化、柔性化,产品设计趋于版本化、迭代化,研发模式趋于开放化、开源化,用工模式趋于多元化、弹性化。这些变革不仅符合企业自身发展的需要,同时也适应了经济全球化的大趋势。因此,企业应当及时把握这两种力量的驱动,积极进行管理变革,以应对不断变化的市场环境。会计的发展经历了会计电算化时代、会计信息化时代和现在的会计智能化时代,从原来的电算化会计逐步向信息化及智能化转变,由核算、报表等事务性工作转向全面的财务分析和决策支持,提高效率、增加附加值。

4.2 影响会计变革的信息技术、数字技术

4.2.1 会计电算化时代

会计电算化时代是以知识经济为背景,计算机技术为支撑的,它使核算数据的自动化处理成为可能,是现代会计演进中由技术进步引发的一次重大变革。这次变革主要产生于核算会计部门,其目标是通过提高会计核算效率、降低部门核算成本、提升信息的及时性和准确性以及提高企业的管理效率,推动会计由手工会计向电算化会计的转变。

在第三次工业革命之前，会计在那个时期总体上仍处于传统的手工会计阶段。在此阶段，企业信息的收集、处理以及传递都以有形的实物为主要载体，如纸张、笔墨和一些简单的计算工具，这无疑给会计工作的效率和准确性带来了极大的限制。在处理过程中，原始凭证的确认、分类和审核，记账凭证的编制，会计账簿的登记，总账的记录，对账和结账，以及报表的编制等都需要大量的人力和物力。同时，由于无法避免错误的发生，需要进行重复的核对和审核工作，这些都需要消耗大量时间和精力。因此，提升会计工作效率和准确性的问题也随之成为了企业管理者所关心的焦点。

随着科技的飞速发展和经济的不断繁荣，知识经济已逐渐占据主导地位。知识经济时代下，数据和信息的重要性逐渐凸显，投资者对数据和信息获取的速度和质量都有了更高的要求。我国自加入WTO以来，各行各业都面临着越来越高的压力和挑战，对于财务信息以及会计核算的要求也越来越高，在这种背景下，传统的手工会计记账、核算方式和传递会计信息的速度远远无法满足现代企业和投资者的要求，企业和投资者对于会计信息的需求和要求更加苛刻。因此，实现会计电算化、提高会计信息的生成速度和准确性，已经成为当前会计领域的一个重要趋势。

同时，在电子计算机不断发展的大背景下，计算机技术同样在飞速发展，为会计电算化的顺利推进提供了坚实的技术保证。自20世纪80年代初期以来，计算机技术作为会计核算工作的重要支撑，在一定程度上推动了会计电算化的发展，为会计工作带来了翻天覆地的变化。在这一时期，会计电算化正式走进人们的视野，成为了会计领域的一种崭新发展方向。具体来说，会计电算化就是通过电子计算机为载体，将当代电子技术和信息技术与会计实务紧密结合起来，实现了会计工作的全面计算机化。

随着计算机技术的应用发展，会计已经由手工会计转变为计算机会计。首先，从技术基础来看，计算机、键盘和电子屏幕已经取代了传统的纸张、笔墨和算盘，这不仅提高了会计的硬件设备，还实现了无纸化办公。无纸化办公不仅降低了会计工作的成本，还减少了资源的浪费，大大提高了工作效率。其次，在核算组织程序上，传统会计核算形式种类繁多，且在进行核算时程序繁琐。相比之下，电算化会计运用计算机代替手工记账、算账、报账。通过运用会计软件手工录入凭证，计算机收到数据后自动处理，生成会计报表。这样最大程度地简化了会计核算形式，提高了会计信息精度。最后，计算机程序的严谨在处理会计信息方面具有巨大的优势，它可以有效地代替传统手工会计中那些重复、烦琐、耗时且易出错的核对、纠错和审核工作。计算机的多线程处理能力支持多项工作同时进行，不仅能够实现会计信息处理的自动化，而且在很大程度上提高了处理效率，大大降低了出错率，为企业提供了更加准确和可靠的会计信息。

4.2.2 会计信息化时代

会计信息化时代是在信息经济背景下，以互联网技术与 ERP 软件为支撑，构建了企业级电子信息系统，这个系统的出现打破了会计信息系统的"孤岛现象"，它能够实现企业各环节信息的实时连通与自动采集整合，从而实现了信息的集成共享。这种共享极大地提升了企业所有环节的整体效率水平，使企业级核算成本得到了大幅下降。随着信息技术的日益发展，业务与财务的初步融合已成为一种趋势。在这一阶段，通过将各个资源信息进行整合，可以进一步提高信息的使用价值，使会计由电算化会计逐步向信息化会计演进。然而，在此阶段，会计仍以财务会计为主要内容，其功能主要表现为价值记录，即仅仅对企业的经济活动进行记录和反映，而会计自身参与企业创造价值的主动性并不突出。因此，在这一阶段，会计应该加强与业务部门的沟通，积极参与到企业的决策过程中，从而更好地发挥其作用。

在信息经济的时代背景下，企业的经营角色逐步由单一的生产经营向融合金融衍生工具多元化的方向转变，这就要求企业必须将业务范围进一步扩大，业务的多元化也将带来更大的财务压力。因此，在这个背景下，企业的财务资金管理显得尤为重要。然而，在当时的技术环境下，受到硬件设备的限制，会计电算化只能实现对会计信息的简单录入和计算，与手工会计信息系统有着高度的相似性。这个自成一体的系统提供的会计信息只关注于自身，缺乏与企业其他信息的有效融合，因此在整体上呈现出了"孤岛现象"，即一个信息系统中存在着与其他系统无法交互的部分，造成了信息的割裂和孤立。要打破这种"孤岛现象"，就需要将整个企业的信息系统全部打通，让各个系统之间的信息能够相互传递，实现信息的共享和交互，从而提高企业整体的管理效率和决策水平。伴随着互联网与电子商务技术的飞速发展，财务软件也从过去的单一会计专用领域向着全面化、一体化方向迈进。与此同时，财务软件的功能也在不断扩展，从过去的单纯替代手工记账，向着涵盖企业日常处理业务的各个方面的商品化应用软件方向发展。现在，企业管理软件中影响最大的 ERP 软件，已经成为了一款能够涵盖企业财务、采购、销售、生产、库存等一系列日常处理业务的综合性软件，并且，ERP 软件还具备了财务预测及辅助决策等功能，进一步增强了软件的实用性。

在互联网技术与会计的结合过程中，会计的发展逐渐由传统的会计电算化向更高级的会计信息化发展。首先，在会计技术基础方面，互联网以及 ERP 的出现对于会计核算的硬件和软件设施产生了巨大影响，进一步改进了会计核算的基础设施，使会计跳出部门边界，不再仅仅局限于企业内部，而是通过企业级信息系统取代传统信息系统，使企业能够更高效地管理和利用信息，从而提升了企业所有环节整体的效率水平，降低企业级核算成本，最终成为企业层级的变革。其次，在业务与财务初步融合方面，我们不再局限于传统的"会计电算化"时代，采用人工采集各类业务信息再整合的方法，而是开始尝试与业务并驾齐驱，将系统开发与业务发展相结合，以实现财务信息系统与其他业务系统间的无缝对接。在业务发生时，系统便可实时获取数据信息并进行记录，从而使得财务数据和业务数据相融合，提高了信息的及时性和准确性。在未来的发展中，我们还将继续加强系统的智能化水平，实现更高效、更智能化的业务与财务融合，为公司的持续发展提供强大的支持。最后，在提供信息价值方面，企业信息化的 ERP 时代，企业管理软件的出现极大地整合了企业各个业务层面的信息。原本独立运作的会计部门不再是"自立门户"的部门，而是通过与企业各业务资源信息的融合，大大提升了企业信息资源的整合和分析能力。通过对这些信息的深入挖掘和分析，企业可以更好地把握市场动向，制订更为科学的战略规划，从而显著提升了企业的核心竞争力，推动企业的持续发展。

4.2.3 会计智能化时代

"大智移云"的概念自 2013 年 8 月在中国互联网大会提出，这是一个将大数据、云计算、物联网三者整合到一起的概念，它将对互联网相关产业产生巨大影响，引发新时代产业变革。随着"大智移云"等新技术的不断进步，我国信息化进程由企业级信息化不断向行业、产业及社会整体的信息智能化迈进。目前，我国已初步建成了以云计算、大数据、物联网、人工智能等新一代信息技术为支撑的信息网络基础设施，支撑着工业互联网、物联网、能源互联网、交通互联网等的发展。在大智移云时代的背景下，企业要想实现可持续性发展，必须积极适应时代发展潮流，进行产品经营管理等方面的调整，将传统技术方法转换为智能化技术，并推动线上线下服务的融合，将云计算、大数据等技术融入到实际工作中。然而，大智移云对管理会计信息系统建设的影响既有利又有弊。在这样的背景下，一部分企业成功实现了管理会计信息系统的转型升级，而另一部分企业由于不能适应时代发展而逐渐走向衰落。对于企业经营者而言，如何有效地进行管理会计信息系统的转型升级，无疑是一个重大的挑战。

在"大智移云"等新技术的推动下，企业级电子信息系统正在发生革命性的改变，它们将大幅提高行业、产业乃至整个社会的运行效率，促进经济发展和社会进步。尤其是会计行业，传统的信息化会计模式已经无法满足当今社会的发展需求，正逐渐演变为智能化会计模式。这一转变不仅将对会计行业本身产生深远影响，同时也将对整个经济社会产生重大影响。"大智移云"等技术在会计领域的应用，将对会计组织和会计流程产生直接影响。同时，这些技术也通过中间变量如"商业模式"和"会计职能"，间接地对会计组织和会计流程产生影响。特别是互联网和大数据等技术的应用，使得商业模式发生了深刻的变化，推动许多企业进入了数字化转型的进程。在这个过程中，会计的职能不再局限于传统的账务处理和报表披露，而是更加重视前景预测、决策支持和绩效评价。"大智移云"技术使得会计工作方式由传统的手工记账转变为计算机智能账务处理，会计工作者的工作性质也随之发生改变，逐渐趋向于智能化、软件系统化。

自动化技术和云计算作为推动会计行业变革的核心动力，在现代会计领域扮演了越来越重要的角色。通过使用自动化技术，会计人员可以处理复杂的数据输入工作，无需花费大量时间和精力去手动完成，大大提高了工作效率，并减少了人为错误的可能性。通过使用自动化工具，可以简化会计流程中一些繁琐的日常工作，如固定资产管理、银行账户核对和数据录入，使得会计师能够将更多时间和精力集中在复杂的数据分析和战略规划上。这种数据处理方式的转变使得数据处理的准确性大大提高，从而可以更快地作出决策，使企业能够更及时地获取到有用的财务信息，这对于企业管理来说发挥着至关重要的作用。同时，引入云计算技术为企业的财务工作带来了巨大的便利。云计算以其强大的计算能力，推动了大数据的有效处理，为数据分析提供了强有力的技术支持、有效降低了会计管理的成本。其主要特点是通过提供可随时、便捷、按需访问的网络共享池来配置计算资源（包括网络、服务器、存储、应用软件、服务等），企业可直接通过互联网应用程序访问这些资源，这样不仅增强了工作的灵活性，同时也提高了团队成员之间的协作性。无论身处何处，会计师都可以实时访问和处理财务数据，从而极大地提升了工作流程的连续性和效率。公有云和私有云将数据部署到服务器与远程终端，从而实现联网获取，改变了财务数据的生成、存储、获取和使用模式。哈佛大学社会学教授加里·金指出：海量数据的爆发式增长引发了一场革命，推动了各个领域的量化进程。在这样的背景下，出现了财务共享服务、业财融合、可扩展商业报告语言（XBRL）、会计大数据、云会计、"互联网+代理记账"等一系列的变革发展方向。

物联网是一种通信网络和互联网的拓展应用和网络延伸，其通过网络传输互联、边缘计算处理以及知识挖掘等方式，推动人、机、物信息交互和无缝连接。物联网技术能够有效解决会计固有的时滞性和业务不同步等问题。基于物联网的会计信息系统，通过采用射频识别技术和内置电子芯片，可以贯穿从原材料采购至销售等业务全流程，完整记录企业生产经营活动，并将实时传输的信息更新到数据库中。此外，该系统还可以利用云计算、模糊识别等技术实现智能化控制。

人工智能技术显著提高了会计决策支持的能力。在财务领域的应用中，人工智能通过统计模型和算法对规则进行特定学习，实现了部分替代人类认知能力的效果，从而为企业提供更加便捷的财务管理，进而为管理决策提供支持。使用者在对结果进行分析判断后，可以通过人机交互的方式将决策结果输入系统。系统将依据人工智能推理技术，结合数据库、知识库、模型库等多方面信息，得出决策所需的全面支持。这样，我们可以真正实现企业财务分析与管理决策的智能化。

大数据技术能够协助会计实现企业级全数据使用。伴随着数据呈爆炸式的增长，非结构化或半结构化数据已经被广泛应用于优化生产流程、提升客户体验等方面。大数据技术实现了从交易和经济事项，到运营、管理和外部经济信息的全方位数据自动化收集，并对数据进行存储、分析和整合。通过数据分析，我们能够得出有价值的决策信息，从而全面提升会计价值。首先，大数据技术能够提升会计数据处理能力。从多样化的数据采集，到数据分类和精准的数据分析，大数据技术重塑了会计信息处理流程。其次，大数据技术可以创新性提升会计作业价值。大数据技术嵌入会计领域，建立动态模型模拟和分析价值链，深度挖掘财务信息，寻找隐藏在价值链中的数据联系，采用全面定量分析方式对庞杂的会计信息进行结果描述，从而提升财务分析效果。最后，大数据技术不仅能够快速高效地查询目标数据，还可以应用于银行、税务等原始数据查阅，通过信息共享，可以将数据多方面转化，以满足利益相关者的决策需求。

区块链作为一种去中心化、不可篡改的分布式账本技术，提供了一种全新的记录和验证财务交易的方式，使金融交易更加安全、透明、公正、快速和便捷。在这种系统中，每一笔交易都被记录在一个链接着一系列前后交易的"区块"中，这个"区块"就像一个密封的信封，包含着这笔交易的详细信息。并且，这些"区块"会通过网络中的多个节点进行验证，以确保这些交易的真实性和准确性。这种加密和验证的方式使得每个"区块"都是相互关联的，并且形成了一个庞大的、无边界的网络账本。同时，区块链技术还具有自动化执行合约、记录智能合约和交易历史、提供高度安全性和隐私保护等特点，使得金融领域中的各种业务更加高效、便捷和安全。这种基于区块链技术的会计系统保证了记录的透明度和安全性，并且大大降低了数据篡改和欺诈的可能性，对于会计行业来说是一个巨大的进步。它的主要原理是将所有会计数据记录在一个去中心化的数据库中，这个数据库是由许多节点共同维护的，保证了数据的安全性和完整性。区块链技术的一个关键优势在于其提供的高度透明度。在这种系统中，所有的交易记录都是公开的，这意味着审核者和监管机构可以实时地访问和审核财务记录，大大降低了审计成本和复杂性。同时，这种系统还可以为企业提供更好的财务风险管理，帮助企业更好地控制成本和预算。另外，区块链技术在智能合约方面的应用为会计行业提供了一个前所未有的机遇。智能合约是一种自动执行合同条款的计算机程序，它能够在特定条件得到满足时自动执行相关的财务交易。智能合约的核心是区块链，可以在不依赖于第三方机构的情况下实现交易的自动执行。这种技术的应用将会为会计行业带来巨大变革。首先，智能合约的应用可以极大地提高自动化程度，从而提高会计处理的效率；其次，智能合约可以减少财务交易中的人为干预，从而提高交易的准确性和透明度；最后，智能合约可以实现更加智能化的财务管理，从而帮助企业实现更加精准的财务决策。区块链技术在智能合约方面的应用为会计行业带来了一个重要的机遇，它将推动会计行业向更高层次的智能化和自动化方向发展。随着区块链技术的不断发展和应用，会计行业的发展前景将会越来越广阔。

4.3 数字经济、数字化转型作用于会计变革的基本路径

以"大智移云物区"为代表的新技术浪潮，以数字化技术为基础，借助强大的数据处理能力将文字、声音、图片等各类信息格式统一为二进制代码，使得信息在网络的世界里摆脱了传统载体的束缚，可以更加快速、便捷、准确地传播和处理，促进了信息产业的快速发展，会计与企业级电子信息系统的结合方式已被颠覆，这使得会计信息化向会计智能化的方向发展。实现此目标的路径主要包括以下四个方面。

4.3.1 从会计思维到数据思维

会计无论是在信息系统方面还是管理活动方面，本质上都是一种数据处

理工作。在信息的加工方面，会计思维模式采用了独特的方法，如复式记账法与统一的会计准则，这使得会计信息的加工更加准确、科学。在信息报告方式方面，会计思维模式强调了专业性，通过会计科目与报表体系的建立，使得会计信息的报告更加清晰、准确、全面。

然而，将会计思维模式放到整个数据处理的大框架中来看，我们可以发现会计思维所关注的数据仅仅是整体数据框架中的一部分。在会计信息处理能力不足、处理技术不发达的传统时代下，面对大量复杂的数据，这种将数据进行分类、分析、整合、总结的思维模式是非常有用的，它有助于会计工作从纷繁复杂的数据中抓住其中的重要信息进行处理，为企业提供有用的决策支持，从而创造价值。然而，随着新技术的应用和数据处理能力的极大提高，传统的会计思维模式已经无法满足现代企业的需求，因此我们也应该将更多的有用数据纳入会计工作的范围，以便更好地满足企业的需求。

目前我们所面临的会计环境发生了重大变化，在这种背景下，我们需要突破传统会计思维的局限，建立起以数据为导向的数据思维模式，这也有利于我们更好的适应和应对这种变化。我们需要改变传统的会计理念和方法，建立一个数据驱动的会计模式，而不是传统的财务报告模式。在这种新的数据思维模式下，我们不再强调数据与原始凭证、复式记账法、会计准则、会计科目等形式方面的特征相关，而是基于业务活动流程，按数据形成、采集、记录、加工、分析的逻辑来构建新的数据处理模式。

为保证数据的准确性和完整性，应该加强对数据源的筛选和审核，并制定有效的筛选和审核流程和标准，以确保数据来源可靠、真实、合法。此外，还应该建立规范的数据收集和处理流程，制定科学的数据采集和传输标准，并配备专业的数据管理人员，确保数据从采集到存储、加工、分析和应用全过程的质量和安全。同时，也需要加强对现代科技的应用，如自动化数据清洗、智能算法等，以此来实时地检验、筛选和修正数据，进一步保证数据的质量。

数据思维模式的建立对于传统会计工作具有重要意义，它可以大大拓展传统会计工作的发展空间，使其更加适应现代社会的需求。数据思维的核心在于它不再区分会计数据和业务数据。在传统会计中，会计数据被认为是专门用于反映企业财务状况和经营成果的数据，而业务数据则被认为是与企业生产经营活动直接相关的数据，二者之间存在明显的区别。然而，在数据思维下，企业的所有数据都可以被视为业务数据，包括会计数据和其他业务活动生成的数据。这意味着，会计工作不仅应该处理会计数据，还应该处理业务数据，因为所有数据都是企业业务活动的产物，都与企业的生产经营活动密切相关。首先，在数据思维下，会计工作和业务工作不再被认为是相互独立的，而是相互融合的。其次，在数据思维模式下，会计处理方式与其他数据处理方式之间的区别已不再强调。由于二者皆属于数据处理的范畴，故会计工作的工具库及方法体系将得到显著的扩充。最后，在数据思维模式下，信息报告的方式将大大丰富，不再局限于定期的、会计账表体系的格式，而是可以提供实时的以及适应企业经营需要的各种信息的报告方式。通过利用最新的数据技术，企业可以根据需要，随时随地获取及时、准确、全面的信息，从而为决策制定和业务执行提供有力支持。例如，在销售部门，可以通过数据分析获得市场趋势、客户行为、竞争对手情况等信息，从而制定更有效的营销策略；在生产部门，可以通过实时监测生产数据，及时调整生产计划和工艺流程，提高生产效率和产品质量；在财务部门，可以通过分析财务数据，监控预算执行情况和风险情况，降低企业经营风险。总的来说，数据思维模式将极大地提高企业的管理效率和经营决策水平，为企业的长远发展奠定坚实基础。

4.3.2　从结果数据到全流程数据

在对数据化整体视野进行扩展的过程中，传统的会计工作可以被视为数据化工作中的一个重要部分。会计工作主要以会计思维的方式来处理会计数据，以确保公司的财务状况得到及时且准确的反映。从性质上而言，会计数据属于结果性的数据，它是业务活动诸多数据中能作为确定结果被记录下来的数据。这类数据包括了购置的固定资产、发生的差旅费用、实现的销售收入等。然而，这些数据并不能完全反映业务活动的全貌，及其内在规律。想要更深入地了解业务活动，必须要有基于业务活动全流程的数据。只有这样，才能更好地分析和挖掘业务活动的深层次规律。因此，我们在使用会计数据进行分析时，应该注意把握数据的全面性和完整性，这样才能更加准确地理解业务活动的本质。例如，企业内的会计部门通常会根据火车票、住宿发票等记录差旅费用，这些数据能够比较直观地体现出差旅的支出情况，但是如果想要更准确地了解其差旅费支出情况以及内在规律，就需要综合分析出差时间、出差地点、出差人员、出差频次、出差内容、出差成果等全流程数据。此时就需要通过数据分析工具，对这些数据进行清洗和处理，并通过机器学习算法、统计分析等手段进行挖掘和分析，进而得出差旅费用支出情况的结论，为企业管理层提供决策支持。

为了保证数据的一致性和标准化，企业可以使用如数据字典、元数据管理系统等数据管理和分析工具，对数据进行标准化和规范化处理，这不仅可以避免数据不一致性带来的麻烦，还可以为数据分析和挖掘提供良好的基础，从而提高数据分析的质量和效率。具体来说，可以采用一些数据分析工具和技术，如数据挖掘、机器学习、深度学习等，对大量的数据进行深度分析和挖掘，从而提高数据的应用价值和质量。数据挖掘是一种利用机器学习和统计学方法从大量的数据中发现潜在的模式和规律的技术，它可以帮助企业更好地了解客户的需求和行为，为企业提供有针对性的产品和服务；机器学习是一种基于计算机的算法，它可以自动学习和优化其决策过程，从而提高企业的生产效率和产品质量；深度学习则是一种更高级的机器学习技术，它可以对大量的数据进行深度分析和建模，从而实现更加复杂和精确的决策过程。数据分析工具和技术的应用可以帮助企业更好地了解客户需求，提高生产效率，降低生产成本，为企业带来更多的商业价值。只有拥有规范的数据管理流程，才能确保数据管理的标准化和规范化，进而保证管理会计数据的真实性和准确性；只有专业的数据管理人员，才能对数据管理流程进行有效的监控和调整，保障数据管理的质量；只有先进的数据技术，才能提高数据处理和分析的效率和精度，为企业的决策和管理提供有效的支持和保障。

在新技术的浪潮下，会计工作所处理的对象不再局限于传统会计数据，而是包括与业务活动相关的全流程数据，如交易数据、业务报告、账户信息等。此外，会计工作也需要关注和处理行业数据、宏观经济数据、自然环境数据、社会发展数据等与业务活动相关的各类数据，这些都是会计在工作中应当关注和处理的对象。这也是现代会计工作的发展新趋势，即会计工作需要从传统的数据处理扩展到业务全流程数据和多领域数据的处理。

4.3.3　从会计工具到数据工具

在回归到会计工作的数据化本质时，可以发现不仅工作对象需要从会计数据拓展到全流程数据，而且处理数据的工具也需要从会计工具拓展到更广泛的数据工具。这些数据工具需要处理更复杂的数据，并能够更高效地管理和分析这些数据，从而为企业决策提供更有效的支持。例如，数据分析工具可以帮助企业识别数据中的异常情况，从而及时发现潜在的问题。此外，还可以利用大数据技术来分析和处理海量数据，从而进一步提高企业的决策效率和决策质量。会计作为一个历史悠久的行业，在漫长的发展过程中形成了一套独具特色的工具体系，如借贷平衡复式记账法、权责发生制、收付实现制、成本归集分配方法、货币时间价值以及财务比率分析等，这些方法在会计领域中得到了广泛的应用，为企业提供了科学、准确的财务信息。虽然有很多会计工具，但是他们都是在会计思维引导的下，专注于处理会计数据。在数据化的大框架下，人工智能技术、云计算技术、数据挖掘技术等高科技手段层出不穷，而财务会计工作作为企业运营中的重要组成部分，必须跟上时代的步伐，掌握和应用这些先进的数据加工分析工具，以提高工作效率和准确性，更好地为经营管理提供服务。会计工作的发展方向应当是突破会计工具的局限性，应用更多的数据加工分析工具来服务于经营管理，这就需要我们不断地学习和掌握这些新的工具和技术，以应对日益复杂和多元化的会计工作需求。

随着大数据时代的来临，企业所需要处理的数据量在不断增加，数据的结构也变得越来越复杂，对于管理会计信息的准确性和及时性的要求越来越高，信息的处理速度和传播速度也得到了极大的提升，但是这也为信息安全带来了新的挑战。因此，对于企业而言，如何有效地管理和控制信息安全风险已经成为一个非常重要的课题。因此，企业应该制定一套全面的安全策略，确定信息的保密性、完整性和可用性的要求，然后采用多种技术手段来确保信息的安全性，包括加密、备份、监控、网络防护等。此外，企业还应该加强对员工信息安全意识的教育和培训，以此提高员工的信息安全意识，增强员工对信息安全意识的重视程度，可以更好地识别和防范各种信息安全威胁。企业可以通过定期组织信息安全培训和考核，让员工了解信息安全的重要性和最新动态，学习信息安全防护技能，掌握有效的信息安全防范措施，同时也可以为员工提供必要的安全防护设备和工具，以确保其在工作过程中能够有效地保护企业的信息安全。与此同时，企业通过大数据分析技术对海量的管理会计信息进行深层次的挖掘，可以更清晰地看到隐藏在数据背后的问题，并采取相应的措施，从而有效地预防信息安全问题的发生。

从数据化的本质来看，各种对于数据进行加工分析的工具都可以为会计工作所用，如针对数据本身的分类、聚类、回归、预测等都可以用于帮助会计人员对大量的财务数据进行筛选和归类，识别出其中存在的规律和趋势，从而更好地了解公司的财务状况和未来发展趋势。针对数据内在信息含量进行分析的文本挖掘、语义分析等工具，可以帮助会计人员从文本中提取有用的信息，将非结构化的数据转换为结构化的数据，从而更好地对财务数据进行管理和分析。对于数据进行模拟测算的各种建模分析、最优化求解等运筹管理方法等，可以帮助会计人员在财务决策中更好地考虑各种因素，提高决策的准确性和可靠性。在未来的会计发展中，我们应该充分利用数据工具来加工处理信息，从而让数字工具成为我们进行信息加工的得力助手。

4.3.4 从会计报告到数据报告

会计报告作为会计工作的重要成果，无论是财务会计报告还是管理会计报告，都是基于一定的会计工具，针对一定的会计数据进行加工处理而形成的一种报告形式。这种报告形式在企业数据化的大框架中只是一部分，并不能满足企业对数据分析处理结果进行全面报告的需求。因此，企业需要结合自身情况，探索新的数据分析方法，提高数据分析效率和准确性，才能为企业提供更全面的数据报告，为企业的经营决策提供更准确、更及时的信息支持。从实质来看，传统会计报告是对企业生产经营活动中的数据加工、分析和处理的结果进行的一种形式报告，其主要目的是反映企业的财务状况和经营成果。但是，受到会计分期、会计记账方法、会计准则等方面的限制和影响，传统会计报告的形式和内容往往相对单一，只能按照规定的时间和格式定期发布，并且包含了大量的用会计专用术语表述的信息，这使得非专业人员在阅读和理解这些报告时会感到比较困难。此外，为了保证会计信息的真实性、可靠性和可比性，传统会计报告还必须遵循统一的会计准则和相关法律法规的要求，这些准则和法规的规定可能会导致不同企业的会计报告在形式和内容上存在一定的差异，从而也增加了非专业人员阅读和理解的难度。因此，传统会计报告通常只能由专业人员进行解读和分析。此点与新技术发展的智能化、实时化、可视化以及易读性等大趋势并不相符。

在此背景下，企业可以建立高效的数据分析和报告体系，从中提炼出有价值的信息，并将其以易于理解和使用的方式呈现给管理层。这些系统应具备自动执行数据分析与报告的能力，无需人工干预，从而提升数据分析与报告的精确性与效率。因此，会计行业未来应更加注重如何通过各种创新形式向企业的内外利益相关者提供数据处理结果的报告。会计专业人士应重点运用数据可视化、经营驾驶舱以及各种实时数据监控系统等先进技术手段，通过创新技术形式来展示数据处理的成果。数字化技术的应用已经深刻改变了会计工作的形式，然而，会计工作的实质内容并未因此而改变，反而更加重要。数字化技术的发展使得会计工作变得更加高效和准确，使其在数据处理、分析等方面变得更加智能化和自动化。同时，新技术大潮也为会计的变革发展注入了新的方法、拓展了新的内容、指出了新的发展方向。

在新技术大潮的冲击下，会计工作的发展面临着许多挑战和机遇。我们不应在各种层出不穷的新技术下茫然无措，而应坚守会计工作的本质，牢牢把握数据化这一实质内容。会计工作的核心在于通过数据化来反映经济活动的真实情况，因此，我们需要在新的技术环境下不断提高数据处理和分析的能力，以满足社会各界对会计信息的需求。同时，我们也要始终围绕数据的需求和应用驾驭新技术，从形式和实质两个方面共同推动会计在新时代更好地发展。会计工作的发展需要不断适应新的技术环境和需求，充分利用新技术来提高工作效率和工作质量，同时也要注重数据的可靠性和安全性，以确保会计信息的真实性和可靠性。

第五章
信息通信技术（ICT）与会计信息变革

2021 年发布的《中华人民共和国国民经济和社会发展第十四个五年规划和 2035 年远景目标纲要（草案）》明确提出，要"加快数字化发展""打造数字经济新优势"，突出强调了数字化在中国技术创新、产业经济发展与转型等方面的重要内容。随着信息通讯技术（ICT）爆炸式突破的发展，计算机硬件与软件不断更新、网络通信基础设施建设日臻完善，聚焦于企业层面，信息通信技术应用显著提升了与企业生产经营管理活动相关的数字化信息收集、处理、呈现、存储的数量和质量，从而促进经济大幅增长。会计信息作为经济发展的主要表现形式，是企业生产经营管理活动记录、处理和报告的直观反映，是企业管理决策者和其他利益相关者进行经济决策的重要参考、是企业评估内部绩效与外部沟通的基本资源，而企业数字化资产配置及信息通信技术应用水平的提升会使会计信息系统发生革命性变革，会计信息质量的产生、传递与披露等各个环节也均受影响。新技术增强了会计管理过程中感知和捕捉客观事物的能力，支持会计信息的收集、处理和存储，促进会计信息的传递与共享，让更大范围的数据可以转化为标准化和个性化的财务信息，提高信息转化效率，升级数据的知识转化能力。

5.1 移动互联网技术与会计信息处理场景变革

5.1.1 移动互联网的概念与特征

移动互联网（Mobile Internet，简称 MI）是互联网和移动通信技术相结合的产物。其中，终端层是指用户最直接接触和使用的设备或软件，用于与计算机系统进行交互，不仅包括操作系统、中间件、安全软件及数据库等在内的软件设施，还包含智能手机、平板电脑、电子书、移动互联网设备等硬件设施；应用层中包含的各种应用软件和应用程序由各类软件公司、开发者和团队开发，目的是满足用户的特定需求和提供特定功能，如办公应用、娱乐游戏、金融财经、医疗、传媒等软件。作为移动通信和互联网的融合产物，移动互联网继承了移动通信随时、随地、随身和互联网开放、分享、互动的优势，使互联网上的平台、技术、服务、商业模式等同样适用于移动通讯，使互联网能够"移动"起来，同时也是一个全国性的、以宽带 IP 为技术核心的，可同时提供话音、传真、数据、图像、多媒体等高品质电信服务的新一代开放的电信基础网络。

移动互联网主要涵盖六大技术产业领域：移动互联网关键应用服务平台技术、面向移动互联网的网络平台技术、移动智能终端软件平台技术、移动智能终端硬件平台技术、移动智能终端原材料元器件技术、移动互联网安全控制技术。中国工业和信息化部电信研究院发布的《中国移动互联网白皮书（2011）》指出移动互联网包含：移动终端、移动通讯网络和应用服务。

1. 移动终端平台

作为移动互联网的基础和前提，移动终端是指通过接入移动网络可以在动态过程中使用的移动设备，涵盖硬件和软件平台，实现了从硬件平台、软件低层平台到业务应用的垂直整合。在硬件平台方面，主要形成了 ARM、Intel 两大阵营。其中，ARM 是目前移动通信中占据绝对领先地位的芯片架构，在移动终端集成度与功耗等方面占据优势。目前市场上最主流的软件平台分别是 iOS、Android 及 Windows Phone，使移动设备如智能手机、平板电脑、移动可穿戴设备等支持各种应用程序的开发、安装及运行，苹果、高通、华为麒麟等芯片的应用使移动终端具备 PC 级的处理能力，移动终端的应用与服务为用户摆脱了桌面互联网应用的束缚，提供能够移动化的办公、学习、娱乐、社交等活动。

2. 移动通讯网络平台

移动通讯是指移动用户之间或移动用户与固定用户之间的通信，在运动中实现信息交流，使其具有方便、灵活的特点。经历了第一代、二代技术的发展，第三代移动通讯技术开启了移动互联网时代，实现了声音及数据信息在全球范围内的无线漫游，是移动通讯史上具有里程碑意义的时代；第四代移动通信带来了前所未有的传输速度，人类社会正式进入移动互联网时代；当前第五代移动通信技术已全面进入商用阶段，人类社会将进入人与人、人与物之间的万物互联时代，5G技术是对前几代技术的革新发展，将推动文化融合的数字化，实现文化领域的创新，为文化产业发展带来了新的机遇。

3. 应用服务平台

应用服务是移动互联网的核心所在。随着Web2.0技术的发展，移动互联网应用服务发展顺利，依托于智能手机、平板等移动互联网终端，实现了传统的互联网应用或服务，用户在操作系统下载应用App，如在线办公、网络视频、在线医疗、社交通讯、出行导航等各类移动应用。2008年7月，苹果公司推出在线应用商店，iPhone手机的庞大市场取得了巨大的成功，随后安卓手机也参照此模式迅速推出其官方应用商店。自此，移动应用服务逐渐渗透到用户生活的方方面面，满足了用户多样化的需求，有侧重点的为用户提供功能性服务，同时进一步推动了互联网的蓬勃发展，"到2022年底，我国国内市场上监测到的App数量已超过258万款"。

工业和信息化部办公厅指出我国移动互联网产业发展进入加速普及期，其市场应用前景广阔且光明，受到了相关学者、技术专家的广泛关注。移动互联网将互联网技术"移动化"，结合了通讯互联网与移动网的共同特征，具有实时性、隐私性、便捷性、准确性及易操作等特点。

第一，实时性。移动设备最大的特点就是体积小，具备简易输入功能，使信息能够实时更新。在新闻、社交媒体、金融交易、物流追踪、监控系统等领域应用广泛。对于企业来说，员工将业务经营信息实时输入移动终端，极大程度确保业务信息与财务信息及时录入，提升了信息的准确性。

第二，隐私性。移动终端均属于个人使用的私人物品，隐私性较强，加密技术和隐私政策是确保隐私性的常见手段，设备所有者会设置数字密码、指纹密码等，部分应用也可以设置独立的面部识别密码以防止他人开启，更加强化了信息保护机制。

第三，便捷性。用户可以通过移动设备随时随地进行网络操作和应用，无需受限于固定设备或地点。对于企业来说，移动互联网技术极大程度上解决了员工远程办公或出差办公难的问题，确保办公的时效性，真正意义上实现了智能化业务流程。

第四，准确性。移动互联网技术确保了数据传输、处理和展示的准确性，使用户获取到的信息和服务是可靠、有效的。它主要应用于数据分析、定位服务、推荐系统等领域。企业进行决策时，通过信息化管理能够快速、有效的获取关键信息。

第五，易操作性。移动设备往往在小屏幕上展示大量信息和功能，涵盖多点触控、语音识别、图像识别、指纹识别、人脸识别等操作，简洁明了的界面设计、易于理解的指令使得移动终端更加简单易行，进而提升了用户的体验感知。

5.1.2　信息通信技术（ICT）视角下会计信息处理的现状与发展

近年来，现代管理理念逐渐得到企业的重视，国内绝大多数企业均完善了会计信息管理制度，在企业经营发展中发挥着支撑作用。现代会计发展演进的根本动力是经济发展与技术进步，技术应用对会计发展产生了颠覆性的影响，在数字经济时代背景下，如何有效利用移动互联网技术，提高会计信息管理的智能化水平，逐渐成为企业需要重点关注的问题。本节将基于此视角从会计电算化、会计信息化、会计智能化三个会计演进阶段分析现代会计发展中会计信息处理场景的发展变化。

1. 会计电算化时代

会计人员使用专业会计软件处理业务，如记账、算账、报账等，大大提高了会计信息处理的效率与准确性，会计由手工会计发展为电算化会计。

首先，会计电算化通过引入计算机与相关会计软件，实现了数据处理的自动化和高效化，会计人员不再需要手动录入、计算、核对大量数据工作，可以通过会计软件自动完成，财务数据也以数字化形式存储管理，实现不同部门和地区间集中管理与共享的目的。其次，会计电算化使得财务信息收集、处理和报告变得更加及时和灵活，会计人员对数据进行更深入的分析和挖掘，以提供更准确和有价值的财务信息，帮助管理层及时作出决策，并更好地监控企业的财务状况。最后，加强了企业内部的风险管控，保证了财务信息的合规性，通过自动化系统的校验和审计可以及时检测和纠正企业会计信息中潜在的错误，以减少质量问题。

2. 会计信息化时代

互联网技术及 ERP 软件组成的企业级电子信息系统取代传统信息系统，实现了财务、运营等各业务领域的数据集成和共享，从而提高企业整体效率，使得会计由电算化会计发展为信息化会计。

信息技术的进一步发展带领会计进入信息化时代。首先，企业开始构建集成化的信息系统，会计信息化系统实现了不同部门和业务系统之间的财务与业务数据一体化集成管理与共享，各个部门的会计数据可以进行集中管理，实现信息的共享和流通，加强内部协作和数据的一致性。其次，借助网络和信息技术能够实现会计信息实时采集、处理和报告，从而能够快速、准确地作出决策和响应市场变化。最后，移动设备的普及和远程办公软件的兴起，会计信息管理系统也支持移动访问和远程操作，会计人员可以随时随地处理业务，获取财务信息，进而提高了工作效率、响应速度及信息及时性。

3. 会计智能化时代

"大智移云物区"等新技术快速发展，颠覆了企业级电子信息系统，更深层次的利用智能化技术提高了行业、产业及整个社会的效率，会计由信息化会计发展为智能化会计。

首先，会计信息处理打破了以往简单的记录和核算，利用新技术对数据进行深度分析和挖掘，为企业提供了更加精准和有价值的财务信息，如通过机器学习算法对财务数据进行预测和趋势分析，为企业提供经营预测、资金规划等决策支持。其次，应用新技术能够使会计信息更加直观和易于理解，如数据可视化技术通过图表、图像和动画等形式为决策者展示财务数据和指标，帮助其快速把握关键信息。最后，智能化技术在自动识别、处理复杂的税务规则与政策中辅助企业完成税务合规和报表申报工作，有助于规避风险与罚款，提高税务管理的效率和准确性。

企业技术进步后，不断优化会计信息管理操作系统，但通过对当前企业会计信息管理进行分析，发现企业发展过程中尚且存在不足。首先，缺乏全局战略规划。尽管会计发展已进入智能化时代，但在企业实际应用中公司决策层缺乏对全局战略规划的有效认识，企业信息处理自动化水平仍有待提高，对会计信息管理系统建设要从全局出发，搭建适应本企业的业务管理模式，与时俱进才能最终实现企业发展目标。其次，信息管理系统智能化不足。当前会计信息管理系统在信息管理集成与共享方面还存在一定局限，部分企业虽然结合现代发展理念，构建了智能决策支持体系，但并未实现资源全面共享、数据的全方位共通，影响了企业会计信息工作实效性效率。最后，信息化观念落后。由于经济发展差异，一些小企业在处理财务数据时仍采用最原始的人工审核计算形式，从而影响会计处理结果，不利于公司的高效稳定运营。同时，信息管理系统搭建成本也会让管理层望而却步，无法真正按国家会计准则、税法的要求进行会计核算，提交合法的纳税申报，导致该企业提供的会计信息可信度较低。综合来看，现阶段企业在会计信息管理中尚存在诸多问题，需要结合企业会计信息管理的实际情况，围绕数字化转型时代，从而有效构建企业会计信息管理智能化体系。

5.1.3　移动互联网技术支持下构建会计信息管理系统的必要性

传统会计信息处理方式被信息化时代现代技术的发展打破，移动互联网技术的快速发展让海量会计信息能够及时进行加工和处理，企业财务核算变得更加智能。会计信息作为社会经济有效运行的重要基础，所反映的财务状况、经营业绩等与企业发展方向与目标密不可分，在移动互联网技术的支持下，企业会计信息管理的作用也愈发凸显。

财务共享服务中心是依靠移动互联网技术为企业会计信息管理提供了财务数据支持。在财务共享出现以前，会计信息管理系统处理的范围仅包括会计部门的业务，即会计信息的记录、存储、传递和管理，对于大型集团公司来说，无法实现信息高效整合，"信息孤岛"的问题普遍存在。随着财务共享的出现和不断发展，财务工作被集中到财务共享服务中心进行处理，会计信息管理系统所能够辐射的范围也更广泛，企业中业务信息和会计信息之间的距离也被拉近，模糊了业务信息和会计信息之间的界限，人们对会计信息管理系统的效能也有了新的认识。财务共享服务中心以现代信息技术为技术支撑，以互联网为传输路径，实现服务端与业务端的信息共享，将企业的财务系统融合为一个提供统一的、流程化的、标准的会计信息处理系统。作为财务会计与移动互联网技术融合发展的成功典范，实现财务共享的过程包括以下几步：先将企业内所有的财务部门合并为一个财务共享中心，再集中全部财务人员，其中大部分人员由核算会计转为管理会计，负责企业全面预算管理、成本控制、绩效评价等。企业建立财务共享服务中心在实现会计信息的收集、处理、分析与整合后能够事前预测财务状况，事中及时监控与评估风险，财务共享服务中心帮助会计进行信息处理后，结合财务会计的事后核算，从整个事件过程体现了会计信息管理系统的优越性。

移动互联网基于移动通信技术与互联网技术、平台、商业模式和应用相结合，摆脱了传统互联网在空间、时间和效率等方面的限制和束缚，可以实现会计工作方式的突破。由此可见，移动互联网技术已经融入企业日常经营活动当中。首先，在空间上实现了会计管理从企业总部走向企业全部、从企业内部走向企业外部。传统上，会计管理主要集中在企业总部，由专门的财务部门负责，但随着企业规模的扩大和业务的多样化，这种管理方式已经无法满足需求，市场竞争的加剧和全球化趋势的加强，企业也越来越需要关注外部环境的变化，包括政策调整、市场需求、竞争对手动态等。移动互联网技术推动现代会计管理将视角扩展到企业的各个部门和分支机构，不仅关注企业内部的财务状况和经营成果，还密切关注外部环境对企业的影响，以确保所有业务活动都在会计管理的监控之下，为企业提供及时、准确的信息支持，有助于实现资源的优化配置、风险的有效控制以及决策的科学合理。移动互联网技术的广泛应用为企业日常经营活动带来了很多便利，实现了会计管理的扩展，如在线或移动办公，会计人员无论身处何地均可随时随地远程处理工作，包括处理电子货币、电子单据、网页数据等新介质，有效打破时空限制，大大提升企业会计管理能力、降低管理成本，提高了工作效率和灵活性；实时数据获取分析，会计人员利用移动互联网技术实时获取数据并快速处理与分析，更好地掌握了企业的经营状况和财务绩效，为企业决策提供更加准确和及时的数据支持；供应链协同，数据共享与信息交流消除了企业与供应商和客户等供应链各方的信息孤岛现象，实现商讨合同、签订协议、支付结算等交易过程的精简化，提高了整个供应链的工作效率。

其次，在时间上实现会计核算由静态走向动态的目标。这一转变得益于移动互联网技术的即时性、可移动性和数据处理能力。传统财务会计的核算，由于技术限制企业往往只能在业务发生后进行，导致会计信息存在滞后性，无法及时反映企业的财务状况和经营成果，然而在移动互联网技术的支持下，企业实现了实时会计核算，即通过集成业务流程和会计系统，在业务发生的同时进行财务数据状况的监控与分析，包括现金流、订单处理、销售数据等，从而及时、准确、全面、动态地反映企业的财务状况和经营成果，如会计人员随时随地接入会计信息系统，实时录入、查询、传输和处理财务数据实现与供应商、客户、金融机构等外部实体协同办公。关于财务状况与经营成果的反应方式，传统的企业主要通过定期的财务报表来呈现，属于静态反映方式，这种方式无法全面、动态地展示企业的相关信息，企业需要借助现代信息技术手段，建立动态监控机制，实时跟踪和分析企业的业务与财务状况，及时发现异常情况、预测未来发展趋势，并采取相应措施进行调整和优化。

最后，在效率上体现了财务数据可以在人流和物流的移动中产生，数据也能被远程传输和存储，极大地提升了数据产生、采集和传递能力。传统会计管理模式中，财务数据往往是在业务活动发生后的一段时间内由专门的财务人员进行录入和处理，数据传输和存储往往受限于地域和物理设备，导致效率低下、耗费大量成本以及容易出现数据滞后等问题。随着互联网技术的广泛应用，现代的会计管理系统能够实现与业务流程的无缝对接。当业务活动发生时，相关的财务数据可以即时产生，实现了数据产生与业务活动的同步性，不仅提高了数据的时效性，也确保了数据的准确性。例如，销售人员在外出拜访客户时、仓库管理人员在现场进行库存管理时，他们可以通过移动设备（如智能手机或平板电脑）实时录入或更新相关的财务数据，包括销售订单、收款信息、库存变动等直接反映企业的经营业务活动，数据通过无线网络连接实时同步到云端或服务器，企业的管理者能够在会计信息管理系统中第一时间获取最新的财务数据，对决策制定作出及时反应。移动互联网技术支持会计信息处理场景的变革，促进会计信息处理向更高效、更智能、更个性化的方向发展，也为企业的经营管理提供了更有力的支持。

5.2 大数据技术与会计信息数据层级变革

5.2.1 大数据技术的概念与特征

2008年,著名的《自然》(*Nature*)杂志出版了专刊——*Big Data*,从网络、经济、社会技术和自然资源等各个方面介绍了大数据给世界带来的巨大挑战。大数据是指庞大的数据信息,囊括庞大的数据量和种类繁多的数据类型,包含了结构化、半结构化和非结构化等多种类型的数据,使用传统的方式和工具无法在一定时间内抓取、控制、处理数据。咨询机构麦肯锡公司于2011年6月发布的报告中将大数据定义为大小超出常规数据库工具获取、存储、管理和分析能力的数据集。高德纳咨询公司则将大数据定义为具有大容量、快速和多样性等特点的信息资产,为了能提高决策、洞察发现和优化流程,这种信息资产需要新形势的处理方法。现今,大数据已发展为一种新的思维模式,并且应用到了各行各业的不同领域当中。大数据的核心技术主要包括对数据的处理和分析,能够通过收集海量的数据,并从这些数据中收集对企业或个人有用的数据进行重新整合处理、分析应用。如在淘宝网页中,顾客对某商品的点击量、浏览时间、搜索的关键词等都可以通过加工处理并分析之后应用于企业的发展中,为企业决策、业务优化和创新提供支持。

作为信息技术领域重要发展方向之一,大数据技术主要用于处理一些普通软件无法处理或无法及时处理的规模庞大且内容多样化数据,数据采集后并进行处理、挖掘、分析以获取数据中蕴含的有价值的信息。从其生命周期来看,大数据技术可以大致划分为四类,即数据采集技术、数据预处理技术、数据分析挖掘技术、数据可视化技术。

1. 数据采集技术

伴随着信息化概念的深入人心,企业为了提取价值信息就需要先尽可能的收集相关数据,随后对数据进行有效的存储和组织,以便后续分析与处理。例如,商业银行内部各类业务系统每天都产生大量的业务、财务数据等结构化数据,图片、音频、视频等非结构化数据以及互联网上各类工商、媒体信息等数据，对于不同渠道、不同类型数据需要采取相应的工具采集数据，关于数据库采集有 Sqoop、ETL 等技术，网络数据采集有爬虫抓取、网站公开 API 等技术，文件采集有实时文件采集和处理技术、基于 ELK 的日志采集和增量采集等技术。互联网上的数据量每天呈现爆炸式增长，合理应用网络数据技术将对企业发展具有积极作用。

2. 数据预处理技术

由于不同渠道采集的原始数据格式不统一或存在数据质量问题，如数据字段的值不明确，采集时无法获得该字段的值，数据不完整导致不能满足后续数据分析需求。因此，在进行数据分析之前，通过大数据预处理技术将获取的大规模数据输入一个数据中心，对数据中心的原始数据进行"清洗、填补、平滑、合并、规格化、一致性检验"等一系列操作，旨在提高数据质量，使大规模的数据为企业发展所用，探寻数据潜在商业价值并为后期分析工作奠定基础。数据预处理主要包括数据清理、数据集成、数据转换、数据规约。

3. 数据分析挖掘技术

该技术主要是使用分布式数据库、计算集群等对海量、不完全、杂乱、模糊、随机的数据进行重新整理，之后利用各种高性能处理算法、智能搜索与挖掘算法等技术，对重新整理的海量数据进行提炼和分析，从中提取出有价值的信息。数据分析挖掘技术有很多，如关联规则分析、A/B Testing、统计、分类、聚类、遗传算法、神经网络、预测模型、模式识别、时间序列分析、回归分析、系统仿真、机器学习、优化、控件分析、社会网络分析、自然语言分析等。

4. 数据可视化技术

数据可视化技术旨在借助图形化手段，如图形、图像处理、计算机视觉以及用户界面等，对数据加以可视化解释，通过对立体、表面、属性以及动画的显示清晰有效地传达与沟通数据、信息和知识，使复杂的数据能够以更直观的方式呈现，很大程度上弥补了计算机只能够机械处理数据的缺陷。数据可视化技术包括文本可视化技术、多维数据可视化技术、网络可视化技术、时空可视化技术等内容。

大数据具有海量化、快速化、多样化、价值化等特征，是信息通信技术背景下的社会产物,对企业发展有极为深刻的影响,改变了企业传统管理理念和思维模式,为企业管理者决策行为提供更为可靠的依据,在企业管理战略变革中必不可少。

第一,海量化。信息通信技术已遍布社会生活各个方面,各种服务系统、新兴的社交媒体等网络平台也留下了各类轨迹的痕迹,爆炸式增长与大规模集聚特征最终形成了海量冗杂的数据,大规模的数据量远远超过了传统数据处理技术的处理能力。

第二,快速化。大数据技术通过计算机和光纤传输等方式实时产生和传输数据,处理速度快、更新频率高,数据流量非常大,因此对数据的运转速度提出了很高的要求,即具备快速处理和分析数据的能力,通常要求秒级甚至毫秒级的响应速度。

第三,多样化。信息通信技术的快速发展决定了数据的广泛来源,让获取历史数据和实时数据等全量数据成为可能,也产生了更前沿的数据处理手段,不仅能够处理结构化数据,如数据库中的数字和事实,还能处理非结构化数据,如社交媒体帖子、视频、音频等。

第四,价值化。当前数据已经作为一种新型资产而存在,但海量数据的价值密度较低,通过机器算法"提纯"数据价值是亟待解决的难题。但企业内部数据是分散的、静态的,通过信息技术将这些数据进行有效关联管理,其价值将无法估量。

5.2.2　信息通信技术(ICT)视角下,会计信息数据层级变革的发展脉络

信息通信技术的问世,颠覆了企业管理模式及整个社会的经济发展趋势,并引导传统财务会计向管理会计转型,逐步建立并完善了现代会计体系。现代会计发展演进的历程离不开经济发展与技术进步,经济发展的客观环境及其变化对会计有着直接的影响,现代会计从手工会计到智能化会计经历了一个从低级到高级、从简单到复杂、从不完善到逐渐完善的发展过程。经济发展推动社会进入了数字时代,"大智移云"等新技术也将现代会计发展推入一个全新时代,从电算化时代部门级数据的"信息孤岛"现象到企业级的信

息集成共享,再到现在行业/产业社会级的财务共享,技术进步带领会计发展突破质的飞跃,且对会计演进过程信息层级变化有着决定性、颠覆性影响(图 5-1)。

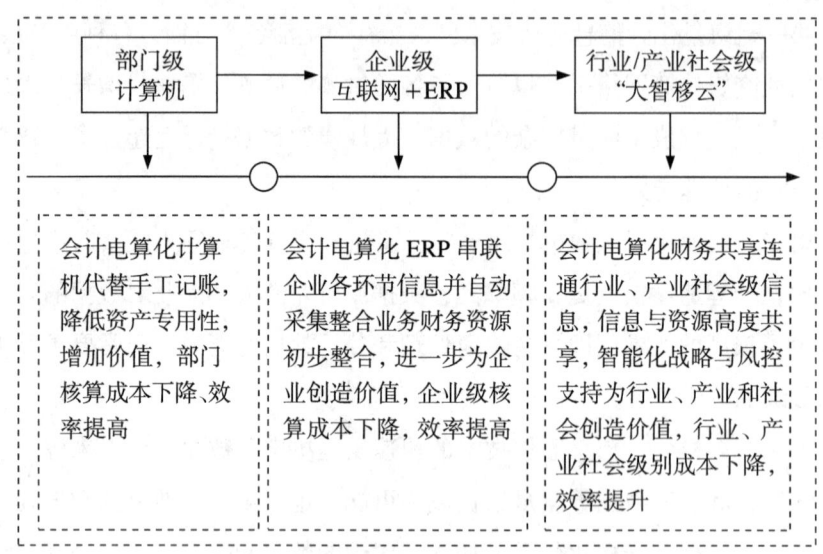

图 5-1　会计信息数据层级变革的发展脉络

1. 会计电算化时代——部门级

电子计算机作为电算化时代会计工作的载体,将当代电子技术和信息技术与会计实务相结合。首先,在基础技术方面,计算机、键盘和电子屏幕等现代设备的引进代替了手工记账阶段的纸张、笔墨和算盘,革新了会计核算的硬件设备,数字化、无纸化办公不仅减少了部门物料消耗,降低了打印、存储等成本,而且自动化数据录入、处理、分析功能为会计人员节省时间处理更为复杂、有价值的问题,大大提高了会计工作效率。其次,在核算组织程序上,电算化会计运用计算机代替手工记账、算账、报账工作,通过运用会计软件手工录入凭证,计算机收到数据后自动处理生成会计报表,打破了传统会计核算形式种类繁多、核算程序繁琐等局限,最大程度地将会计核算形式单一化,提高了会计核算质量与效率,降低了资产专有性,增加了会计信息的价值。最后,在信息处理上,与传统手工会计相比,计算机程序严谨的算法及处理方式替代了重复核对、纠错和审核工作,支持同时进行多项工作,促进会计信息处理的自动化,强大的数据处理能力可以将会计数据进行快速分析、汇总并生成报表等，提高了会计信息处理的效率，为会计管理信息化奠定基础。会计电算化时代是现代会计演进中由技术进步引起的一次重大变革，使核算数据的自动化处理变为可能，如提高会计核算效率、降低部门级核算成本、提升信息管理的及时准确性及管理效率。

2. 会计信息化时代——企业级

信息经济下，企业由原来单一的生产经营角色逐步融合金融衍生工具而变得多元化，移动互联网及大数据等技术的不断进步突破了电算化会计的"自立门户"，财务软件向商品化应用软件发展，如 ERP 软件涵盖了财务、采购、销售、生产、库存等企业一系列日常处理版块，并且具备财务预测及辅助决策等功能。首先，在会计基础技术方面，ERP 等企业管理软件的出现使会计核算的软硬件设施得到优化，串联企业各环节信息并自动采集整合，形成的企业级电子信息系统打破了"信息孤岛"现象，使会计不局限于部门内，提升了企业各环节整体核算质量和效率水平，降低了企业级核算成本，成为企业层级的变革。其次，在业务与财务初步融合方面，信息化促使业务与财务并驾齐驱，业务发生时系统便可对实时更新的数据进行传输、记录、储存，并将信息集成共享、资源整合，使会计信息与业务信息无缝对接、相互融合，初步实现"业财一体化"，提高了信息的及时性与准确性。最后，企业管理软件如 ERP 将内部各业务层面的资源信息进行整合，实现资源共享，通过资源整合与分析为企业提供预测决策支持，提高信息的使用价值，提升企业核心竞争力，为会计智能化奠定基础。

3. 会计智能化时代——行业/产业社会级

随着"大智移云"等新技术的不断进步，我国信息化进程由企业级信息化不断向行业、产业及社会整体的信息智能化迈进。哈佛大学社会学教授加里·金曾提出：爆发式数据量带来的一场革命，推动了各领域的量化进程。会计亦是如此，财务共享中心、云会计、业财融合等在这一浪潮下奔涌而现，这也是实现智能化会计发展的三个重要方向。

第一，财务共享中心。首先，在会计核算模式方面，企业内部会计集中核算模式已经发展为财务共享服务模式，即通过"分散到整合"的理念，将企业分散的重复性业务及流程集中于专业的行业或产业社会级财务共享服务中心整合处理，为企业分担财务版块业务，从而有效降低企业核算成本提高效率。其次，在服务对象方面，财务共享服务中心的建立可以发挥集团企业的规模优势，使核算供给大于需求，大幅度降低运作成本、提高效率，使财务信息实现更大程度的共享；对中小企业而言，财务核算业务外包并通过信息共享模式对其进行监督，大大节约了企业管理与核算成本。最后，在价值创造方面，企业可以集中更多精力及有效资源投身于核心业务，增加企业自身的不可替代性，提高竞争优势，达到既提高自身业务又增加客户满意度的双赢局面。

第二，云会计。首先，关于核算成本，云会计真正实现了数据及信息的实时记录、处理和共享，降低了企业在硬件设备和人力资源上的投入，对各项成本投入进行实时监控和分析，帮助企业发现成本控制的关键点和潜在风险，使得行业、产业及社会整体核算成本快速下降。其次，关于信息处理及信息质量，会计以大数据及云计算技术为载体，让传统的静态化系统产生的会计数据，如日常的记账、核算还是复杂的财务分析，在"大智移云"等新技术环境下实现数据实时共享，促使会计信息的高速传递，从而提高信息质量。最后，关于价值创造，云会计下信息共享为企业的发展提供更有效、更有价值的会计信息，有助于优化资源配置、拓宽市场份额等，并且使多余的或者更主要的核算能力转向价值创造的管理型会计领域，为会计未来的发展提供新机遇。

第三，业财融合。信息通信技术将业务及时转变为财务信息，从事后监督转变为事前及事中控制，加强财务对业务的及时反映及监控、数据共享，并提升经营管理效率，进而使得业财融合被推向新阶段。一方面，业务流程作为起点，数据应按业务处理规则存储于共享数据库中，减少重复录入工作，大大提升信息收集和整合效率，同时信息使用者在了解财务信息的同时也可了解业务与管理信息；另一方面，业财融合的结果要求财务工作的重心转向管理方向，用管理的思维方式开展财务工作，企业在流程设计上将逐步往业财一体化方向发展，管理将由原本孤立、分散、滞后转变为全面、动态、实时，从而加强财务对企业业务活动的反映、管控和服务。

由此可见，在数字经济时代背景下，会计智能化时代随着"大智移云"等新技术的不断进步，促进企业级电子信息系统向行业、产业及社会整体的信息智慧系统迈进，从而快速降低整体核算成本，提升核算效率。

5.2.3 大数据技术驱动下会计信息层级全数据使用的价值

随着数据爆炸式发展，非结构化或半结构化数据在现代企业中扮演着越来越重要的角色。这些数据如社交媒体帖子、客户反馈、视频、音频和图像等，通常包含了大量有关消费者行为、市场趋势和产品改进的有价值信息，利用这些信息企业可以实现优化生产流程、增强客户体验等目的，进而在竞争激烈的市场中保持领先地位。会计领域发展面貌也深受大数据技术应用的影响，大数据技术实现从传统的以交易和经济事项为主的数据处理拓宽转变到对运营、管理、外部经济信息全方位、多角度的数据自动化收集、存储、分析与整合，这种变化不仅提高了会计信息的全面性和实时性，更使得会计人员能够通过数据分析提供有价值的决策信息，从而全面赋能会计价值。同时，近年来国际上也先后涌现出大量关于大数据治理的重要研究课题。例如，在国家层面，部分国家出台了相关法规政策，以推动数据共享开放，加强数据安全保障，完善公民隐私保护等；在企业层级，推出规范数据互操作的标准，以及提高数据管理和评估能力、保证数据质量的技术方法等。

首先，大数据技术提升了企业会计管理创新能力，并带动企业会计管理观念发生变化。以财务管理决策为例，科学的会计管理观念及数据算法代替了过去会计人员依靠经验完成决策的工作流程；以资金管理为例，过去会计人员更侧重管理内部资金，如今要求会计人员树立大局观，注重大数据等技术的应用，加强全产业链资金管理；以成本管理为例，过去财务人员主要负责事中、事后成本管理工作，当前财务人员依托大数据等技术，不仅要做好事中、事后成本管理工作，还兼顾事前预测筹划工作，同时还要树立精细化成本管理观念，合理优化成本管理。此外，大数据带来会计人员知识结构与职能的转变。第一，会计人员知识结构由单一向复杂转变，即从过去只是注重会计管理方面的知识转变为更加注重与会计管理相关的知识，如网络、数据库、计算机操作、营销、金融、税收、财政等；第二，由于计算机代替了人工完成枯燥的机械式会计管理步骤，会计人员的职能从开展简单的核算工作转变为参与会计管理决策工作,进而成为高级财务管理人才;第三,企业管理决策对会计数据信息、财务分析和核算的依赖性也逐渐增强,会计信息准确性与合理性直接关系企业的发展持续性与决策有效性,而大数据技术应用在会计管理决策中就容易起到事半功倍的效果。在未应用大数据技术前,企业主要依靠人工采集、处理会计数据,不仅效率低,而且数据处理时容易出错;在会计管理中应用大数据技术可以显著提升会计数据的采集质量和处理效率。例如,关于会计数据采集问题,过去会计人员花费几天时间采集会计数据,现在可以通过大数据技术在 2 小时内完成;关于会计数据处理问题,现今会计人员依托大数据等技术可以避免因工作人员粗心大意导致的数据处理效率与质量问题。

其次,大数据技术提升了财务风险管控的价值。第一,大数据技术拓宽了风险信息的获取渠道和范围。传统意义上,风险信息的获取主要依赖于内部系统和有限的外部数据源;而在大数据技术环境下,企业获取会计数据的渠道变得更宽、范围更广,更是将业务活动中产生的、对企业有价值的方方面面的数据都汇集起来,如产业链的上下游以及竞争对手之间,甚至是新闻报道、论坛讨论等数据都需要及时进行收集、汇总,并对其进行实时的、动态的补充,随着储存成本的降低,企业也将更加高效地获取数据。第二,大数据技术可以提高风险识别和评估的准确性。在传统风险管控时期,企业信息化水平不足导致其很难多层次、多维度与多视角的对财务风险进行详细、深入地剖析;大数据技术使企业财务风险分析与评估体系不仅包含财务指标,也包括外部各种因素,充分凸显非结构化数据的价值,在综合分析各种导致财务风险的因素后,对财务风险发生的可能性及影响范围也得出更加准确的结论。第三,大数据技术优化风险应对策略。基于大数据技术,建立数据挖掘、分析以及数理统计等基础,企业可以准确识别潜在风险,根据风险的重要程度以及影响程度进行排序,按照风险等级分别采取不同措施,优先关注对企业不利程度最高的风险因素,以此为基础选择适当的管理策略,为风险管理决策提供有价值的支撑,制订恰当的应对策略合理规避财务风险。

最后,大数据技术促使数据查询分析更加便捷高效。得益于分布式存储与并行处理能力、查询优化技术以及内存计算等特征,大数据技术实现快速高效地查询目标数据，在银行、税务等原始数据查阅中也得到广泛使用。对于银行工作而言，大数据技术可以帮助其实现快速、高效的原始数据查阅，银行每天都会处理大量的交易记录、客户信息和其他财务数据，其利用大数据技术可以将分散在不同系统、不同格式和不同来源的原始数据进行整合，建立一个集中、统一的数据仓库，实现了数据的快速访问和查询，并且通过对查询的历史数据进行深入分析以预测未来的业务趋势、客户行为模式与需求等，使得银行迅速响应各种请求，提前进行资源配置与人员调度，为推进工作提供准确、及时的数据支持。对于税务领域而言，大数据技术也发挥着重要作用，税务部门需要处理大量的内部税收数据与外部第三方信息，如纳税记录与财务报表和其他政府部门相关数据等，通过多方来源汇聚的数据为纳税人精准"画像"，即实现生产经营活动的全程监控，一旦某项数据显示的行为特征违背了正常的市场规律，税务部门则会通过一定的手段对其进行提示，有助于发现纳税人潜在的税收风险、漏洞和欺诈行为，帮助其主动纠正自身的纳税不遵从行为，加强税收监管和合规性管理，同时也帮助了税务部门提高数据处理的效率和准确性。此外，大数据技术还应用于审计与财务分析等其他方面，通过数据存储、查询、分析和可视化等手段，实现信息共享多方面转化数据，使数据最终呈现符合利益相关者决策需求的形态，帮助企业或相关部门提高数据处理效率、提升财务分析效果，为决策和监管提供有力支持。

5.3 区块链技术与会计信息记录、传播及存储变革

5.3.1 区块链技术的概念与特征

区块链通常被认为是由交易数据生成的区块组成的链。2018年至今，区块链在中国迅速发展，这是区块链首次在我国官方渠道被定义。理论上来讲，区块链是一种以顺序相连的方式将已有的数据区块按照时间序列组合成的一种链式数据结构，并依据密码学原理为链上各区块账户形成个人私有密码，保证了不可篡改、真实、可靠的分布式数据库，也保障了上传至链上数据的安全性。广义上来讲，区块链技术并非特别复杂的技术，而是将互联网技术与

密码学技术进行有效融合，通过构建新型数据结构，来实现将某项业务或者流程中的所有参与方都连入区块链系统中，同时对产生的业务数据进行实时查看和监管。区块链是一个利用分布式账本的去中心化、不可篡改、可追溯等特征的数据处理技术，能够通过共识机制来存储和更新链条上的数据、利用智能合约预先设置的条件来存储和更新数据，以维护数据访问和传输的安全性，如从会计信息记录、传播及存储过程中实现防范财务造假。

区块链系统包括数据层、网络层、应用层、共识层、合约层和激励层。数据层是以密码学加密、按照时间序列存储的数据链；网络屋是数据的传输载体，包括分布式网络机制、数据更新验证机制等；共识层是通过共识机制更新和存储数据；激励层是将鼓励的条约等因素植入到区块链中；合约层是利用合约机制，让区块链在此基础上具有时间拓展性。在区块链的架构中，依据时间存储的链式结构、智能合约机制、共识机制是区块链应用到各领域的基础。

区块链技术的核心原理包含三方面：第一，分布式账本，区别于传统的依靠第三方中间商的结算方式，区块链是以点到点的协议形式为基础，每个节点都具有相同的权限，并且每个参与节点都有各自完整的数据存储空间，交易数据生成后会在第一时间传送给各个节点，在大部分节点确认了数据的真实性后，才会将其录入到一个区块中，同时在各个网络节点中，系统会对数据进行自动的更新与备份，某些节点信息的损坏、丢失不会影响整个系统数据进行及时的更新和存储，所有的网络节点可以直接分享数据，实现服务的实时同步，有效地克服了由于信息延迟而造成的交易效率低下。第二，智能合约，区块链智能合约是一种被法定认可的电子契约，在符合契约条款后，会自动履行契约，将契约写进系统里，当触碰到双方设定好的阈值时就会自动生效，该技术无需借助任何中间商来完成，节省了中间的工作流程，提高了各个节点间的交易效率，使业务流程由手工向自动化转变。第三，共识机制，是指在分散的条件下，各个节点通过多个节点的统一规则来构建信任，在大多数节点成员一致同意后，可以将交易信息记录在区块中，进而保证了交易信息的正确性和可靠性。

随着区块链技术的不断发展，目前在实际使用中根据准入机制以及用户权限的区别,可将其分为公有链与专有链以及联盟链三大类。公有链的开放程度最高,准入规则最低,人人都可参与,所有节点完全开放,参与者可以不受限地查看数据信息,账本也可被任意读取查看。专有链最为封闭,开放程度最低,具备一定的保密性、隐私性,参与其中、查看数据等都是受限制的,只有被授权的节点才可以参与其中。联盟链要求参与者在无需互信且权限对等的条件下进行可信交换,即所有节点半开放,只有联盟内的成员才有权查看账本和节点信息。公有链、专有链以及联盟链的本质都是区块链,三者之间都具有区块链的主要技术特征,即通过分布式网络存储数据,网络中所有参与者都拥有一份带有数字签名的数据副本,且都通过共识协议保证数据库中副本的同步,此外,都通过加密手段为数据库内数据的不可篡改提供了保证。

区块链技术的特征体现为去中心化、开放透明性、独立性、不可篡改性、可追溯性等。第一,去中心化。以区块链技术构建的信息体系中的每一个参与主体都能形成独立的节点,独立节点进行工作时不用依靠中心节点的处理,每一个节点都能独立的上传并且审核系统中的数据,完成自身的交付与管理,使得区块链技术安全性与可靠性更高,避免了单点故障与中心化风险,也简化了业务流程,降低了营运成本。第二,开放透明性。区块链技术以开放源代码为基础,将除了加密的数据传递给链上的每一节点,任意节点的用户也可以通过自身接入区块链的公开端口,下载并查询这些数据和开发相关的应用。同时当某一数据受到多方质疑时,也能通过区块链技术服务器进行验证。在链上的各方不仅是数据的提供者,更是数据的监管者,参与的各方可以通过区块链以较低的成本获得所有公开的数据。第三,独立性。在共识的基础上,整个区块链体系不需要依靠任何第三方机构或中心化实体,可以在不受人为干扰的情况下进行安全的数据验证、数据交换、数据管理。第四,不可篡改性。区块链上的数据是采用数据库的方式进行储存的,将企业的每一笔交易记录都存入数据库中,区块链技术完成实时记录每一个节点的操作。一旦信息被写入区块链,各节点只能在自己的终端上对各自的数据进行操作,无权更改或删除其他节点的数据,区块链数据库会对各节点存入的数据进行验证,并在备份后进行永久保存,杜绝人为的恶意篡改。当某个节点因正当理由想要修改数据时，只有通过半数以上节点的同意才能进行此操作。第五，可追溯性。区块链本质上是分布式账本技术，链上各个节点都能将业务数据写入链中，保证了交易数据的完整性。由公开性可知，企业的交易数据会通过区块链网络对各节点实时广播，因此每一节点在更新数据后都会在分布式账本上有所记录，当某一节点更改所上传的数据时，区块链系统会通过密码学技术将相邻的两个节点进行串联，然后自动追踪到提交更改的节点，同时记录所更改数据的大小，一旦某些数据出现问题，也可以通过区块链来准确定位数据源头方，对问题数据进行及时处理。

5.3.2 信息通信技术（ICT）视角下会计信息记录、传播及存储的演变

会计作为企业管理中的重要活动之一，从本质上来讲，就是对企业在运行过程中所产生的一系列有价值的信息数据进行整合和管理，主要工作环节包括日常记录、数据分析、数据研究、数据核算、数据汇总等。传统财务岗位存在许多问题，一是只靠经验，二是机械性、重复性和多元性，三是容易延续错误，而区块链等技术迅速发展有效地解决了这些问题。随着信息通信技术（ICT）的不断发展，会计信息的记录、传播及存储手段也在不断更新优化，从最初的手工输入和有限共享，到如今的智能输入、实时共享和云端存储，每一步演变都极大地提高了会计工作的效率和准确性。同时，技术的发展也为数据的安全性和完整性提供了更好的保障。

1. 会计电算化时代

从手工会计进入会计电算化时代，关于会计数据的记录、传播及存储等流程发生了翻天覆地的变化。首先，会计电算化时代下，企业会计信息的记录主要包含数据收集、录入、处理及验证与审核几个步骤。企业级全数据使用限制了会计信息仅存在于企业内部会计部门，从各种源头收集原始的会计数据，如手工填写的凭证、交易记录、发票、银行对账单等。收集的数据可以选取不同录入方式完成，如直接录入，指会计人员通过键盘、屏幕根据原始凭证或记账凭证将数据直接送入计算机存入凭证文件；间接录入，亦称脱机录入方式，指会计人员先将数据录制在磁介质上，再将其转换成计算机所

能接受的凭证,并保存在凭证文件中;自动录入,是指由计算机自动编制凭证并保存在凭证文件中,这种方式不需人工干涉,会计软件会提供辅助工具,如自动编码、数据验证等,产生的凭证及时、准确、效率高。随后,会计软件根据预设的规则与算法计算账户余额、生成报表、数据分析等对操作。在数据录入和处理之后,会计软件会进行自动验证和审核,以确保数据的准确性和合规性,针对错误或不符合规定的数据,软件会提示用户进行更正或调整。其次,企业会计信息的传播有利于利益相关者及时把控企业经营状况,其中,内部传播是指在企业的内部网络中通过会计软件或相关工具,实现会计信息的实时更新和共享,确保各部门能够及时获取所需的财务数据;外部传播是指与企业外部的相关方,如供应商、客户、审计机构等,通过电子邮件、网络会议等共享会计信息,满足各方的信息需求。最后,处理和验证后的数据会存储在数据库中,这些数据库可以是本地的,也可以是云端的,具体取决于企业的选择。总体而言,会计信息记录实现了电子化、自动化和实时化的目标,大大提高了工作的效率与准确性,但同时也遗留了如何保证会计数据安全性与完整性等问题。

2. 会计信息化时代

在信息化时代下,企业管理软件中变化较大的是 ERP 软件,涵盖了财务、采购、销售、生产、库存等一系列日常处理版块,并且具备财务预测及辅助决策等功能。ERP 的出现进一步改进了会计核算的硬件和软件设施,使会计跳出部门边界。首先,企业会计信息的记录主要包含数据收集、预处理、录入、处理及验证与审核几个步骤。会计数据的来源变得越来越多元化和复杂化,如企业内部业务活动中销售、采购、生产、投资、融资等产生,还有内部的其他信息系统,ERP 系统、CRM 系统、SCM 系统等;股票价格、竞争对手的财务信息等外部市场数据;金融机构、支付平台等第三方机构也会提供相关会计数据。对收集到的原始数据进行清洗,去除重复、错误或无关紧要的信息,分类整理后使其符合会计信息化系统的处理要求。将预处理后的数据采用手工录入或扫描到会计信息化系统中,系统根据预设的规则和算法对录入的数据进行分类、计算、汇总等操作处理,生成会计账簿、报表等所需的信息。其次,通过人工手动或系统自动审核与检验后,将数据存储在数据库中，可以选择本地数据库或云端数据库，存储过程中为确保数据的安全性和可靠性则会采用加密和备份的方式。最后，通过内部网络或 ERP 系统，会计数据可以在各部门之间进行实时共享，确保各部门在决策和运营过程中拥有统一、准确的数据支持，进而提高工作效率和决策准确性。

3. 会计智能化时代

信息通信技术推动"大智移云"等新技术的不断发展，也对会计信息管理产生了深远影响。例如，区块链等技术支撑下企业无需定期对账与核实，将改变会计数据生产模式和信息鉴证模式，提升会计记录和核算效能。首先，倚靠于区块链技术的核心分布式记账，建立在点对点的网络上，每个节点都是一个共享数据库，节点间彼此独立又互相监督，增强了会计信息的可信度。其次，引用智能合约无需录入凭证做分录，只要录入基础数据即可自动发出预设的数据资源，避免合同审核出现漏洞。最后，区块链在每个节点存储了一套不可篡改、交易历史完整的分布式账簿副本，通过加密技术来保障安全。此外，除加密信息以外，每个节点都可以查询每一笔交易情况，信息高度透明，有效改善传统会计信息系统提供信息不全面和信息不对称问题。

区块链相当于会计中的总账，它建立于计算机编程基础之上，可以将它比作网络账本。企业进行核算时，各个时点上消耗的资金成本都是可见且可控的。区块链可以优先确定最佳方案，确保资源充分合理地调配使用。在区块链等技术下，企业交易数据能够高效地传输至财务共享中心，并且能够根据设定的过程自动运行采购和销售等一系列业务操作。交易数据被完整地储存在财务共享平台上，会计信息系统最终对这些数据进行了处理。交易数据可实时共享且具有不可篡改性，合法性和真实性。

5.3.3 区块链技术助力下会计信息管理的重要性

当前，多数企业的技术手段无法从根本上解决会计信息管理制度机制的问题，而区块链技术优势可以从根本上解决财务中心集权管理、监管困难等问题。因此，区块链技术应用于开发会计信息管理已是大势所趋。

首先，显著提高企业管理效率。区块链技术能将财务管理活动"去中心化"，有效提高工作效率。企业传统的财务费用报销、付款、固定资产盘点等财务活动都是线下进行，人工层层审批、签字，主要是为了对财务数据的真实性进行把关审核，但是"中心化"管理增加了财务工作人员的任务量，降低了工作效率。而区块链技术下，去中心化可以最大程度的"放权"，各个部门都是财务系统的一个节点，均会被分配到属于自己的节点，区块链网络中的各部门都是平等的，都享有相同的权利和义务，可以实时对交易和数据进行分布式存储和查看、核实，当区块链上的某个部门发起一项交易的时候，所有节点都会收到这一交易信息，不再需要业务人员线下逐个找有关领导和员工审签，区块链系统自动记录广播这一交易信息至区块链网络中的节点，省去了中间人工层层审批报送的环节，提高了财务审核的工作效率。加快档案从入库到归档的效率，缩短企业管理流程。传统纸质会计资料经过多道流程归档，分别经由提交人员、经办人员、审核人员和复核人员操作，最后成功收集归档，一般经历 4~5 个环节，耗时 2~5 天；电子会计档案系统处理后，预计普通档案归档工作在几小时内就能完成。此外，会计资料具有保质期短、容易污损或丢失等特性，以及大量的库存管理和异地存放，造成会计档案查询的不便。目前的软件没有考虑原始附件的数字化存储功能，纸质的原始凭证和电子的记账凭证是分离的，导致原始的纸质凭证不便于日常实时查询，更无法实现异地查询，效率非常低下。通过会计原始凭证的数字化处理，可以方便、灵活、快捷地实现会计原始凭证全掌控，并与企业的内控结合，协同管理，缩短企业的管理流程，区块链技术还可以进行即时网络查询，直接利用机读形式的档案完成信息加工工作程序，大大减少了查询成本、提高了查询效率。

其次，增强会计信息的安全性。企业的会计原始凭证的传递往往通过去客户处取、客户送上门、第三方的物流方式进行，容易造成会计原始凭证的破损、丢失、毁坏，对会计原始凭证信息安全性带来困难。另外，会计信息系统的高密度储存、自动高速运行的特点，使数据容易被篡改、复制和删除且不留痕迹。应用区块链技术后，财务系统将变为一个巨大的分布式账簿，该分布式账本内部有许多个节点，每个部门、员工都可以是节点的一部分，每一个节点都可以在分布式账本上记账，财务部门将不是唯一的中心账本，各部门的财务数据、原始凭证等资料不需要集中在会计核算中心保管，每笔交易信息都会在各个节点进行备份形成完整的交易链条，即使部分节点遭到攻击，或数据不慎丢失，其他节点的数据也不会受到影响。并且，如果某个模块遭受攻击，也不会影响整个系统的运行，只需要通过修理恢复该模块就行。此外，利用区块链技术的非对称加密技术，进行信息数据的加密和解密，可以有效保证数据的私密性和安全性。基于区块链的财务管理系统在各节点进行传输数据的过程中，会用到"公钥"和"私钥"，前者负责加密，后者负责解密，经过公钥加密的信息一经发送全网都会看到，但是没有私钥解密将无法知道具体内容，保障了信息数据读取的安全性，并且区块链上的信息都存有数字签名，确保数据传输过程中不被篡改，保证了财务数据在传输过程中的安全性。

最后，加快业务与财务融合。目前财务管理工作缺乏与业务工作的融合，财务工作与其他部门业务流程独立，财务部门只进行会计核算等工作，不会过多地关心各部门业务情况，也无法及时掌握业务工作进展情况，无法为高层决策提供帮助。应用区块链技术能够将具体业务与财务管理工作相联系，将财务工作贯穿到业务工作的全过程，分布式记账技术不再需要会计核算中心汇总、统一核算，每个单位发生的财务信息都会及时被财务部门知晓，财务部门就能够及时掌握各部门预算执行情况、项目进展情况，更全面地掌握整个企业的资金使用情况，及时对各业务部门进行财务提醒。区块链财务信息系统可以实现自动生成财务报表，为管理层决策提出财务专业性的意见建议。同时，区块链技术的透明性，让会计信息需求者及各部门可以通过传统的方式接受会计信息，或通过联机在线的方式主动地请求企业，也可以在授权范围内直接从数字化会计管理系统中获取所需的信息，根据自己的需求加工并提供相应的数字化会计信息，使系统与企业内、外部会计信息系统有机结合起来，实现数据处理高度自动化以及会计信息资源高度共享，让会计信息需求者及各部门可以随时查询财务使用情况，从而更加了解整个企业的财务状况。

5.4 数字化转型与会计信息质量的关系

5.4.1 研究设计

1. 变量选取与数据来源

选取 2012—2022 年中国 A 股上市公司作为研究样本，以 2012 年为起点，自此我国上市公司年报披露更加规范，同时陆续出台了鼓励数字化发展的相关政策，应用数字技术、互联网商业模式、智能制造、现代信息系统与实体企业融合在我国得到迅速发展。对初始样本数据进行如下筛选：①剔除金融类上市公司；②剔除 ST、ST*、PT 等经营不善以及上市不满一年的企业；③剔除主要变量数据缺失样本。实证研究数据源于国泰安数据库（CSMAR）、Wind 数据库，年报获取于巨潮资讯网。最终观测样本数量为 29 757 个，并对所有连续变量的上下 1% 进行缩尾处理。

2. 变量设定

（1）被解释变量。会计信息质量（DA）：盈余信息是会计信息最重要的内容之一，盈余管理会严重降低会计信息质量，虽然各国不断完善体制机制，并加强外部审计监督，但上市公司操纵盈余信息的行为屡禁不止，且愈演愈烈。从轰动全球的安然利润高估，到康得新利润总额虚增，再到"瑞幸咖啡"子虚乌有的交易额，这些案例造假金额之巨大，舞弊手段之恶劣，极大地挫伤投资者的信心，严重影响经济高质量发展。因此，本章使用修正的 Jones 模型测算公司的可操控应计利润，具体模型如下：

$$\frac{TA_{i,t}}{A_{i,t-1}} = \alpha_0 \frac{1}{A_{i,t-1}} + \alpha_1 \frac{\triangle REV_{i,t}}{A_{i,t-1}} + \alpha_2 \left(\frac{PPE_{i,t}}{A_{i,t-1}}\right) + \varepsilon_{i,t} \quad (5-1)$$

$$NDA_{i,t} = \hat{\alpha}_0 \frac{1}{A_{i,t-1}} + \hat{\alpha}_1 \frac{\triangle REV_{i,t} - \triangle REC_{i,t}}{A_{i,t-1}} + \hat{\alpha}_2 \left(\frac{PPE_{i,t}}{A_{i,t-1}}\right) \quad (5-2)$$

$$DA_{i,t} = \frac{TA_{i,t}}{A_{i,t-1}} - NDA_{i,t} \quad (5-3)$$

式中，$TA_{i,t}$ 为总应计利润，即营业利润减去经营活动现金流净额；$NDA_{i,t}$ 为 i 企业第七年的非操控性应计利润；$DA_{i,t}$ 为 i 企业第七年的操控应计利润，绝对值越大，盈余管理空间越大，会计信息质量越低；$\triangle REV_{i,t}$ 为 i 企业第七年的营业收入变动额；$\triangle REC_{i,t}$ 为 i 企业第七年的应收账款变动额；$PPE_{i,t}$ 为 i 企业第七年的固定资产净额；$A_{i,t-1}$ 为消除规模效应，表示 i 企业第 $t-1$ 年的期末总资产。对式（5-1）进行分行业、分年度回归，得到回归系数，将其代入式（5-2）得到不可操控应计利润 NDA，然后代入式（5-3），得到修正的可操控应计利润 DA。

（2）解释变量。数字化转型（DT）：本章参考赵宸宇（2021）、吴非（2021）等学者测算数字化转型指标的研究方法，构造数字化词典，使用 Python 软件分析上市公司年报，提取分项指标关键词并统计词频数，将分项指标词频数汇总后进行数化处理。

（3）控制变量。为了提高研究精度，考虑其他可能影响上市公司会计信息质量的因素，参照已有文献，本章选取企业规模（$Size$）、机构投资者持股（$Institution$）、资产负债率（$Leverage$）、资产收益率（ROA）、成长性（$Growth$）、股权集中度（$Top\ 10$）等控制变量。核心变量具体说明见表 5-1。

表 5-1 变量定义

变量类型	变量名称	符号	变量定义
被解释变量	会计信息质量	DA	文中解释
解释变量	数字化转型	DT	爬取的数字化关键词词频数加 1 取对数
控制变量	企业规模	$Size$	企业总资产取对数
	机构投资者持股	$Institution$	机构投资者持有上市公司股份比例
	资产负债率	$Leverage$	负债总额与资产总额之比
	资产收益率	ROA	净利润除以期初和期末的平均总资产
	成长性	$Growth$	销售收入增长率
	股权集中度	$Top\ 10$	前十名股东持股比例之和
	年度虚拟变量	$Year$	指定年份取值 1，其他年份取值 0
	行业虚拟变量	$Industry$	指定行业取值 1，其他行业取值 0

3. 模型设定

为检验企业数字化转型与会计信息质量之间的关系，本章构建了回归模型（5-4）：

$$DA_{it}=\beta_0+\beta_1 DT_{i,t}+\beta_3 Controls+Year+Industry+\varepsilon \quad (5-4)$$

式中，DA 为会计信息质量；DT 为数字化转型；i 为个体企业，t 为年份；Controls 为本章选取的控制变量；模型（5-4）中若 β_1 显著不为 0，意味着数字化转型能够显著影响企业会计信息质量。模型（5-4）中，Year 和 Industry 表示年份和行业固定效应；ε 表示随机误差项。此外，使用公司层面聚类稳健标准进行估计，有利于增强统计推断结果的稳健性。

5.4.2 回归结果与分析

1. 描述性统计、Pearson 相关性分析、多重共线性检验

表 5-2 为所有变量的描述性统计、相关性分析及 VIF 值的结果。其中，企业会计信息质量 DA 的最小值和最大值分别为 0.001 与 0.405，平均值为 0.068，与既有研究基本保持一致，说明企业会计信息质量整体水平较高；数字化转型 DT 的平均值为 3.043，标准差为 1.278，且最大值与最小值之差为 5.897，说明各企业数字化差距较大，数字化程度不均衡；各控制变量的描述性统计量也都处于合理范围；DT 与 DA 的相关系数为 -0.025 且显著，说明主要变量间的相关性与预测相互一致；所有变量的 VIF 值均小于 3，说明变量间不存在严重的多重共线性问题。

表 5-2 描述性统计、相关性分析和 VIF 值

变量名称	样本	平均值	标准差	最小值	最大值	相关性	VIF 值
DA	29757	0.068	0.073	0.001	0.405	1	—
DT	29757	3.043	1.278	0.000	5.897	−0.025***	1.073
$Size$	29757	22.300	1.309	19.908	26.298	−0.071***	1.861
Age	29757	2.039	0.950	0.000	3.466	0.009	1.299
$Growth$	29757	0.157	0.408	−0.593	2.446	0.127***	1.086
$Leverage$	29757	0.430	0.207	0.058	0.911	0.087***	1.681
ROA	29757	0.032	0.068	−0.297	0.194	−0.208***	1.444
$Index$	29757	0.378	0.056	0.143	0.800	0.020***	1.010
$Hold$	29757	0.435	0.245	0.000	1.011	−0.045***	1.324
$Opinion$	29757	0.965	0.185	0.000	1.000	−0.125***	1.115

2. 基准回归结果

本章所收集的数据类型为面板数据，是不同时期跟踪给定研究对象个体样本而获得的数据集。面板数据模型分析方法是近几十年发展起来的较新的计量分析方法。在分析企业数字化转型与会计信息质量之间的关系过程中，面板数据相对单纯的时间序列数据或截面数据有下面两个方面的优势：第一，面板数据的数据点较多，数据信息更为全面，进一步增加分析数据的自由度，降低解释变量之间的共线性程度，有利于提升模型估计的有效性；第二，处理解释变量相关遗漏变量的问题。

本章通过检验结果选取年份和行业固定效应模型对企业数字化转型与会计信息质量之间的关系进行验证。基准回归结果（表5-3）显示，在模型中是否加入控制变量，数字化转型系数均在1%水平上显著为正。其中，列（2）数字化转型系数为-0.001 3，说明数字化转型提升1%，企业可操控应计利润降低0.001 3%，企业会计信息质量提升0.001 3%。总之，企业进行数字化转型对企业会计信息质量水平提高有显著推动作用。

表5-3 基准回归结果

变量	（1）DA	（2）DA
DT	-0.002 8*** (-5.056)	-0.001 3*** (-2.621)
Size	—	-0.005 1*** (-9.372)
Age	—	-0.001 7*** (-2.802)
Growth	—	0.029 9*** (16.465)
Leverage	—	0.015 0*** (4.572)
ROA	—	-0.232 3*** (-17.980)
Index	—	0.018 4** (2.256)
Hold	—	0.004 3** (1.966)

续表

变量	（1）DA	（2）DA
Opinion	—	−0.022 6***
		(−7.554)
_cons	0.064 1***	0.180 6***
	(7.008)	(13.179)
年份、行业	YES	YES
N	29 757	29 757
R^2	0.123 8	0.192 7

注：* $p<0.1$，** $p<0.05$，*** $p<0.01$

5.4.3 数字化转型提升会计信息质量的政策启示

本章以 2012—2022 年中国 A 股上市公司为研究样本，综合考虑会计信息质量的要求，实证检验企业数字化转型对会计信息质量的影响。研究结论如下：①上市公司数字化转型程度之间存在较大差异，并且企业业务层面的数字化转型程度远远高于管理层面的数字化转型程度；②企业进行数字化转型有利于提高会计信息质量，这一结论通过实证检验之后成立。上述结论还具有如下政策启示。

1. 政府层面

（1）政府部门要加快推进地区数字经济均衡发展，加大对中小企业数字化的政策扶持。据调查，上市公司间数字化转型发展的水平差异较大，严酷的经济形势倒逼企业加快数字化发展。在当前数字经济时代和共同富裕的制度背景下，政府应该充分意识到企业数字化转型的重要性，以产业大脑为数字化转型赋能，以产业链、供应链带动经济提升，将支持企业数字化改造作为企业培育的重要工作内容，进一步加快欠发达地区数字政府、数字乡村等重大工程建设，继续创新数字政府新模式，不断深化融合国内国际双循环，构建全方位开放发展新格局。

（2）引导企业推动数字化建设，发挥企业数字化转型对会计信息质量的积极作用。数字化建设是一个长期的过程，目前所收集的信息尚未全面，政府应该继续强化和完善我国企业信息征信系统的持续建设，将企业数字化融入监管之中，保护利益相关者的合法权益，有利于加强外部市场对企业的监督作用，抑制管理层盈余管理行为，降低可操控应计利润，提高企业会计信息质量。此外，技术作为创新的手段支撑，政府应出台一些优惠政策或提供一些补助（如税收减免、贷款利率补贴等），支持、鼓励新兴技术企业的发展。

（3）加大数字化人才培养力度。企业数字化转型的过程中需要源源不断地吸纳不同岗位上的适配人才，需要大量高科技人员不断进行产品的试验与研发，完善产品的应用，提高产品与市场适配率。政府引进与培养数字化人才，一方面有助于解决人才供需不均导致的内卷问题；另一方面促进科技的发展，进而促进企业数字化的发展。

2. 企业层面

（1）企业应该积极响应政府政策，构建或借助现有动态的数字化信息分享平台。信息对称性是影响会计信息质量的重要因素，企业应该充分掌握信息这一关键要素，积极构建数字化信息分享平台，从信息可得性入手进行数字化转型。在与外界信息交流、互通中，借助一些技术手段，如构建财务共享服务中心等信息平台，融合业务与财务，提升自身企业信息关联质量，为企业管理层提供更为精准、范围更深更广的数据信息。

（2）主动推进企业数字化转型、提高会计信息质量。企业在利用数字化浪潮发展机遇的同时，也应该关注到数字化发展为企业带来的风险。数字化建设是一个需要许多投入的、耗时较长的过程，有些资金不太充足的企业可能难以承担长期发展企业数字化的支出。企业应该加强其内部控制，努力解决企业在数字化发展中的难题，避免资金短缺的问题而导致的管理层操纵盈余的行为，提高企业会计信息质量，为管理层决策与利益相关者提供有价值信息。

（3）重视人才的引进和对员工的培养工作。企业进行数字化转型降低了对低端劳动力的需求，增加了企业研发创新、营销管理与系统集成等方面的高端人才需求。短期来看，企业可以设立薪酬激励机制引进外部数字化的高端人才；从长期发展来看，企业可以开设内部人才数字化培训课程，熟练操作与应用数字化平台，提高企业整体数字化水平。此外，企业还应该加强对员工的培训，使每个员工都能掌握数字化平台的基本操作。总之，数字化运营将深入企业的方方面面。

第六章
信息通信技术(ICT)与会计业务控制行为变革

在行为链条上,新技术支撑会计在反映客观事物的基础上,根据执行反馈和新需求重复认知行为过程,实现与业务过程的交互耦合,使得会计对业务过程的控制更为快速、精确,将周期性的反馈过程逐步提速至实时互动。

6.1 云计算与会计管理成本变革

云计算与云会计联系紧密,云计算是云会计的重要一环,能使软件信息处理效率大大提升,节约大量计算成本。云会计的应用有助于推进企业会计管理信息系统的发展,以及推进企业财务处理由传统会计方法向云会计的变革。通常,云计算的服务类型分为三类,即基础设施即服务、平台即服务和软件即服务,各项服务功能不同,从多方面、多层次地为数据提供后台保障。云计算是建立在先进互联网技术基础之上的,其实现形式多种多样,如网络服务、平台服务、互联网整合、商业服务平台等。随着云计算技术日渐成熟,我国许多传统会计软件商都与云会计系统融合并推出相应产品,会计管理信息系统的发展前景一片光明。

云会计的主要特点是提供可用、便捷、按需的网络访问进入可配置的计算资源(资源包括网络、服务器、存储、应用软件、服务)共享池,公司可直接通过互联网应用程序访问网站。公有云和私有云将数据布署到服务器与远程终端,联网即可获取,改变财务数据的生成、存储、获取和使用模式。云会计在采集并预处理公司基础数据后,按一定业务结构逻辑归类于数据仓库中实施处理和分析程序,结合大数据的挖掘功能和数据处理方法,将财务数据和分析需求高度匹配，再转变为用户公司所需的会计信息存储到云端数据库中，满足公司日常会计业务的实务管理需求，并根据管理者决策偏好和特点，在最短时间内作出有效决策，快速回应客户单位需求。

云计算与会计管理成本变革之间存在着紧密联系。首先，云计算可以大幅度降低企业的 IT 成本。传统的会计管理系统需要企业自行购买和维护大量的硬件设备和软件系统，而云计算则可以通过租赁的方式，让企业只需支付少量的费用就可以获得高性能的计算和存储资源。其次，云计算可以提高会计管理效率。传统的会计管理系统需要人工处理大量的数据和报表，而云计算则可以通过自动化和智能化的方式，实现数据的自动采集、处理和分析，大大提高会计管理的效率。最后，云计算可以促进会计管理创新。随着云计算技术的不断发展，会计管理的范围和功能也在不断扩大。企业可以利用云计算技术，开展更多的财务管理创新实践，如智能财务、财务共享、业财一体化等，进一步提高企业的财务管理水平和竞争力。综上所述，云计算技术的应用可以大幅度降低企业的 IT 成本、提高会计管理效率、促进会计管理创新，从而为企业创造更大的价值。

6.1.1　云计算背景下企业财务共享平台的构建

企业财务共享平台是一种新的财务管理方式，通过对集团企业易于标准化的运作业务进行集成，并对其进行流程重构，从而提升工作效率和控制水平，是一种被集团企业所普遍重视并加以应用的一种新的管理方式。2013 年 12 月，财政部发布的《企业会计信息化工作规范》中指出："分公司、子公司数量多、分布广的大型企业、集团企业应当探索利用信息技术促进会计工作的集中，逐步建立财务共享服务中心。"经过十几年的发展，我国的金融共享服务已经从最初的降低成本、提高团队控制水平，逐步向外部提供共享财务服务。从政府层面和企业层面来看，共享财务服务中心是新时期企业财务转型的一种必然趋势。

在经济全球化以及大数据、智能化、移动互联网、云计算等信息技术不断发展的今天，财务共享服务中心已经朝着财务共享云、智能化和数据中心的方向发展。财务共享服务中心是集团内部一个独立运作的组织，它的绩效管理是实现财务共享服务的一个重要因素,它与集团企业的战略目标和价值追求相一致,有助于企业流程不断地进行优化和改善,同时也与财务共享服务中心的运行有着密切的联系。在新时期,如何构建一种科学、合理的业绩考核指标,对于已经成立了财务共享服务中心的集团企业来说,就变得非常重要。

新时期的财务共享模式,利用云计算技术,极大地增强了财务共享服务中心的数据存储和计算能力,并保证了数据的安全,从而为整合集团企业的财务资源、重组财务管理流程、提高财务业务处理效率提供了极大的帮助。云计算环境下的企业财务共享平台的构建应从以下几个层面进行:

(1)平台架构设计。首先,需要一种基于云技术的金融分享平台体系结构。该系统由云计算和客户端组成,可以支持多种类型的、高价值的、高速的金融数据处理。在此基础上,还应考虑到安全、稳定、可扩充性,以保证平台的稳定性和可伸缩性。

基于云计算建立的财务共享服务中心,从技术层面上可分为云端和客户端两个部分,每个部分由不同的层次组成,具体如图 6-1 所示。

云计算服务器由下而上分为四个层级:①网络服务层,提供基本的网络服务,如网址、网络存储、邮件等;②数据管理层,将元数据、基础数据、业务数据、决策数据等进行归类和存储,为应用层更深入地挖掘数据价值奠定基础;③应用支撑层,对财务共享服务中心的安全保障和网络维护进行技术

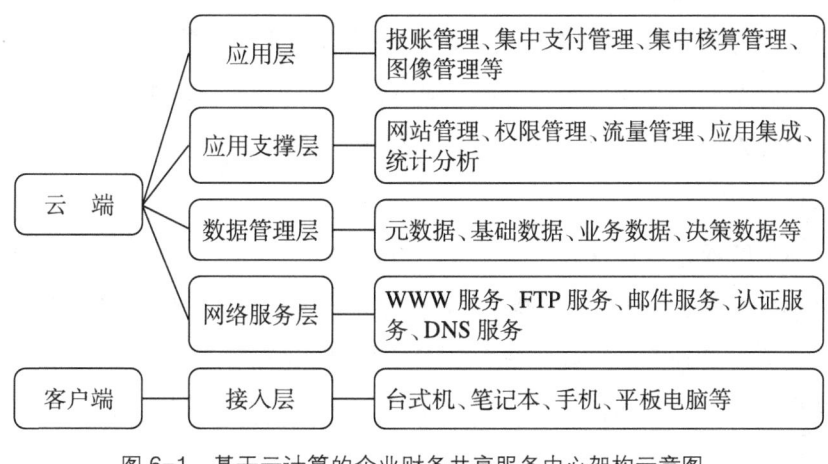

图 6-1　基于云计算的企业财务共享服务中心架构示意图

支持；④应用层，为财务共享服务中心的各功能模块提供服务，如报账管理、资金管理、图像管理等。

客户端的体系结构比较简单，只需对访问层和应用程序进行思考，使用不同的终端设备访问网络，并将其接入财务共享服务中心云计算服务器中，使其能够按照自身的要求发布命令，再从云端接收服务并完成业务处理和数据分析，用户只要提交一个服务要求，财务共享服务中心就能通过客户端为其提供高效、方便的服务。

（2）数据迁移和整合。实现了对传统金融数据的移植和集成。数据迁移和整合是对企业各种财务数据、业务过程及信息系统的整合，达到数据共享与协作的目的。在迁移的同时，要保证数据的完整与准确，防止数据的遗失或出错。

（3）云服务选择和管理。选择适当的云计算供应商，并对其进行管理。云计算供应商必须具备高品质的、高安全性的运算与储存资源，并提供优质的售后服务。因此，在云计算环境下，必须建立一个合理的资源管理机制，以保证资源的合理使用，并能有效地进行成本控制。

（4）安全性保障。在建立金融共享平台的过程中，必须对安全问题给予特别关注。研究内容主要是对数据的保密性、完整性和可用性进行保障，防止数据泄露、篡改和丢失，并通过数据加密、访问控制、安全审计等技术手段来保证平台的安全。

（5）业务流程优化。在此基础上，充分发挥云平台的优势，实现企业财务管理过程的优化，包括实现对数据的自动化、智能化的处理与分析，从而提升企业的经营效率与品质。同时，借助云计算技术中的可视化技术，辅助企业对金融数据进行深入了解与分析，从而为企业的决策提供强有力的支撑。

综上所述，云计算背景下企业财务共享平台的构建需要从平台架构设计、数据迁移和整合、云服务选择和管理、安全性保障以及业务流程优化方面入手，确保平台的稳定运行和高效运营。同时，需要不断关注新技术和新应用的发展，及时升级和优化平台，以适应不断变化的业务需求和市场环境。

6.1.2　云计算对会计管理成本的影响

为了取得良好的经营效益，必须对企业的财务费用进行有效的控制，才能使企业的收益最大化。云计算作为一种新兴的信息技术，其在企业中的应用能够有效降低企业的财务费用，提高企业的财务管理水平。云计算技术的运用，可以方便企业进行会计管理工作，使其能够按照现实状况，对现行的会计核算程序进行优化与调整，构建一种科学、合理的会计处理程序。在企业的经营活动中，企业应根据企业经营活动的特点，以及经营活动的性质，制定相应的会计制度。同时，在具体的会计处理过程中，应当对资产、负债作出最佳的界定。另外，会计部门还要按照企业的实际发生情况，明确项目的费用、内容和标准，并在相应的账目上进行详细的记录。通过这种方法，既能对企业的各种费用进行分析、管理，又能使企业的各项开支的合理性得到充分的体现。在实际的业务操作过程中，会计部门也要区分和汇总各种财务数据，并根据一定的标准对汇总后的财务数据进行分类和整理，达到会计信息的共享。

将云计算技术运用到财会工作中，使财会人员借助大数据分析企业的财务状况。因此，做好财务分析工作，有利于会计管理者更好地掌握公司经营状况。同时，它也可以给企业的财务主管部门提供决策支持，从而使企业作出更好的管理决策。在进行财务分析工作时，要注意两个问题：第一，在核算某些无形资产时，若它的价格超过了公司的可接受程度，则应适当降低它的价值；第二，在分析企业的收益时，若收益比预计的要低，则应相应减少收益。此外，企业的财务管理也要根据云计算的开发与应用，制订一套科学、合理的财务分析计划。

随着云计算技术的发展，越来越多的企业将云计算技术应用到会计管理中，并且取得了良好的效果。云计算不仅为企业提供更加优质的会计信息服务，还有效地降低企业的会计管理成本。但是，云计算技术在使用过程中也会遇到一些问题，这就需要企业在充分利用云计算技术的同时，也要采取有效措施解决这些问题，避免企业会计管理成本的增加。

6.2 物联网技术与会计时效性变革

物联网是通信网和互联网的拓展、应用及延伸,即通过网络传输互联、边缘计算处理和挖掘知识,推动人、机、物信息交互和无缝衔接。基于物联网会计信息系统,通过射频识别技术和内置电子芯片,可以贯穿从原材料采购至产品、产成品入库、销售等业务全流程,完整记录企业生产经营活动,并利用云计算、模糊识别等技术对其进行智能化控制。

随着科技的迅速发展,物联网技术已经深入影响了许多行业的运营模式,会计行业也不例外。物联网技术对会计时效性的变革产生了深远影响,改变了传统会计的工作方式,大大提高了其工作效率和准确性。物联网技术与会计时效性变革的关系,主要从数据获取与处理、实时监控与审计、自动化与智能化、风险管理、决策支持和库存管理方面展开论述。

(1)数据获取与处理。物联网技术的应用使得企业可以实时获取各类数据,包括财务数据和非财务数据,极大地丰富了会计的数据源。通过物联网技术,企业可以远程、自动地收集和传输数据,避免了传统数据采集方式的局限性和滞后性。同时,物联网技术使得数据处理和分析更加高效,为会计时效性的提高奠定了基础。

(2)实时监控与审计。物联网技术可以实现实时的数据监控和审计,改变了传统的事后审计模式。通过物联网技术,企业可以实时监控各项经济活动,及时发现和解决潜在问题,提高审计的准确性和效率。此外,物联网技术帮助企业实现持续审计,进一步提高会计的时效性。

(3)自动化与智能化。物联网技术通过自动化和智能化手段,减少了人工干预,提高了会计工作的准确性和效率。例如,通过物联网技术,企业可以实现自动化的凭证录入、账务处理和报表生成等,极大地减轻了会计人员的工作负担。此外,物联网技术通过大数据分析和机器学习等技术,实现智能化决策支持,为企业提供更加科学和准确的财务分析。

(4)风险管理。物联网技术可以帮助企业更好地识别和应对风险,提高风险管理水平。通过实时监控和数据获取,企业可以及时发现潜在的风险点,并采取有效的应对措施。此外，物联网技术还可以帮助企业建立风险预警系统，提高风险防范能力。

（5）决策支持。物联网技术可以为企业的决策提供更加科学和全面的支持。通过实时数据获取和分析，企业可以更加准确地了解自身的经营状况和市场环境，为决策提供更加可靠的依据。同时，物联网技术还可以帮助企业实现智能决策支持。通过大数据分析和机器学习等技术，为企业提供更加科学和准确的决策建议。

（6）库存管理。物联网技术在库存管理方面具有显著优势。通过实时监控和数据获取，企业可以实时了解库存情况，实现精准的库存控制。此外，物联网技术还可以帮助企业实现智能化的库存预警和补货提醒，进一步提高库存管理的效率和准确性。同时，物联网技术还可以通过与销售和生产等环节的联动，实现智能化的库存调配和优化，为企业创造更大的价值。

综上所述，物联网技术对会计时效性变革产生了深远影响。通过数据获取与处理、实时监控与审计、自动化与智能化、风险管理、决策支持和库存管理方面的应用，物联网技术可以帮助企业提高会计工作的效率、准确性和时效性。随着物联网技术的进一步发展，其在会计领域的应用将更加广泛和深入，为企业的财务管理带来更大的变革和发展机遇。

6.2.1 物联网环境下企业业财融合的构建

将物联网技术运用于企业业务与金融领域，不但可以提高数据的采集与处理效率，而且可以为企业提供更丰富的数据源与分析工具，帮助企业更好地了解自身的经营与财政状况。通过对物联网技术的深入研究，可以帮助企业更好地了解自身的经营情况、财务情况，进而作出正确的策略与决策。例如，利用物联网技术对生产线的运行状态进行实时监测，及时发现问题，作出相应的调整，以提高生产效率、改善产品品质。同时，物联网技术的运用，有助于企业对供应链进行有效管理，增强其透明性与可溯性。另外，利用物联网技术，企业能够对原料的物流、仓储情况进行实时监测，并对出现的问题做出相应的调整，提升供应链的稳定与可靠度。总之，将物联网技术引入企业业务与金融领域，在提升企业经营与财务管理效率的同时，也为企业提供了更加丰富的数据源与分析工具,让企业对自身的经营与财政情况有一个更加清晰的认识,以便更好地作出决策。

在分析"互联网+"时代对业财融合信息新要求的基础上,将"互联网+"时代特点与业财融合会计管理相结合,以海量数据为载体,以强大的信息系统为支撑,从基础和层级两个方面构建业财融合管理会计新框架。

1. 构建业财融合管理会计框架的基础

(1) 在信息化背景下,企业拥有大量的商业数据,但其中很大一部分未被充分利用,所以,建立一个新型的业财融合管理会计体系,对于发掘企业的信息价值是非常有必要的。海量的数据资产是建立新型业财融合管理会计体系的先决条件,企业必须拥有大量的数据,才能实现对信息的精细化管理,从而为企业的发展提供更加精确的信息支撑。一方面,大中型企业通常都有着巨大的客户群,企业能够对客户的产品评价、客户的地理位置、客户需要等方面进行搜集,从而生成海量的商业数据,进而为制订营销计划提供许多参考;另一方面,企业还能利用多种硬件资源,如基站和销售网络等,来获得所需的信息,包括客户信息、需求量和各种反馈信息,从而为公司的产品发布提供必要的参考。企业需要从不同的渠道、不同的硬件设施中获得大量的信息,才能建立一套有效的业财融合模式,从而引导企业制订适应其发展的市场营销策略。

(2) 一个良好的软件系统,不仅可以适应复杂的数据处理需求,还可以促进商业和财务的一体化。例如,通信企业能够利用它的管理体系来收集经营成本、销售成本、消费构成和顾客特性等方面的资料,并将它们和财务信息进行连接,从而为处理复杂的信息提供强有力的支撑;网络游戏开发商可以通过它的收费系统,将收入、费用、计费等信息实时地与财务信息进行连接,从而实现商业和财务的深度融合。同时,企业还可以将其与大数据系统进行连接,构建商业数据和财务数据的共享平台,促使会计朝着业财融合的方向发展,从而推动业财融合的软件基础建设。

(3) 随着互联网时代的到来,我国越来越重视对管理会计人才的培养,并采取了各种举措来推进"双师合一"。业财融合不仅要求会计人员具有扎实的业务知识,还必须具有一定的企业经营知识,在考核、控制、预测等各方面都要加强。当前,大多数企业对管理会计人才的需求较大,所以,在加强管理会计基础知识的同时,更应加强对员工网络技术的培训。在这样的背景下,建立一个完整的业财融合管理会计体系,不仅要有良好的软件体系,还要有大量的数据支撑,更要有高质量的人才作为支撑。一方面,高质量的人才能够将企业的专业知识和财务知识更好地结合,使金融分享功能得以充分地发挥,从而提升公司的价值;另一方面,高质量的人才可以适应网络时代的需要,不断创新新型的业财融合模式,使会计功能得到最大限度地发挥。

2. 构建业财融合管理会计框架的层级

在明确业财融合管理会计基础的前提下,进一步对其包含的层级进行分析。从业财融合管理会计三层平台框架(图6-2)来看,平台层主要通过各类系统进行数据采集;数据层主要对采集数据进行存储和加工,包括各类信息和业财融合数据库;应用层则主要包括营销方案、投资方案及增资方案。

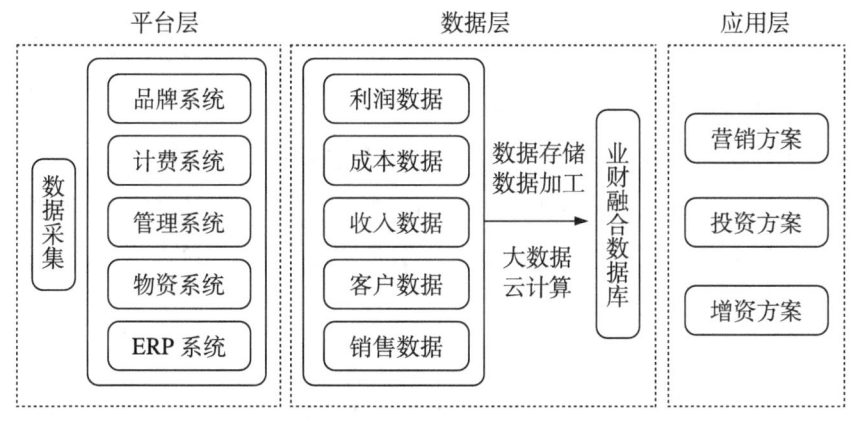

图6-2 业财融合管理会计三层平台框架

(1)平台层主要通过 EPR、物资、管理、计费、品牌等生产管理系统收集数据。ERP 是一套适用于整个企业的高度综合管理体系,涵盖了客户管理、工程管理、库存管理、采购、供应、生产等各个方面;品牌系统的数据以非财务数据为主;计费系统采集的资料主要是财务上的结构性资料;管理和物资系统的各类信息非常复杂。平台层是整个系统运行的基础,它收集到的信息越详细,对数据层和应用层的积极影响就越大,同时可以减少后期的处理和存储难度。因此,平台层需要不断完善数据获取系统,尽量以清单为度量单位，并通过数据连接，进一步提高信息采集的质量。

（2）数据层是对平台层收集到的数据，如利润数据、销售数据、成本数据、客户数据等，加以处理与存储；数据储存是指将上述的资料经由特定的软体系统储存于硬体装置中的过程，所以这一步必须要有软体系统与硬体系统的配合；数据处理是由专门的人来完成的，因此这一步的工作质量与员工的技术水准有着直接的关系。同时，利用大数据、云计算等技术对数据进行处理，构建金融共享中心，并将其存储于业财融合数据库，便于用户查询。业财融合数据库包含了市场营销、收入、支出、利润和财务信息等多个信息系统。通过对已处理过的信息进行分类存储，得出业财融合数据库具有较丰富的分类，进而为企业管理者提供更准确的决策依据。

（3）从应用层运作流程（图6-3）来看，营销方案是应用层最重要的一环，是通过对客户分析、地区分布和行业特点等进行全面分析而形成的，与公司的生存、发展和盈利能力密切相关。企业利用业财融合系统，包括全面预测、营运资本、筹资投资和业绩评价等，对精细的数据进行全面分析，并针对不同的消费人群特征，制订出准确的营销方案。在此基础上，通过对各个业务层次的需求进行分析，并将其与业财融合系统相结合，制订出一套科学的投资计划。此外，在制订企业增资计划时，还必须有精细化的数据支撑，以及业财融合体系的支撑。总之，应用层是管理会计应用的结果。企业根据

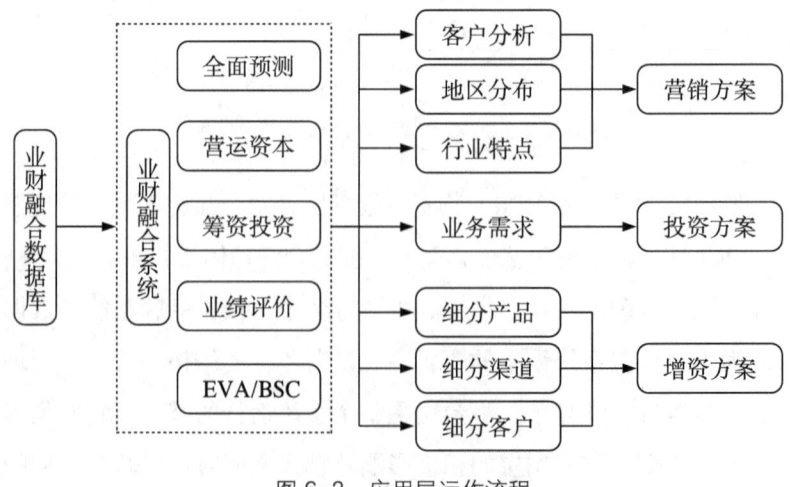

图6-3 应用层运作流程

不同的业务特征，结合业务和财务，建立一个核算系统，使其能够更加科学、有效地制订出营销计划、投资计划和增资计划。

随着物联网的兴起，企业的业财融合面临着诸多挑战和机遇。首先，企业将面临着海量的多源异构的物联网终端数据流。异质性导致数据收集、集成与分析的复杂性，给企业的业财融合提出了较高的技术需求。随着物联网技术的发展，信息的安全性成为企业信息化建设中一个不容忽视的课题。随着物联网终端数量的不断增多，企业面临着网络攻击、数据泄露等问题。为了保证企业的财务信息安全，需要在业财融合的进程中采取先进的密码和权限控制方法来增强其安全性。另外，如何协调和优化企业内部的业务过程也是一个值得注意的问题。在物联网背景下，企业与企业之间存在着多个部门、多个地理位置的数据及业务过程。如何对其进行有效集成与优化，提升企业运作效率与反应能力，是目前企业面临的一个重要课题。

通过对物联网环境下企业业财融合的探讨，不难看出，物联网技术为企业带来了前所未有的机遇和挑战。在这一背景下，企业需要加强业务与财务的协同创新，不断优化管理模式，应对挑战并找到解决方案。构建物联网数据驱动的企业业务和财务一体化模型是未来的发展趋势，将为企业带来更高效的运营和管理模式。因此，应该认识到物联网与企业业财融合的重要性，积极应对挑战，推动企业向着更加智能化、数字化的方向迈进。

6.2.2　物联网对会计时效性的影响

随着科技的飞速发展，物联网正在逐渐改变人们的生活和工作方式。特别是在会计领域，物联网的应用对会计时效性产生了深远的影响。

（1）会计确认。物联网技术的应用，将对传统会计核算中的各种信息进行识别和分析，从海量数据中提取有用的信息。例如，在物联网技术应用之前，人们无法识别数据中隐藏的信息，即使有人为干预也无法正确地计算其价值。在物联网技术应用后，这种情况将大大改善。只要对数据进行识别和分析，就可以自动识别数据中隐藏的信息，这种识别和分析将为财务管理提供更准确和有用的信息。

（2）会计计量。随着物联网技术的发展，会计计量模式也会发生变化，物联网技术的资产确认与计量方法将更加可靠。随着物联网技术的应用和发展，资产将越来越多地采用实物量来确认其价值，并在此基础上结合现金流量等具体信息来确定某一时点上的资产价值，这种变化使会计计量更加可靠、客观和经济。

（3）会计记录方式。随着科技的发展，出现了电子账簿、会计电算化等新的会计记录方式。电子账簿是以计算机技术为基础，利用各种信息处理设备和网络来储存企业经济活动的各种会计数据。电子账簿包括总账、明细账、日记账和其他辅助账簿，既可单独设置，也可合并设置。会计电算化是以计算机技术为基础，通过网络实现企业各部门之间的数据交换和共享，实现会计核算工作的自动化和标准化，提高工作效率和质量，促进企业管理现代化的一项重要技术措施。

（4）财务管理效率。会计工作是企业发展的重要组成部分。如何将物联网技术与传统会计技术相结合，实现会计的实时性，从而提高财务管理效率是目前研究的重点。当前，物联网技术已经逐渐被应用到财务管理中，未来它将进一步提高企业的财务管理效率和管理水平。所以，我们可以充分利用物联网技术来提高企业的财务管理效率和管理水平。

（5）会计电算化系统。物联网技术可以有效地整合企业内部资源，打破企业各部门之间的界限，实现数据共享。利用物联网技术，可以实时采集、传输和分析企业运营数据，实现企业内部各部门之间的信息共享。同时，将企业内部各部门和外部市场相结合，从而增强企业在市场中的竞争能力。通过物联网技术实现物流、资金流、信息流、商流、业务流的整合和互联互通，促进整个企业资源的优化配置。

（6）会计信息系统安全。在物联网时代，数据在网络中流动，数据安全和隐私保护问题也就变得更加重要。物联网可以保护个人和组织免受有害数据的侵害，也可以帮助用户快速识别恶意网络活动，从而保护个人数据。物联网时代的会计信息安全风险主要表现为网络黑客攻击、数据泄露、网络病毒等问题。由于物联网设备通常是通过无线连接到互联网上的，如果这些设备受到恶意攻击，其会计信息可能会被窃取。为了确保会计信息的安全，我们需要采用更加安全的技术和措施来防止网络黑客攻击。

综上所述，物联网技术对会计时效性产生了深远的影响，让会计人员能够实时获取、分析和监控数据，从而提高决策效率和运营效率。同时，物联网也为会计人员提供更多的协作工具，从而提高团队协作的效率。然而，我们也应看到物联网技术带来的挑战和问题，如数据的安全性和准确性问题，以及如何适应不断变化的法规和标准等。未来，我们期待更多的技术创新能进一步推动会计行业的发展，进而提升会计工作的效率和质量。

6.3 人工智能技术与会计决策支持变革

人工智能在财务领域的应用是通过统计模型和算法对规则进行特定学习，从而使财务管理更加便捷，为企业管理决策提供支持。使用者对结果进行分析判断后，将决策主张以人机交互的方式输入系统中，系统将根据人工智能推理技术，结合数据库、知识库、模型库得出决策支持所需的多维度信息，真正实现企业财务分析与管理决策支持的智能化。随着人工智能技术的不断发展，其在会计决策支持方面的应用也越来越广泛，对会计决策支持的变革也产生了深远的影响。

（1）人工智能技术通过数据分析和模型预测等技术手段，为企业提供更加准确的决策支持。传统的会计决策往往依赖于人工分析和判断，但由于数据量庞大、信息复杂，人工分析往往难以全面、准确地把握情况，而人工智能技术通过机器学习、深度学习等技术手段，对海量的数据进行自动分析、挖掘和预测，提供更加客观、准确的决策支持。

（2）人工智能技术可以辅助会计人员进行风险评估和预测。会计决策往往涉及企业的风险控制和预测，而人工智能技术可以通过数据分析和模型预测，帮助企业及时发现潜在的风险和问题，并提供相应的解决方案。这不仅可以提高会计决策的准确性，还可以帮助企业更好地应对市场变化和竞争挑战。

（3）人工智能技术还可以实现自动化和智能化的会计流程处理。通过自动化报销、自动化核算、智能分析等应用，人工智能技术可以大大提高会计处理的效率和质量，减少人工参与和干预，从而使会计人员更加专注于分析和决策等高级工作。

综上所述，人工智能技术对会计决策支持变革产生了深远的影响。通过数据分析和模型预测等技术手段，人工智能技术为企业提供更加准确、及时的决策支持，并辅助会计人员进行风险评估和预测，实现自动化和智能化的会计流程处理。这些变革可以帮助企业更好地应对市场变化和竞争挑战，从而提高企业的财务管理水平。

6.3.1　人工智能视域下企业智能财务的体系构建

在人工智能技术快速发展的今天，为了提高财务管理的效率与品质，许多企业开始在财务管理中引入人工智能。在人工智能的视野中，如何建立智能化的金融体制，使其达到智能化、自动化和高效率的目标，是一个值得研究的课题。在人工智能时代，企业的财务管理对企业的管理提出了更高的要求。

企业智能财务的体系构建如图 6-4 所示，基于智能财务信息技术，将业财一体化的智能财务互联平台中的信息输入智能财务核算平台、智能财务管理平台、智能财务战略平台中。平台对数据进行处理之后，将机器的计算结果与人类财务专家的价值判断进行有机的整合，并对业财管理融合的财务报告信息进行多维的输出，让企业管理者和报表用户能够更好地进行决策。

（1）智能财务需要借助智能信息技术与财务专家进行人机协作，所以位于底层的智能识别系统、数据仓库和数据挖掘系统、云计算系统、区块链系统，以及智能引擎系统是必不可少的。

智能识别系统采用 OCR 图像识别、手持式移动终端和智能语音等多种信息技术，实现对企业数据的智能采集和识别；数据仓库与数据挖掘系统就是将数据资源进行整合、整理、归纳，以便对其进行大数据挖掘与分析；云计算系统是一种基于云计算的银行结算、企业信息实时分享等技术，以实现对大量数据的计算与规则的支撑；区块链系统为企业生产、销售的各环节建立了分布式账本，为业财一体化提供了技术支撑；智能引擎系统会针对不同的业务，设置规则（如会计引擎、流程引擎等），进行实时自动的逻辑处理，以适应在应用层中进行的各类智能化金融处理需求。

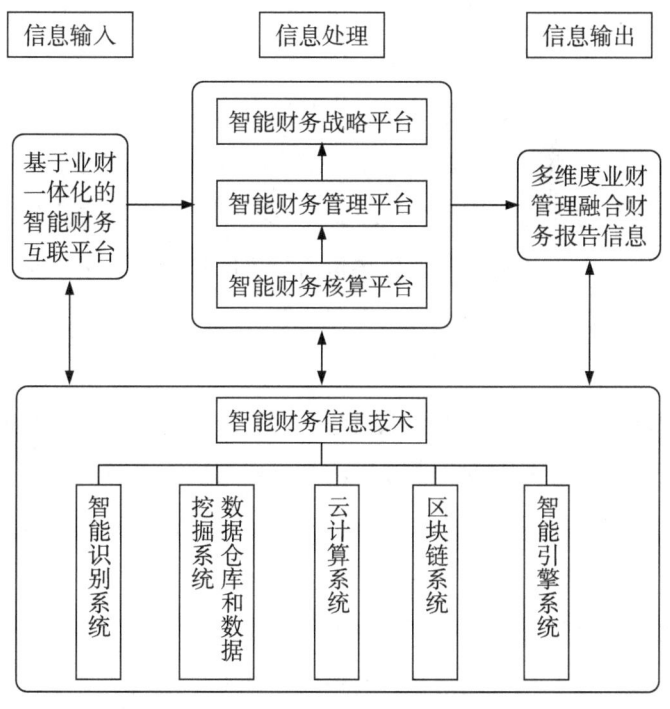

图 6-4　企业智能财务的体系构建

（2）智能财务互联平台是将财务管理向业务前端延伸，参与到前置化的费用管控中，它是智能财务体系中的前台服务中心。如图 6-5 所示，智能财务互联平台一方面将外部的供应商、工厂、分销商、客户、零售商、工商税纳入其中；另一方面，将企业内部各部门、总分公司的资源进行归集和配置，在外部数据与内部数据间建立起一个平台，让数据相互连接，对业务数据进

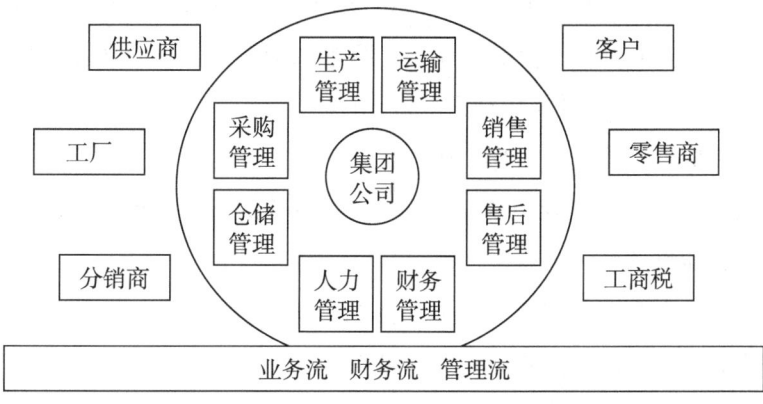

图 6-5　智能财务互联平台

行直接的采集与处理。智能财务互联平台端到端的连通,让企业在交易过程中将业务流、财务流和管理流融为一体,三个环节是同步进行的,从而极大地提升了工作效率。例如,公司可以在智能财务互联平台上提供差旅、办公用品、大宗采购等服务。当员工有出差需求时,在提交一份申请书之后,系统就会挑选出最适合的酒店和交通方式,在得到上级的批准之后,系统会自动将费用计算出来,省去了员工先垫付后报销的过程。在大批量采购时,买家可以在系统中提交自己的申请,而不需要经过一系列的申报,就会自动筛选出合作伙伴的价格。

(3)智能财务核算平台以智能财务互联平台为基础,通过智能化的记账规则,识别前台的业务数据,自动转移到后台形成财务核算数据,实现财务核算智能化,释放财务生产力从核算会计到管理会计和战略会计,它是相对早期的智能财务系统。

智能化财务核算平台,可以有效地将企业经营过程中的业务流程、会计核算过程和管理过程有机地结合,并在此基础上,构建一个业财合一的信息处理中心,对原有的财务流程进行重新设计,使数据共享的价值最大化。智能财务核算平台主要包含基于数据库技术的会计核算系统,以及基于人工智能技术的推断系统。前者适合会计准则下的固定会计模型,而后者适合个体化的要求。这一平台对财务人员的思维处理过程进行精细分解,通过人工智能技术将其转化成机器的规则,让机器取代人的思维,从而达到核算过程的完全智能化。例如,在项目分配时,使用规则引擎生成文件管理规则,并将会计人员的操作规则以电脑语言告知,然后在员工提交后,系统会给出相应的提示。如此,智能化财务核算平台,极大地降低了低值的保账、审核、结算等环节,实现了人力资源的最大化利用。

(4)智能财务管理平台作为中后台处理中心,以智能财务核算平台为基础,从处理交易活动逐渐演变成处理更多高价值的管理会计活动,它是发展至中期的智能财务系统。

智能财务管理平台充分发挥人工智能和大数据的优势,可以最大限度挖掘出符合企业需要的数据信息,为企业管理人员的决策提供智能支撑。在人工智能的环境下,企业财务工作重心从核算向管理转变是必然趋势。传统的手工金融分析数据主要来自财务数据和结构化的商业数据，但因无法抽取出客户偏好、消费习惯等非结构化的商业数据和社交大数据，通常处于休眠状态。随着人工智能的不断发展，将对企业运营产生重大影响的金融、商业及社会等信息进行精确、精确的提取与计算，并进行高效利用。例如，在对下一年的经营利润进行预测的时候，会计人员只能根据已有的有限资料和自己的意识作出判断，这样可能会产生很多错误。但是，智能财务管理平台能够发挥出很强的数据核算和分析能力，除了考虑企业自身的情况外，还能兼顾行业和社会状况，对利润的判断更加准确，从而极大地减少公司的风险，提高工作效率。

（5）智能财务战略平台作为后台处理中心，在智能核算、智能管理平台的基础上，对前台、中台、中后台的数据进行清洗、筛选、整合、分析，将智能财务的核心发展至智能决策阶层。智能财务战略平台是人机协作高度融合的智能财务平台，也是智能财务发展至成熟阶段的产物。

智慧财务战略平台通过对财务小数据、业务中数据、社交大数据等进行分类、整理、加工与分析，挖掘公司有价值的信息，实现多维度的财务分析，从而帮助企业制定合理的财务管理策略。智能财务战略平台能够实现价值管理、预算管理、分析管理、决策管理、绩效管理等多种财务管理活动。例如，智能财务战略平台打破了传统的批量财务报表模式，借助计算机的精确运算能力，对前端中台数据进行多元处理，生成基于区块链技术的个性化、真实可信的智能化财务报表，为企业管理人员提供决策依据。智能财务战略平台就像一个金融专家，将自己的决定告诉电脑，让其做决定。现阶段，智能财务战略平台主要起到辅助决策的作用，最终的决策者仍然是人。不过，智慧理财的终极目标是让人工理财的专家们慢慢淡出舞台，让人工智能系统来做一切决定。

在人工智能视域下，企业智能财务体系的构建是一项重要的战略任务。通过整合财务数据、应用AI技术、优化财务流程和建立智能决策支持系统，企业可以显著提高财务管理效率和质量，并为企业管理层提供更准确、更及时的决策支持。在构建智能财务体系的过程中，企业应充分考虑技术风险、数据安全和隐私保护，以及人员培训和适应等问题，以确保智能财务体系的顺利实施。

6.3.2 人工智能对会计决策支持的影响

人工智能对会计决策支持的影响主要有以下几点：

（1）提高决策效率和准确性。人工智能技术能够处理大量的数据，并通过算法和模型对数据进行深度分析与挖掘，从而快速提供决策支持。人工智能技术自动化和智能化的处理方式，不仅提高了决策的效率，还能从大量数据中提取有价值的信息，帮助决策者识别潜在的风险和机会，减少人为错误和偏见，提高了决策的准确性。

（2）拓展决策视野。人工智能可以整合结构化数据和非结构化数据，如社交媒体、新闻报道等。这种数据整合能力使得决策者能够更全面地了解市场和企业的运营情况，从而拓展决策视野，作出更加明智的决策。

（3）预测未来趋势。人工智能结合大数据分析和机器学习技术，可以预测未来的市场趋势、客户需求和竞争对手的动向，从而帮助会计人员预测财务走势和风险，为企业提供更为准确的财务决策支持。这种预测能力使得企业能够提前调整战略和计划，抓住市场机遇，提高竞争力。

（4）自动化处理。人工智能技术可以自动化执行一些重复繁琐的会计工作（如数据录入、账务核对等），减少人为错误，提高工作效率，让会计人员能够更多地关注财务分析和决策。

（5）优化资源配置。人工智能可以根据历史数据和实时信息帮助企业分析资源的使用情况与效率，提出优化资源配置的建议，进而提高效率，降低成本。例如，通过分析销售数据和客户需求，人工智能可以预测未来的销售趋势，从而指导企业调整库存和人力资源的配置。

（6）提高决策透明度。人工智能的决策过程是基于数据和算法的，因此决策结果具有可解释性和透明度，这有助于增强决策的可信度和接受度，从而减少企业内部冲突和误解。

（7）提升员工技能。人工智能的运用需要会计人员掌握新的技能，如如何与人工智能协作、如何理解和解释人工智能的输出等，这有助于提升整个会计团队的技能水平。

随着人工智能技术的发展，会计行业将发生更多的变革。未来，人工智能不仅在基础工作中发挥重要作用，也可能在战略决策、风险评估等方面发挥关键作用。同时，随着法规的完善和公众认知的提高，我们有理由相信，人工智能将在会计行业中得到更广泛的应用，为决策者提供更强大、更有效的支持，从而为企业的可持续发展提供有力支持。

6.4　数字化转型与会计控制和监督效能提升

随着企业数字化转型进程的加速，数字化转型对会计控制和监督效能的作用逐渐显现。在数字化转型背景下，企业财会监督发生了很大的变化，传统的财务和会计监督模式已经无法满足数字化时代的需求，因此需要通过数字化技术加强财务和会计监督，提高监督的精度和效率。在数字化转型背景下，企业财会监督的变化包括数据化监督、增强前瞻性、实时监督等几个方面。数字化转型使企业可以通过大数据分析和人工智能技术对财务与会计数据进行实时监督和分析，及时发现异常数据和风险，从而提高监督的精度和效率。在数字化转型背景下，财务和会计监督可以更准确地预测未来的风险和机会，从而使企业更好地了解市场变化和竞争环境，并作出更科学的决策。此外，数字化转型使企业可以实时监督财务和会计数据，及时发现问题和异常，避免风险扩大影响企业的正常运营。数字化转型对会计控制和监督效能的主要影响如下：

（1）提高效率和准确性。数字化转型通过自动化和智能化的工具，如使用电子发票、自动化报销系统等，可以大大提高会计控制和监督的效率。同时，减少人为错误和干预，提高了数据的准确性。

（2）增强数据分析和预测能力。数字化转型使企业能够收集、整合和分析大量的数据。利用先进的数据分析工具和算法，企业可以对财务状况进行深度挖掘，预测未来的趋势和风险，从而提前采取措施进行控制和监督。

（3）实现实时监控和动态调整。数字化转型使得会计控制和监督能够实现实时监控。通过实时数据采集和分析，企业可以及时发现潜在的问题和风险，并动态调整控制措施，确保企业的运营稳定且合规。

（4）强化风险管理和内部控制。数字化转型可以帮助企业建立更加完善的风险管理和内部控制体系。通过自动化的工具和流程，企业可以更加有效地进行风险评估、内部审计和合规检查，以确保企业的财务稳健和合规性。

（5）促进跨部门协作和沟通。数字化转型使得不同部门之间的数据与信息能够实时共享和协同，促进了会计部门与其他部门之间的沟通和协作，使得会计控制和监督能够更好地融入企业的整体运营和管理中。

然而，数字化转型也带来了一些挑战。例如，数据的安全性和隐私保护、技术的选择和更新、人员的培训和转型等。在数字化转型的过程中，企业需要综合考虑各种因素，制订合适的策略和计划，以确保数字化转型能够真正提升会计控制和监督的效能。总之，数字化转型对会计控制和监督效能的提升具有重要的作用。通过充分利用数字化转型的机遇和应对相关的挑战，企业可以加强会计控制和监督，提高企业的运营效率和风险管理能力，从而为企业的可持续发展提供有力支持。

6.4.1 变量选取与数据来源

本章主要以 2012—2022 年国内 A 股上市公司为样本，对初始样本进行了如下筛选：①剔除金融行业样本；②剔除 ST、*ST、PT 的样本；③剔除缺失数据的样本；④在 1%和 99%分位数处对所有连续变量进行了缩尾处理。

（1）被解释变量。企业内部控制质量（IC）是本章的被解释变量。采用迪博（DIB）数据库披露的"内部控制指数"度量企业内部控制质量，并将内部控制指数除以 100，用 IC 表示，即 IC 等于内部控制指数/100。IC 数值越大，表示企业内部控制质量越高。

会计控制是为了保证会计信息的真实性和可靠性，防止会计工作出现失误或舞弊行为。会计控制包括建立健全的会计内部控制制度，通过制度来约束会计人员的行为，确保他们依法取得、确认和处理会计资料，以及保证会计资料处理的科学性、合理性、有效性。会计监督是指企业内部的行为主体，如财务部门或其他相关部门，按照国家有关法规、财经政策、部门规章的规定要求，对企业各项经济活动的执行情况及会计资料的真实性进行的客观公正的经济监督。总之，这两者是内部控制的重要组成部分，内部控制通过会计控制与监督，确保企业的财务活动规范、合法，以及会计信息真实、可靠，从而帮助企业实现其战略目标，提高经济效益和社会效益。

（2）解释变量。数字化转型，本章参考吴非（2021）、赵宸宇（2021）测算数字化转型指标的研究方法，利用中国 A 股上市公司财务年报中出现的与数字化转型相关的关键词词频构建数字化转型的衡量指标。

（3）控制变量。为控制其他因素对企业内部控制质量的影响，参考以往研究，本章选取了如下控制变量（Controls）：企业规模（Size）、资产负债率（Lev）、现金流水平（Cfo）、资产净利率（Roa）、上市年限（Lnage）、股权集中度（Owncon1）、是否国际"四大"审计（Big4）、独立董事比例（Independ）。最后为了尽可能减少遗漏变量的影响，同时控制时间效应（Year）与行业效应（Industry）。

6.4.2 模型设定

$$IC = \partial_0 + \partial_1 Digital + \sum Controls + \sum Year + \sum Industry + \varepsilon \quad (6-1)$$

式中，$Digital$ 为企业数字化转型程度；IC 为内部控制；$Controls$ 为本章选取的控制变量。

各变量定性描述分析如表 6-1 所示。

表 6-1　各变量定性描述分析

变量类型	符号	指标说明
被解释变量	IC	内部控制，等于迪博（DIB）数据库披露的"内部控制指数"/100
解释变量	Digital	数字化转型，等于相关词频加 1 再取自然对数
控制变量	Owncon1	股权集中度，指第一大股东持股比例
	Roa	资产净利率，等于净利润与总资产的比值
	Cfo	现金流水平，等于企业经营活动产生的现金流量净额除以总资产
	Big4	是否国际"四大"审计，当年国际"四大"审计为 1，否则为 0
	Lev	资产负债率，等于总负债与总资产比值
	Size	企业规模，等于企业总资产的自然对数
	Lnage	上市年限，等于当年减去上市年份加 1 再取自然对数

续表

变量类型	符 号	指标说明
控制变量	Independ	独立董事比例，等于独立董事人数与董事会总人数的比值
	Year	控制时间效应
	Industry	控制行业效应

6.4.3 回归结果与分析

（1）描述性分析、相关分析与共线性分析。

表 6-2 基础指标描述性分析

变量名称	样 本	平均值	标准差	最小值	中位数	最大值
IC	21 272	6.19	1.64	0.00	6.59	9.86
Digital	21 272	1.37	1.40	0.00	1.10	6.31
Owncon1	21 272	3.40	0.49	−1.24	3.43	4.50
Roa	21 272	0.03	0.07	−0.31	0.03	0.19
Cfo	21 272	0.05	0.07	−0.17	0.04	0.24
Big4	21 272	0.06	0.24	0.00	0.00	1.00
Lev	21 272	0.45	0.21	0.06	0.44	0.94
Size	21 272	22.41	1.33	19.69	22.26	26.38
Lnage	21 272	2.47	0.62	0.69	2.56	3.47
Independ	21 272	0.38	0.05	0.33	0.36	0.57

首先，对各变量的基本情况进行描述性分析。描述分析用于研究定量数据的整体情况。由表6-2可知，内部控制的最小值为0.00，最大值为9.86，标准差为1.64，说明样本中企业内部控制水平差异较大，企业管理者对内部控制的重视程度也有所不同。其中，最大值与中位数之差为3.27，表明大多数企业具有较高的内部控制水平。数字化转型的平均值为1.37，标准差为1.40，最小值为0.00，最大值为6.31，说明企业在数字化转型建设方面存在进度上的差异，并且多数企业处在数字化转型的起步阶段，数字化转型程度较低。

表 6-3　Spearman 相关分析

解释变量	IC
Digital（数字化转型）	0.027 5*

注：* $p<0.05$，** $p<0.01$。

其次，对各变量之间的相关性进行分析。相关分析用于研究量化数据之间的关系情况，即具体分析解释变量对于被解释变量之间的关系，以及关系的显著性和方向如何。利用相关分析研究 IC 和 Digital 之间的相关关系，使用 Spearman 相关系数表示相关关系的强弱情况。由表 6-3 可知，IC 和 Digital 之间的相关系数值为 0.027 5，并且呈现出 0.05 水平的显著性，因而说明 IC 和 Digital 之间有着显著的正相关关系。

表 6-4　共线性分析

变量名称	VIF	1/VIF
Size	1.760	0.569
Lev	1.660	0.602
Roa	1.350	0.740
Lnage	1.210	0.828
Cfo	1.180	0.850
Big4	1.160	0.860
Ownconl	1.100	0.908
Digital	1.050	0.951
Independ	1.010	0.991
Mean VIF		1.280

最后，通过对变量进行共线性分析（表 6-4）得知，VIF 全部小于 10（严格是 5），说明模型没有多重共线性问题，模型构建良好。

（2）面板回归分析。

本章采用线性回归模型进行回归分析，考察数字化转型对内部控制的影响，并进一步探讨数字化转型的作用机理。本章所收集的数据类型为面板数据，是不同时期跟踪给定研究对象个体样本而获得的数据集。面板数据模型分析方法是近几十年发展起来的较新的计量分析方法，在分析数字化转型与内部控制之间的关系过程中，面板数据相对于单纯的时间序列数据或者截面数据，有两个方面的优势：①数据点较多、数据信息更为全面，面板数据进一步增加了分析数据的自由度，降低解释变量之间的共线性程度，有利于提升模型估计的有效性；②降低解释变量相关遗漏变量的问题。

（3）回归结果。

表6-5 回归结果

变量	(1)	(2)
	IC	IC
Digital	0.097 3*** (7.398 8)	0.055 5*** (5.088 4)
Ownconl	/	0.098 9*** (3.522 6)
Roa	/	7.336 6*** (24.191 3)
Cfo	/	−0.225 1 (−1.166 3)
Big4	/	0.126 3** (2.234 0)
Lev	/	−0.446 5*** (−4.504 9)
Size	/	0.215 0*** (13.530 3)
Lnage	/	−0.145 7*** (−5.807 4)
Independ	/	0.389 0* (1.790 7)
_cons	6.472 9*** (57.251 9)	1.753 2*** (5.218 2)
Year	控制	控制

续表

变量	(1)	(2)
	IC	IC
Industry	控制	控制
N	21 272	21 272
adj. R^2	0.027	0.201

注：t statistics in parentheses；

* $p<0.1$, ** $p<0.05$, *** $p<0.01$。

表 6-5 为数字化转型对内部控制影响的回归结果。其中，列（1）、列（2）分别表示未加入控制变量、加入控制变量后数字化转型对企业内部控制质量影响的估计结果，两者均控制了时间效应和行业效应。回归结果显示，在未加入控制变量的估计结果中，企业数字化转型的系数为 0.097 3，在 0.01 的水平上显著；在加入控制变量后，企业数字化转型的系数为 0.055 5，在 0.01 的水平上显著，这表明数字化转型促进企业内部控制质量的提升。

6.4.4 建议

1. 政府层面的建议

完善相关政策和方针，相关部门应营造包容开放的营商环境，充分发挥市场主体作用，积极引导企业进行数字化转型。实证表明，数字化转型可以提升内部控制水平，但存在一定的滞后性。当下，企业的数字化转型水平参差不齐，很多企业尚处在转型的初级阶段，存在广阔的上升空间。政府部门在制定政策时，应当均衡考虑其配型性与可操作性，鼓励传统行业转型升级，增强企业数字化转型的信心，为创新奠定坚实基础。

给予财政支持，加大内控监管力度。实施数字化布局的企业往往面临着巨大的资金压力，这既阻碍数字化转型的进程，也增加管理层舞弊风险，形成内部控制缺陷。因此，相关部门应给予资金支持，同时加大监管力度。一方面，可以缓解企业转型时面临的资金压力，保障数字化转型的顺利推进；另一方面，也可以降低管理层凌驾于内部控制制度之上的风险，督促企业及时发现、整改其内部控制缺陷，从而维护投资者和社会公众的利益。

2. 企业层面的建议

面对信息技术的蓬勃发展和日益激烈的市场竞争，数字化转型于企业而言是大势所趋。企业应积极探索数字化转型之路，加大数字化投入，制定符合企业自身发展的数字化转型战略。首先，充分利用数字技术的优势，从传统的管理方式向数字化管理过渡，提高生产经营效率，真正让数字化转型为企业发展带来福音。其次，不断增强数字治理意识。加深微观主体对于数字化转型的认知程度，制定行之有效的政策和策略，提高企业风险评估的科学性、控制活动的有效性、内部监督的严密性、信息与沟通的流畅性和内部治理环境的合理性，让数字化转型对内部控制的改善作用发挥到最大。从企业文化理念和专业知识入手，营造良好的数字化治理环境，促进其内部控制水平的不断提高。

良好的内部控制建设有利于企业的稳定和发展。面对经济政策的不确定性，企业应当重视内部控制建设，防范风险，做到未雨绸缪。企业应通过数字化转型打破数字孤岛，提高信息使用效率和沟通效率，动态调整内部控制制度，从源头上保证内部控制有效性。同时，优化业务流程，调整组织架构，保证内部控制制度的执行和落实，以此来抵御外部市场可能存在的风险。

COSO 委员会在提出内部控制框架时强调人作为内部控制主体的重要性，企业进行数字化转型同样也离不开专业人才的助力。数字化人才是企业所拥有的独特资源，在创新中发挥着关键作用，影响企业的长期发展。相应地，发展态势良好的企业更有实力和意愿保持内部控制的有效性。因此，企业应定期对职工展开培训，储备数字化人才，以凸显数字化人才的战略地位。在实施数字化布局的同时，充分发挥数字化人才的主观能动性，为企业的长远发展奠定基础。

第七章
数据要素与会计价值管理

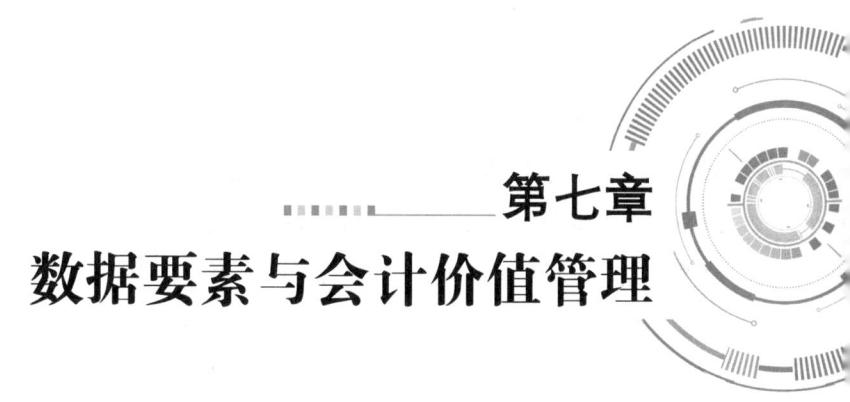

7.1 数据要素的价值属性

7.1.1 数据要素与生产要素的区别

在数字经济背景下,党的十九届四中全会决议提出"健全劳动、资本、土地、知识、技术、管理、数据等生产要素由市场评价贡献、按贡献决定报酬的机制"。随着第四次科技革命的到来,全球进入数字经济时代,数据要素逐渐成为核心生产要素,其在经济社会中的作用逐渐深化,同时该要素对于维持数字经济的有序运行具有重要作用。在以数据为基础所构建的网络空间中,虚拟与实体的有机结合使得主体之间可以进行跨时空的沟通,有助于通过创新迭代以维持供给与需求的动态匹配。

对生产要素的理解与认识是把握经济发展规律的重要切入点,随着人类文明的进步,生产要素的范围不断拓展。威廉·配第认为,"土地为财富之母,而劳动则为财富之父和能动的要素",即土地和劳动是农业文明的主要生产要素;人类社会进入工业时代后,萨伊提出"生产三要素论",将生产要素概括为劳动、资本和土地,工资、利息、地租分别是三者的价值形式;马歇尔将资本进一步分为知识和组织,并且认为可以将组织分离出来,列为一个独立的生产要素。数据要素与传统经济学中的要素不同,数据具有多维度、多层次、多形态等特点,可以从不同的角度和维度对其进行分析和利用,而传统生产要素通常具有单一性、固定性、确定性等特点,使用方式相对固定。此外，数据还具有自我增殖、自我演化、自我学习等特点，可以通过算法和人工智能等技术实现自主创新，而传统生产要素通常需要外部驱动或人为干预才能实现创新。在第四次科技革命的背景下，基于数据要素利用人工智能、物联网、云计算等技术在不同主体之间构建起互联互通的价值网络，进行跨界经营、平台布局、资源共享已然成为主流的商业模式，数据在此过程中扮演着关键角色。2019 年，经济合作与发展组织成员中有 24 个国家的数据使用量增长了 25%以上。如今，各类社会组织对实时数据的需求不断扩大，人类社会将逐步过渡到"数据与数据对话"时代。同时，数据作为新型生产要素，其价值本质、价值体现、价值分配等受到社会各界的广泛关注。

7.1.2　数据要素的价值体现

价值是经济物品和经济服务在交往中所具有的意义，即价值通过人的实践，以一定的形式体现在现实生活中。价值的大小，依存于它们用途的多少、使用必要性的大小和供应的充足程度。由于价值本质存在差异，不同物品的价值体现为不同形式，共同构成了多元化的现实世界。基于数字经济背景，数据价值的体现离不开实体经济的支持。尽管数字化给生产活动带来了极大的改变，但是虚拟网络对于价值的传递仍然需要依托线下实体场景走完最后一公里。准确地讲，数据是一剂良性催化剂，其价值体现在对传统的经济模式与社会生活进行多方面改进，涉及技术、劳动、交易等方面。

1. 技术进步

技术作为经济社会的底层支撑，已经融入人类意识和社会结构的发展与变化中，并且技术的演化为现实生活带来深层次的影响。技术是一种工具，它存在的意义在于解决具体现实的问题。技术的工具属性仅仅体现在人类从事生产活动时，一旦生产活动停止，技术也就处于弃用状态，因此技术在生产关系中处于被动地位。技术创新伴随着生产力水平的实质提升，由于这个过程受到人类主观意愿的约束，技术迭代的速度与创新成果的扩散都被限制在一定的范围内，难以实现对经济社会的广泛嵌入，从而出现了一个个"信息孤岛"。在第四次科技革命的背景下，数据要素驱动技术发生了重要转变。一方面，计算机通过数据挖掘形成机器记忆，能够在无人干预的情况下较好地完成简单劳动,从而摆脱人的能动作用的约束。基于算法模型建立的机器意识为人类社会迈向自动化、智能化奠定了认知基础。人工智能的应用在一定程度上替代了人的体力劳作,脑控型延展实践在生产活动中得到推广且开始主导技术发展的方向。基于大数据技术建立的人工智能算法模型可以对信息进行智能化搜集、挖掘、整理,更快地捕捉那些容易被忽略的事物,因而较好地匹配了人与组织对信息处理的现实需求。人从海量信息冲击之下解放出来,获取信息的质量与数量得到切实改善,认知水平也不断提高。算法模型的应用突破了创新行为的信息约束边界,计算机从"认识世界"向"理解世界"过渡,逐步建立起对事物间关系的推断能力,为资源错配的纠正提供可靠依据,也为创新行为提供支撑。另一方面,数据在"信息孤岛"之间的自由流通促进了知识的共享,加快创新成果的扩散。数字化空间的每个节点之间建立互联互通的连接,过去很多不受重视的市场变得活跃起来,机会增多也加快了创意到创新的转换,创新孤岛与单一创新的局面被打破。为了推动创新升级,组织需要尽可能地汇聚网络集群力量,整合各类有价值的创意,多方面寻求创新协作。分布式网络设计打破了中心节点对于数据流通的阻碍,以虚体呈现的创新成果便于各类组织和个人进行系统性解读。任何组织和个人可以在线获得成果相关的技术数据,之后根据特殊情景加以修正即可投入运行测试,进而不断尝试涉足更多的产业"无人区"。

2. 劳动分工

人们因生产的改变相应的调整自己的生产方式,随着生产方式(即谋生的方式)的改变,人们也会改变自己的一切社会关系。数字技术的出现,使得人类从单一、烦琐的简单劳动中解放出来,为人类转向从事抽象化、经济附加值贡献更高的复杂劳动创造了条件。数据驱动的自动化、智能化替代了人的简单劳动,并促进劳动内容的进一步细分。"劳动生产力上最大的增进,以及运用劳动时所表现的更大的熟练、技巧和判断力,似乎都是分工的结果。"每个人都基于自身的比较优势参与分工,获得必要的生活资料。人类社会发展进程中,系统动力学和技术进步加快知识碎片化趋势。技术体系日渐丰富,大多数人仅能够熟练掌握当中的一小部分知识,随之而来的直接结果便是社会分工进一步深化,以及生产活动对于分工协作的需求明显提升。"劳动分工深化是促进人类发展的一个至关重要的推动力,它一方面增强了人类掌控自然的能力,另一方面促进了财富的增加,进而推动了社会进步"。互联网促进组织之间进行横向与纵向的交流、互动,数字化协作、跨领域知识交互增多。对于组织不擅长处理的业务,均可以外包给网络中最适合的合作伙伴,将关键资源全部投向自身核心能力的深耕,构建差异化的竞争优势。在数字化的虚拟网络中,分工更加精细,规则更加透明,基于专业化技能的互动、协作也变得更加经济与普惠。计算机应用的普及开启了人机共融的组织运作模式。计算机对信息的高速处理提高了决策效率。大数据积累为计算机运算带来丰富的资源,经过大量迭代学习之后,可用性和精准性均得到显著改善。在网络空间中,信息不对称得到缓解,资源配置的范围显著扩大,任何组织与个人总是能够与最理想的合作伙伴建立连接。数据共享增进了合作伙伴的行动一致,让翔实的数据在恰当的时间以合理的方式传递给正确的主体,由此形成的商业生态在效率提升、价值共创、风险抵御、应对不确定性等方面具有更好的表现。数据的内涵具有较强的情境依赖性,当数据被放置在更大的环境中时,数据挖掘往往可以揭示出在其他条件下无法获知的新信息。维持开放的商业生态会有新的参与者不断加入,从而增进生态内部数据的多源与多维。例如,海尔于2018年4月推出全球首个衣联生态,至今已吸引来自15个行业的6 000多家合作商,聚合了6 500万个平台参与者。源源不断的新数据也将为衣联生态发展数据智能提供更多有价值的信息,从而促成供求两端的高效匹配。

3. 经济时空延伸

经济是技术在商业贸易中的表达,机械化、电气化、信息化的三次科技革新共同成就了发展多元化的现代工业企业。现代工业企业的根本原动力在于企业的组织能力。以数据为核心要素的数字化生产活动引发第四次工业革命,对产业组织进行重新定义。生产部门之间的合作关系、沟通方式、技术创新、业务流程都发生了根本性变化。数据与算法模型的组合改善了信息传递、资源配置的效率,进一步提高企业内部的组织能力,同时也降低了企业面临的不确定性以及与消费者之间高昂的交易费用,为企业开拓市场奠定了基础。数据驱动为企业和消费者赢得了时间,也打破了空间距离的阻碍,经济时空得以进一步延展。过去,地理上的距离限制了资源流通,商业贸易的开展局限于有限的空间。如今，虚拟空间拉近了人与人之间交流的距离，线下交易转移到线上完成，远程办公、在线医疗、网络课堂、社群电商等新业态快速发展。利用物联网、云计算等技术，记录人类在线上与线下的行为数据，经济环境呈现高度数据化的特征。行为数据的积累推动数字化、智能化商业模式创新，数据挖掘的结果较为准确、清晰地预测需求趋势，便于企业以增长思维布署产品和服务。数据流通促进新技术应用整合，使得企业之间线上线下流程的衔接与联动得以加强，敏捷制造节省了人流、物流、信息流的时间成本。利用算法模型得出精准化、精细化的价值传递路径，进一步缩短了等待时间，消费者足不出户便能够享受快捷便利、零接触的服务。根据国家工业信息安全发展研究中心与埃森哲（中国）有限公司于 2020 年发布的《2020 年中国企业数字转型指数研究》可知，得益于数据价值释放对时间的压缩，转型领军企业的营收增长、毛利率、创新增长潜力等经营指标均优于其他企业。

7.1.3　数据要素对会计发展的影响

新的生产要素组合方式引发要素之间更替，推动生产方式发生变革。利用人工智能、物联网、云计算等技术在不同主体之间构建起互联互通的价值网络，进行跨界经营、平台布局、资源共享已然成为主流的商业模式，其中数据扮演着关键角色。此外，会计的发展具有反应性，它会应一定时期商业发展的需要而演化，故智能技术的演化也推动着会计变革。同时，会计是人类有意识的价值管理活动本质，如何实现数据要素的高效利用逐渐成为会计价值创造的重要途径。传统会计价值管理注重财务数据的整理与分析，但在第四次科技革命的影响下，随着互联网、人工智能等技术的发展，数据的类型与处理方式已发生根本变化，促使现代会计由传统核算型向价值创造型会计转型。数据要素的妥善运用能够促进对企业财务状况精准的把握与评价，进而提高会计信息利用效率，有利于实现价值最大化。同时，会计业务也逐渐从事后控制转向事前与事中控制，这都直接关系到企业的决策质量及管理效率，成为影响企业价值管理的关键因素。现代信息网络的发展以及信息通信技术（ICT）的有效使用，打通了会计在信息链条与业务控制的行为链条上

"神经中枢"的反馈回路,进一步提升了"末梢活动"的管理能力。另外,数字经济时代,数据不仅本身是重要的生产要素,同时还能够提高经济体系原有要素的价值转化效率,因此,会计的数字化转变实际上进一步强化了会计的价值管理功能。综上所述,随着数字化技术的逐步发展,数字经济对会计价值创造的影响将在本章以下小节中逐一展开。

7.2 业财分离与企业组织管理变革

7.2.1 传统工业时代企业组织管理形式

1. 直线职能结构

18世纪60年代,由纺织工人詹姆士·哈格里夫斯改良的"珍妮纺纱机"标志着人类社会正式进入工业革命时代,工业化大生产浪潮涌现,机器取代人工开始成为现代工厂中生产的核心,生产组织开始以公司为单位,出现了工厂制度和批量生产。在工业革命时代背景下,制造业企业迅猛发展,在企业规模扩大的同时导致生产经营活动更加复杂,人际沟通、工作分工、人员激励和团队协作等开始扮演重要角色。基于此,英国首先出现了新的企业组织形式——股份公司,这促使会计成为一种社会活动。同时,会计的工作内容除了核算账册的同时增加了编制和审查报表,以此监督企业的经营状况。

在此基础上,资本主义经济发生了飞速发展。在19世纪70年代,第二次工业革命兴起,人类自此进入以电力大规模应用为代表的电气时代。随着生产规模的社会化和激烈的竞争,工厂建立生产线、流水线,更多的科学管理理论与方法被引入会计工作,成本会计应运而生,使得会计方法更加完善和成熟。

基于这样的时代背景,"组织理论之父"马克思·韦伯为了实现生产流程化、标准化与科学化,在1900年提出了科层制(金字塔制)组织结构,该种组织结构至今仍然是国内各类企业中最常用的一种结构。科层制(金字塔制)组织结构是按照一定的职能专业分工,各级都建立职能机构担负计划、生产、人事、销售、财务等方面的管理工作,各级领导都有相应的职能机构作为助手，从而发挥职能机构的专业管理作用。整个系统中管理人员分为两类，一类是直线指挥人员，相当于军队中的各级军官，他们可以对下级发号施令；另一类是职能人员，相当于军队中的参谋、后勤人员，他们只能对下级机构进行业务指导，而不能直接对下级发号施令，除非上级直线人员授予他们某种权力，这种划分保证了统一的生产指挥和管理。然而，科层制（金字塔制）组织结构会导致权力高度集中，凡是不能在一个部门范围内作出决定的问题，最后必须由厂长决定。科层制（金字塔制）组织结构分工细密、任务明确，且每个部门的职责具有明显的界限，各职能部门仅对自己应做的工作负责任，可以专业从事这方面的工作，因此有较高的效率。同时，科层制（金字塔制）组织结构的稳定性较高，在外部环境变化不大的情况下，易于发挥组织的集团效率（图7-1）。

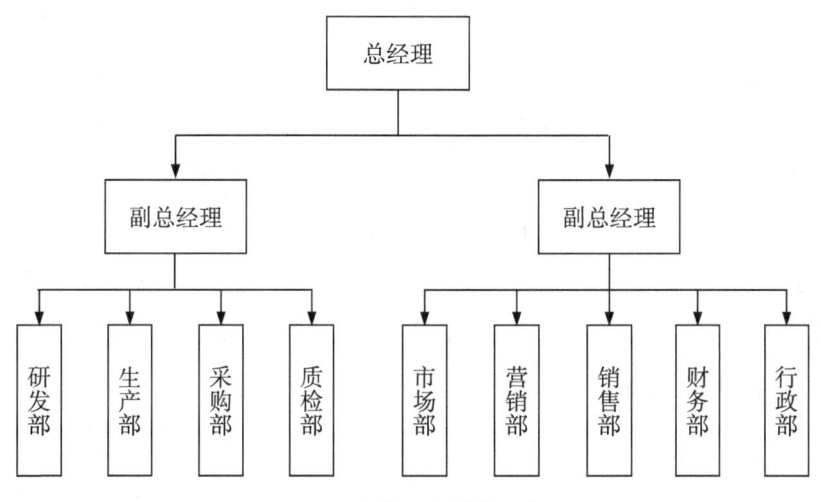

图7-1　直线职能结构示意图

在第三次工业革命前，会计整体仍然处于手工记账阶段，当时的技术基础是纸张、笔墨和一些简单的计算工具，整个会计信息的收集、处理与交换都必须以有形的实物为载体。随着业务日渐复杂，各部门均需大量的人力和物力，重复的核对和审核工作耗费大量时间，而且难免出错，导致整体工作效率低下。另外，此期间所提供的会计信息具有滞后性，很难满足信息使用者的需求。

直线职能结构的缺点逐渐显现，各部门间缺乏信息交流，部门内成员也缺乏全局观念，不同的职能机构之间，职能人员与指挥人员之间目标不易统一、矛盾较多，最高领导者的协调工作量比较大。同时，直线职能结构不易于从企业内部培养熟悉全面情况的管理人才。此外，直线职能结构使得整个组织系统刚性过大，也可能会面临分工很细、手续繁杂、反应较慢、不易迅速适应的新情况。基于此，直线职能结构将会导致信息传递不畅通与信息损失，会计处理出现滞后性，各层级信息到达财务部门效率低下，信息透明度不高，进而导致业务与财务分离，最终使得会计对业务的监督管理不及时，进而在价值创造的过程中错失机遇。

2. 矩阵型组织结构

20世纪50年代之后，发生了第三次工业革命，全球进入以计算机和电子数据等为代表的信息科技时代。会计作为一种"商业语言"，在国际经济事务和国际协调格局中扮演着不可替代的角色。同时，由于计算机广泛应用于会计领域，会计的发展由传统的手工会计向电算化会计转型。20世纪80年代，在当时的环境下，会计电算化主要是模拟手工会计账表，自成体系，所提供的会计信息"自立门户"，不能与整个企业的信息有效融合，从而出现"孤岛现象"，进而降低了会计信息的及时性和有效性。

第二次世界大战后，威廉·大内在他的《Z理论》一书中提出了"矩阵式结构"，在一定程度上打破了各部门间的信息壁垒，提高了信息传递效率。矩阵型组织结构是把按职能划分的部门和按产品（或项目、服务等）划分的部门结合起来组成一个矩阵，使同一个员工既同原职能部门保持组织与业务的联系，又参加产品或项目小组的工作，即在直线职能型基础上，再增加一种横向的领导关系。为了保证完成一定的管理目标，每个项目小组都设负责人，在组织最高主管直接领导下进行工作。矩阵型组织结构加强了不同部门之间的配合和信息交流，克服了直线型职能结构中各部门相互脱节的现象。同时，矩阵型组织结构还具有工作小组那样的机动灵活性，可随项目的开始与结束进行组织或予以解散。一个人还可以同时参加几个项目小组，这就大大提高了人员的利用率。此外，职能人员可以直接参与项目，而且在重大决策问题上有发言权，这使他们增加了责任感，激发了工作热情。然而，矩阵型组织结构的缺点之一就是双重指挥，项目负责人和原部门负责人都对参加该项目的人员具有指挥权。同时，若组织中信息和权力等资源一旦不能共享，项目经理与职能经理之间势必会为争取有限的资源或权力不平衡而发生矛盾，这反而会产生适得其反的效果，协调处理这些矛盾需要消耗管理者的精力，并付出更多组织成本。所以，矩阵型组织结构对各个职能部门及岗位协同能力的要求比以往更高，一旦运作不好，会导致效率更为低下（图 7-2）。

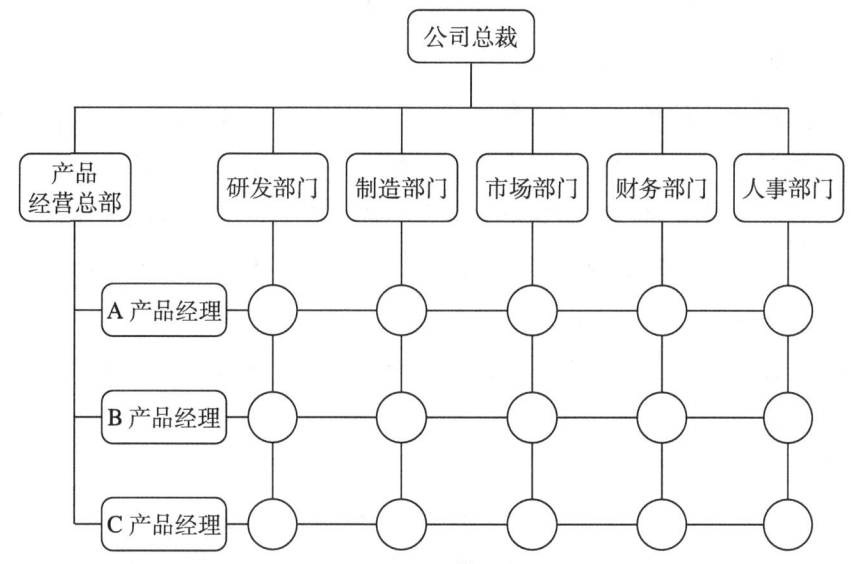

图 7-2　矩阵型组织结构示意图

7.2.2　现代企业组织管理形式

1. 扁平化组织结构

在数字经济下，信息的表现形式从原子转变为比特，数据驱动对企业的数字化赋能彰显了智力资本价值，加剧了替代式竞争，重构了传统的商业逻辑，推动着企业目标、治理结构及内部管理的系统性转变。数字经济时代对信息的要求越来越高，而会计作为提供财会信息不可或缺的一个组成部分，随着新时代经济发展快速转型，由之前的电算化会计逐步向信息化及智能化转型，由核算、报表等事务性工作转向全面的财务分析和决策支持，也从低效率、低价值性活动转向高效率、高附加值活动。和传统会计相比，核算会计被大范围压缩，管理会计以财务共享提供的数据与业务深度融合，行业、产业乃至社会整体核算成本快速下降。同时，财务共享思想广泛传播，促使以核算为中心的传统财务会计向主动创造价值的管理型会计领域快速转型。此外,在数字经济背景下,用户价值主导和替代式竞争作为驱动企业管理变革的两个根本力量,不但推动着企业目标的转变和治理结构的创新,而且推动着企业内部管理模式的一系列变革,包括组织结构趋于网络化、扁平化,营销模式趋于精准化、精细化,生产模式趋于模块化、柔性化,产品设计趋于版本化、迭代化,研发模式趋于开放化、开源化,用工模式趋于多元化、弹性化。

以去中心化、去层级化、关注客户需求、发展共享为特征的扁平化组织结构(图7-3)逐步登上历史舞台。扁平化组织结构就是从最上层决策层到最基层操作层之间的中间管理层级越少越好,以便组织能尽最大可能将决策权延至最基层,让最基层的每个单位拥有一定的岗位职责权,并对自己岗位产生的结果负责,从而形成扁平化结构。管理层决策权利向下倾斜,中间层级设置越少,越容易使管理者捕捉市场动态,同时增强基层员工与决策层的沟通,提高企业快速反应的能力,使企业内部管理变得更加柔和,反应也更加灵敏。

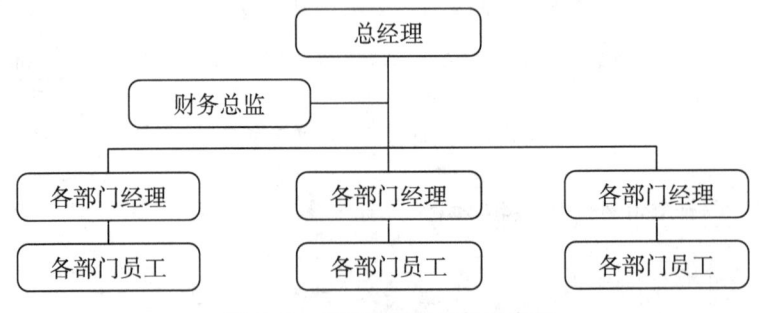

图7-3 扁平化组织结构示意图

扁平化组织结构打破了传统直线型职能结构,减少了中间的管理层,从而缩短了信息链。同时,数字化为管理幅度的增加提供技术支持,确保组织架构的正常运行。首先,扁平化组织结构利用现代信息技术手段,不断增强办公室自动化系统和管理信息系统建设,持续性提高沟通效率与信息传递速度;其次,通过对传统组织结构中的冗余人员精简,进一步降低企业的管理成本;最后,通过对业务流程的再造,有利于提高工作效率,促进业务与财务工作的同步性。扁平化组织架构使得中层管理人员被精简,非核心职能被外包,管理者与被管理者的界限变得不再清晰。权力分层和等级差别的弱化，使个人或部门在一定程度上有了相对自由的空间，能有效地解决企业内部沟通和协作的问题，但扁平化组织架构如何实现，直到数字化时代才能找到答案。

2. 共享服务生态圈

对于工业企业而言，战略决定了组织结构。数字经济背景下企业的战略应聚焦于"做正确的事"，通过加强与其他企业之间的协同，追求企业价值最大化。ABCD 等技术的应用强化了企业之间的数据共享，重新诠释了服务的内涵，管理者可以及时了解一线情况并且配置相应资源，"让听得见炮声的人来决策"。随着消费者对实时性体验的追求不断增强，企业的职能部门之间要加强相互配合、协作共赢，对市场需求作出即时响应，组织结构趋于网络化、扁平化。在这样的时代背景下，企业必须忽略传统企业边界，打开自身边界，推掉组织里的墙，进而形成更加开放的、网络化的生态圈。有别于经典的价值链理论及战略网络，生态圈可以定义为一组具有不同程度的多变性、互补性且不受等级控制的参与者。生态圈不但覆盖供给侧，而且向需求端进行延伸。网络化的运作使得企业能够集中资源满足消费者需要，增强企业抵抗风险的能力，并且极大地提高了组织员工积极性，增强了企业活力。这类组织打破了传统纵向价值链的线性关系，客户和供应商不再是线性价值链的两端，原有各部门的层级设计被打破，以目标和创新为导向的团队式组织逐步形成。"大平台、小前端"成为这一组织形式扁平化管理的典型特征。

在数字经济时代，生态圈模式将替代过去的组织架构。生态圈中的企业、用户都表现为一个个独立的节点，节点之间通过数据传递建立实时链接。网络组织的运营以节点为单位，具有去中心化、去中介化等特点。在数字化空间中，经济时空的外延不断拓展，逐渐取代物理时空在资源配置当中的地位，这不但能够降低企业自身风险，而且有效激发了员工的自主能动性，从而为企业创造价值。生态圈组织模式代替原有传统组织架构，打破原有纵向价值链线性关系，灵活和高效的特征更适用于数字经济时代。基于生态圈组织模式，未来可以构建财务、人力、采购、信息为一体大后台——共享服务生态圈。在充分利用现代化信息技术的基础上释放财务共享服务的运力，降低成本，实现核算的高度自动化与服务效率的提升。采用众包形式进行社会化处理，激发个体的个性与创造力,使共享生态圈充分发挥其链接功能、互联功能、共享功能、服务功能等,实现与电子商务平台、供应商平台、物流平台、客户平台信息的互联共享。此时,财务共享会将预算管理、资金计划管控、税务管理、资金系统整合,进而实现"业、财、资、税"一体化管理的目标(图 7-4)。

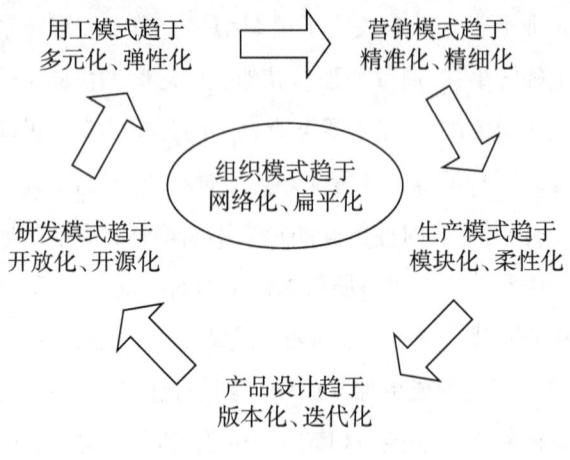

图 7-4 共享服务生态圈

7.3 业财融合与企业价值创造变革

7.3.1 财务共享与企业价值创造

1. 信息集成共享与价值创造

随着大数据技术与人工智能技术不断发展,共享经济掀起了我国新的商业模式变革。共享经济通过互联网第三方平台分享了闲置实物资源,并获得了低成本的盈余收入,此时,资源的支配权与使用权分离。数字经济时代强调共享的理念,因为共享可以降低资源的专用性,是基于数字科技的共享,这种共享使得服务质量和效率的提升成为可能。

20 世纪末,以互联网及电子商务为代表的技术迅速发展,会计信息化涌现。ERP 信息管理软件的问世不但让电子信息系统取代传统信息系统,而且进一步整合了采购、销售、生产、库存等所有业务环节的信息,并使会计信息与其他业务系统有效对接,从而提高了会计信息的及时性和有效性。信息集成共享不但提升了企业所有环节的整体效率水平，而且使企业级核算成本下降。例如，美国通用电气公司、万国商业机器公司当初在中国建立财务共享中心，财务共享中心的建立是对财务管理的创新与尝试，推动着企业服务水平和信息化的发展。

信息集成共享使业务与财务发生了初步融合。以数字经济为背景、以第四次科技革命的底层技术为支撑，形成了能够打破会计信息系统"孤岛现象"的企业级电子信息系统。然而，此时的会计主要发挥的是核算功能，企业价值创造的主观能动性并不高。我国目前的财务共享系统仍然处于信息集成共享阶段，存在管理会计工具之间互相独立、信息集成化低等弊端，具体表现为应用软件相互独立、缺乏相关性；信息系统不适应新的竞争形式；财务数据信息的安全防护不足。

第一，应用软件相互独立、缺乏相关性。应用软件系统相互独立，数据不能相互连接起来，使得经营管理系统、人力资源管理系统和会计信息系统相互之间独立封闭。每个软件对数据处理的规则和标准不同，相关联的信息无法进行整合处理，数据间联动性不强。系统与系统之间不能通过数据接口互相访问对方的数据信息，无法达成完全的信息共享。信息集成化水平偏低，不同类型的数据无法交流，缺乏沟通的桥梁，不利于软件开发升级。

第二，信息系统不适应新的竞争形式。新的竞争形式是中高端人才的竞争，是新技术的竞争。2019年至今，全球各国经济均增长缓慢，在这样的时代背景下，更应加强企业管理，及时调整战略战术，不断推陈出新，根据客户喜好、市场需求推出更符合当下时代的产品；调整产品价格、改变服务模式，从而在变化莫测的国际形势和经济市场中站稳脚跟。另外，现有的信息系统比较单一，无法适应新业务对服务灵活性、多元性的需求。相应的，会计信息系统也需要转型，现有系统无法适应新形势下的市场需求，将成为企业数字转型的负担，终将被市场淘汰。

第三，财务数据信息的安全防护不足。安全性是企业会计信息化系统的基础，虽然现阶段我国部分企业在推进会计信息化建设进程中考虑了财务数据信息安全性，但是并未在网络管理平台中加强数据信息安全管理与储存。具体问题如下：首先，企业会计信息系统中的身份认证技术不完善。企业会计信息系统是会计信息化建设的重点,也是整个会计工作的重要基础,其合理应用可以最大限度确保企业会计信息系统安全运行。只有获取身份认证许可的人员才能访问企业会计信息系统,避免出现会计信息丢失、篡改、泄露等风险。基于此,企业的会计信息系统应该设置多项安全关卡,进一步提高会计信息系统的安全性及运行稳定性。现阶段一些企业在会计信息化建设过程中存在安全维护意识不强的问题,甚至一些员工将身份认证密码设置为自己的生日、手机号等,加剧了企业会计数据信息的泄露风险。其次,企业会计数据信息库的加密技术有待提高。在企业会计信息化系统运行工程中,工作人员可以借助大数据技术提高系统运行安全性。然而,现阶段部分企业所设置的系统加密安全保护模式较为简单,并且没有对数据信息传输过程中进行加密保护,较为容易引发数据信息失真问题。由此可见,财务共享不是简单将信息进行集成处理与会计集中核算,而是要建立企业间交互的财务共享中心。

2. 财务共享中心与价值创造

21 世纪以来,第四次科技革命带来的技术支撑促进了会计信息的多元化发展,出现了财务共享服务、业财融合、可扩展商业报告语言(XBRL)、会计大数据、云会计、"互联网 + 代理记账"等一系列的变革发展方向。随着时代变迁,信息技术行业发生变革,财务共享也被赋予了新的使命,今天的财务共享致力于业务处理的高效化。财务共享服务中心的建立和运行需要强大的信息系统做支撑,其中包括核心信息系统平台及 ERP 系统、影像传递系统、银企直联系统等信息系统,正是平台和系统之间的相互配合,保证其能够完成财务信息的收集、处理、报告过程。在"大智移云"时代下,企业财务共享服务模式的特点主要包括财务共享、价值增值、需求导向。每种服务模式的出发点不同,从企业自身、运营状况、客户需求等多个角度出发,帮助企业实现信息共享,推动企业长足发展。基于此,可以认为财务共享中心的建立促使会计进行企业价值创造。和传统会计相比,核算会计被大范围压缩,管理会计以财务共享提供的数据与业务深度融合,行业、产业乃至社会整体核算成本快速下降,并且财务共享思想广泛传播,促使以核算为中心的传统财务会计向主动创造价值的管理型会计领域快速转型。同时,数字技术的广泛应用，提高了用户在市场中的地位，用户价值主导成为企业创造与供给价值的核心理念。财务共享中心的建立可以发挥规模优势，使核算供给大于核算需求，最大限度满足用户价值需求，以期大幅度降低运作成本，提高运作效率，保证服务质量，进一步提高会计信息质量，使财务信息实现更大程度的共享。基于财务共享中心的核算模式，企业运作成本在有效降低的同时还提高了企业的效率，这将间接促进企业将多余精力与资源分配给核心业务，以期增加企业自身的不可替代性，提高竞争优势。

7.3.2 业财融合与企业价值创造

1. 数字经济时代的业财融合

在传统工业时代，财务人员对公司业务更多的是事后核算和监督。在新技术及财务共享中心平台的支持下，重建"财务业务一体化"，使会计核算效率进一步提高的同时将财务管理工作移往前端，实现业务与财务同步共享进行，从事后监督转变为事前事中管控。用信息手段将业务信息及时转变为财务信息，以加强财务对业务及时反映及监控，数据共享和提升经营管理效率，推动业财流程及业财人员的相互融合，把业财融合推向全新阶段。

互联网技术与会计的结合促使会计由会计电算化向会计信息化发展。第一，在会计技术基础方面，互联网及 ERP 的出现进一步改进了会计核算的硬件和软件设施，使会计跳出部门边界。企业级信息系统取代传统信息系统，提升了企业所有环节整体的效率水平，降低企业级核算成本，实现企业层级的变革。同时,第四次科技革命带来的 ABCD 等技术将信息传递的载体进一步数字化为数据。与信息相比，数据仅被视为一种量化的符号和客观存在，本身没有固定的意义，也正因如此，数据能够穿透组织边界的抑制，在网络上快速传播。第二，在业务与财务初步融合方面，不再局限于"会计电算化"时代的先手工采集各类业务信息再整合，而是与业务并驾齐驱。系统在业务发生时便可实时获取数据信息并记录，使得会计信息系统与其他业务系统间无缝对接，从而初步实现"业财一体化"，使财务数据和业务数据相融合，提高信息的及时性和准确性。第三，在提供信息价值方面，在企业信息化的 ERP 时代，企业管理软件将企业各业务层面的信息进行整合，并通过对信息的加工，抽象出支持组织决策的相关知识，包括方案、规则、计划、控制策略、运行规律等。会计不再是"自立门户"的部门，而是与企业各业务资源信息融合，通过资源整合与分析为企业提供预测决策支持，从而提升了企业核心竞争力。

数字经济时代的业财融合体现在三个层面：①数据一体化，即业务流程产生的数据推送给会计流程，实现业务数据驱动会计信息处理的自动化。②流程一体化，即业务处理过程、会计核算和部分控制流程相互衔接与融合。在业务处理的过程中嵌入会计处理过程，提高了会计业务处理的自动化程度，实现技术功能集成与管理制度创新。会计工作在信息化的支持下时空范围大幅扩展，会计信息系统将企业集团、价值链上的会计信息建立统一的逻辑视图，以支持科学决策。③控制一体化，在会计信息加工的同时，部分会计监督和控制职能实现了向业务流程的嵌入，控制流程和业务流程相互融合，体现为规则前置、实时控制和动态反馈。通过业财一体化处理，提高会计确认的自动化程度、会计信息记录的效率和准确性；通过多重计量属性的共用，提供个性化的会计信息；通过改进计量算法，提高会计信息的精确程度和明细程度；通过报告内容和标准化技术的引入，提高会计信息的再利用程度，降低会计信息交换成本；通过内部控制和审计线索的嵌入，提高会计监督和过程控制的能力。

业财融合的起点为业务流程，在新技术环境的支持下，按业务处理规则存储于共享数据库，以此减少录入数据的重复性，信息收集和整合效率大大提升。信息使用者在了解财务信息的同时，也可了解业务与管理信息，各数据使用者依照自身工作范围调取权限内业务信息，业务财务如流水线经各职能部门分工处理后汇总成信息报告，实现财务处理与业务处理的有机融合。业财融合的结果是把财务工作的重心往管理方向转，用管理的思维方式开展财务工作。通过业财融合，企业在流程设计上将逐步往经营活动事项驱动下的业财一体化方向发展，原本孤立、分散、滞后的管理将转变为全面、动态、实时的管理，从而进一步提升财务对企业业务活动的反映、管控和服务功能。在业务财务一体化的支持下，公司财务可以深入业务事件，实时监控业务项目的财务状态与运营亏损情况，监管业务正常支出与不合理浪费等情况，通过财务关联数据信息的挖掘，实现业务工作方式优化、公司降本增效与价值创造。

可见，会计智能化时代是在数字经济的前提下，随着"大智移云"等新技术的不断进步，通过促进企业级电子信息系统向行业、产业及社会整体的信息智慧系统迈进，使行业、产业及社会整体核算成本快速下降与核算效率提升。同时，基于技术与共享平台的支持，把业财融合推向新阶段，提高了会计信息的确定性和个性化，向信息的对称性迈出了重要的一大步。

2. 业财融合的价值创造

与资产的价值创造途径类似，会计提供的产品也具有专用性。同时，在数字经济的背景下，重建"财务业务一体化"不仅使得会计核算效率进一步提高，而且推动了业财流程及业财人员的相互融合，进一步发展成"业财融合"。业财融合基于业务的视角运用财务管理理念和工具服务于业务活动，并最终形成管理活力，提升企业价值创造能力，而对于财会本身来说，新技术的应用为财会领域扩宽视角，由原有的被动创造价值向未来主动价值创造转型。一般而言，企业广义上的生产过程是劳动过程和价值增值过程的统一，会计参与价值增值过程是通过基于价值的分析、判断、预测、决策和控制过程体现的。基于会计视角，会计的决策过程以风险为导向，以解决价值判断、价值度量和价值估计问题为目标。价值度量对已存在的管理活动以及带来的成果进行合理的分析和判断，判断哪些活动是价值增值过程、哪些活动是价值消耗过程；价值估计则是对企业控制资源的未来获取价值的能力进行估计和判断，并对如何配置相关资源以获得最大价值作出决策。决策过程可以分解为信息采集、加工、分析、预测、决策等管理活动，在传统的决策过程中，各项活动由不同的部门或岗位承担，使得决策过程效率低下；而在数字经济背景下，上述过程在系统的支持下实现合一，决策效率和科学性大幅提升。会计的控制过程主要是保证企业的价值管理活动不偏离既定的目标。控制过程主要包括计划、预算、跟踪、监督、反馈、激励等活动。在传统的会计工作中，控制活动不仅游离于业务活动之外，甚至也游离于会计核算活动之外，这使得控制过程滞后于企业的业务过程和会计核算过程。智能化环境下，实现了控制过程与决策过程的闭环联结，借助于智能会计系统实现了感知、分析、决策和控制过程的融合。

除此以外，在数字经济时代，只有用户才能定义企业，也只有用户才能成就企业。由于用户最终决定了产品价值能否变现,因此企业既要积极满足用户明确表达的需求,也要善于挖掘用户不易于表达以及尚未产生的潜在需求。企业只有以用户价值为主导,持续地向用户输出价值,才能够赢得用户的认可,实现生存与发展。因此,在数字世界中,企业应该利用各种途径,想尽方法去了解用户。在传统会计管理理论中,利用业务信息改进产品、服务已经是常规做法。但是,信息存储技术能力有限,信息量在规模和范围上难以实现较大突破,在决策支持方面难以提供充分的证据。得益于云计算及相关辅助性技术的升级与完善,企业能够以较低的成本在多个维度快速地聚集海量的用户数据,从实时数据中快速、持续挖掘出稳定的边际价值,并且在较短时间内体现到产品、服务的供给中,以更好地满足用户需求进而实现企业价值创造。

整体而言,只有科学规划业财融合战略才能有效促进公司提升内部控制管理水平,进而促进企业的高质量发展。首先,要明确业财融合不是简单地应用高新数字化技术去提升财务部门的能力,而是进行数字化、自动化、智能化创造性的整合,优化公司经营活动、财务管理工作、提升业务效益,达到促进公司实现数据化运营发展的目的。其次,需要公司引进一套能够紧密连接多个子系统(原有相对独立的财务管理系统、业务子系统、项目运行管理系统等)的业财融合管理平台(FONE 系统:基于大数据技术的新一代多维数据平台),通过集成化的数据处理,实现财务数据与业务信息数据同源与统一完整。最后,公司要不断研究分析公司现有的业务工作与财务工作模式,或邀请业内专家参与指导,设计出符合公司发展需求,且能够应用于业财整合平台标准化、定制化、模板化的公司事务办理流程。在平台内制定公司运营管控关键数值指标,构建相对统一的信息口径风险管控模型。再通过平台渠道快速反馈到对应职能部门,完成业财管控与优化。

具体而言,应该进一步促进业务项目与财务工作深度融合。首先,要设置一个可同步在技术与业务上的、有双核心的驱动媒介,实现以智能技术支撑点孵化业财融合。以云简业财为例,该系统以新一代智能架构平台为支撑,贯穿公司财务、业务、管理三大流程,以实现企业财务和业务的智能融合。从日常运作业务视角来看,带动财务与管理工作的转型升级。此外,要注意把会计语言或财务专用词转换为非专业人员能够快速掌握和理解的通用性商业用语，以解决业务人员与财务人员之间的"沟通障碍"，助力业务和财务的有机融合。其次，业财融合还需在组织结构与机制上下功夫，对公司整个财务、业务流程与流程节点进行审视与调整。如前所述，业务工作者、财会工作者分属于两个不同的部门，只有同步改变业务与财务工作者的思想观念或进行适当的岗位与职能调整，才能方便在财务部门推动业务知识的学习，在业务部门中普及会计工作要点。业务工作者、财会工作者双方进行互相学习与了解，才能让财务人员更好地融入业务工作中，为业务工作优化与公司项目顺利落地推行提供相关参考意见与解决方案；其更能促使业务人员主动拥抱财务数字化，深入了解财务预算、核算分析等工作内容及其价值与应用，从而为业财融合提供包括及时发现问题、分析解决问题等关键性支持。最后，除对公司内部的财务数据、业务数据进行了解与把控外，还需在日常工作中了解关注行业市场动态、地方经济环境，如此才能更进一步提高财务人员对所有业务数据分析与价值鉴别的准确性，业财融合中预算编制版块的效益才能得到有效提高。

此外，基于数字经济的时代背景，依托智慧化与业财信息化平台，业财融合信息化建设工作应从两个方面展开：一是规范财务、业务的数据呈现标准、价值与内涵定义，明确业务行为数据在转化为财务信息时的规范与标准。例如，产品销售部门的业务发生后（存货和资产的盘点、线下支付等），收入或行为影响要按照相关的转化标准进行核定；采购部门的物资进购支出与薪酬支出，要根据标准转化为财务信息数据。二是链接各职能部门业务与财务管理工作，在信息沟通与交互的快捷渠道的入口端，设定各职能部门用户信息提取与应用权限，同时实现权限集中管理与平台系统入口单点登录的目的。

新经济形势下，业务与财务的数字化转型也催生出企业组织形式的变革动力。因此，没有一成不变的组织结构设计，也就不存在绝对意义上的业财分离。受制于组织权力配置而难以突破的职能壁垒，当信息反馈回路被打通时能够得到有效突破。组织的发展进化往往伴随职能分工的纵向深化，仅依靠部门之间的横向协调消解职能壁垒，就无法避免成本效益约束，业务末端的孤岛问题仍然存在。职能的本质是管理活动和企业生产的分工，组织权力配置的管理短板背后是企业内部的知识利用问题。如何在高度分工的前提下将分散的知识转化为管理决策可用的经济信息，成为回归业财融合本源的关键。基于财务共享平台，借助"大智移云物区"技术建立数据库，对基础数据统一编码，将信息转化为可使用的数字资产，实现数据贯通共享；开放数据源，建立数据连接渠道衔接业务、财务系统，消解职能部门间的信息壁垒。数字经济下，业务与财务完美地实现在分工专业化中深度融合，实质上是两者始终统一的逻辑回归。

7.4 数字化技术与企业价值创造流程优化

数字经济是企业对数字资产进行投资，并充分利用数字资产创造价值的过程。数字经济时代下，ABCD 技术协助价值运动将信息转化为数字资产，赋予会计更强的前瞻预测性和实时反映能力，使会计管理活动全面融入企业价值链条中。管理活动论认为会计是微观经济中重要的价值管理活动，会计主要对价值运动的信息进行处理和利用，会计人员参与价值管理的计划、决策、控制、考核和信息反馈等各环节，企业的财会部门是企业价值管理的重要部门和价值管理的汇集点。新一代信息技术捕捉价值运动信息的粒度不断缩小，从而拓宽信息收集的广度、加快信息处理的速度。作为价值管理的汇集点，会计空前获得了把沉默无效的数据转化成有效信息的能力，从庞杂的结构化和非结构化数据中最大化提炼形成有用信息，实现业务协同实时化、系统化、智能化，服务决策制定。工业经济时代，企业价值管理以会计管理系统为依托，以信息输入为流程始点，由信息数据沿企业价值链进入业务价值链和财务价值链。数字技术进一步推动战略规划、研发设计、采购与仓储、生产、营销与客服服务等业务价值链信息系统与业务预算、凭证管理、登记账簿、编制报表等财务价值链系统全面融合，并与深入挖掘存量和流量数据价值的管理会计子系统交互耦合（图7-5）。财务会计对信息数据实际执行结果的"观念总结"与管理会计对信息数据对比归纳、规划控制及分析考评等的决策支持，共同作用于企业经营管理过程，为企业价值运动周期性输出会计"成果"，全面服务企业价值创造。

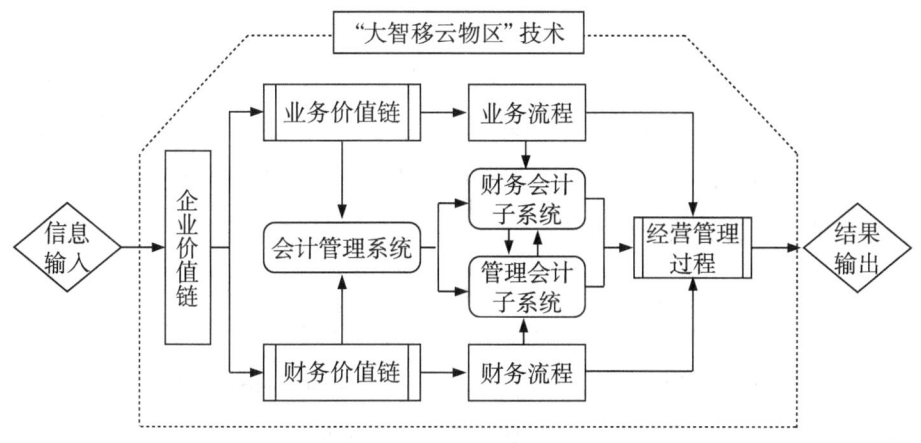

图 7-5　会计管理服务企业价值创造系统流程

数字化技术不仅加快了企业的整个业务流程，同时对企业的价值创造流程带来了很多帮助。第四次科技革命带来的 ABCD 等底层数字技术的应用加剧了企业之间在价值创造上的竞争。移动互联网的普及和第五代移动通讯技术（5G）商用的不断扩大，使得"比特"成为信息传递的主要载体，推动人类社会从物质化的信息时代进入数字化的信息时代。ABCD 等技术的应用实现了用户对生产过程的深度参与，企业价值的实现必须以满足客户价值需求为前提条件。由于使用价值是用户价值的核心，企业之间的竞争逐步聚焦于产品使用价值的供给。与此同时，基于 ABCD 等技术而建立的数字化连接打破了组织内部和外部的边界，为跨界经营创造了机遇，企业不得不面临来自不同领域的颠覆式创新和替代式竞争。

7.4.1　ABCD 技术促进业务流程再造

（1）人工智能技术。人工智能技术大幅提升了会计的决策支持能力。人工智能在财务领域的应用是通过统计模型和算法对规则进行特定学习并对人的认知能力部分替代，从而实现更加便捷的财务管理，为企业管理决策提供支持。使用者对结果进行分析判断后，将决策主张以人机交互的方式输入系统中，系统将根据人工智能推理技术，结合数据库、知识库、模型库得出决策支持所需的多维度信息，真正实现企业财务分析与管理决策支持智能化。

（2）区块链技术。区块链技术变革会计实现信息记录、传播及存储方式。

区块链通过加密技术形成去中心化的可靠、透明、安全、可追溯的分布式数据库，是一种去信任分布式的账本系统。区块链技术支撑下，无需定期对账与核实，将改变会计数据生产模式和信息鉴证模式，提升会计记录和核算效能。一是分布式记账技术建立在点对点的网络上，每个节点都是一个共享数据库，节点间彼此独立又互相监督，增强了会计信息的可信度。二是引用智能合约无需录入凭证做分录，只要录入基础数据即可自动发出预设的数据资源，避免合同审核出现漏洞。三是区块链在每个节点存储了一套不可篡改、交易历史完整的分布式账簿副本，通过加密技术来保障安全。除加密信息外，每个节点都可以查询每一笔交易情况，信息高度透明，可以有效改善传统会计信息系统提供信息不全面和信息不对称问题。组织与外部存在价值交换，价值交换的前提是参与交易的各方消除信息的不对称性，从而进一步降低交易成本。随着区块链、分布式账簿的应用成熟，将会改变企业会计报告的生产方式，从单纯的内部信息加工转变为会计信息的社会化共同生产和维护。会计报告的加工成本和监管成本将会大幅度降低，从而降低交易成本，促进内部和外部各项资源的加速循环。

（3）云计算技术。云计算与云会计联系紧密，云计算是云会计的重要一环，在云会计的帮助下，软件信息处理效率大大提升，从而节约了大量计算成本。通常，云计算的服务类型分为三类，即基础设施即服务、平台即服务和软件即服务，各项服务功能不同，从多方面、多层次为数据提供了后台保障。云计算是建立在先进互联网技术基础之上的，其实现形式多种多样，如软件服务、网络服务、平台服务、互联网整合、商业服务平台服务等。随着云计算技术日渐成熟，我国许多传统会计软件商都与云会计系统融合并推出相应产品，会计管理信息系统发展欣欣向荣。

在云系统的支持下，处理数据也变得简单，省去大量处理数据的成本。云会计的主要特点是提供可用、便捷、按需的网络访问进入可配置的计算资源共享池（资源包括网络、服务器、存储、应用软件、服务），公司可直接通过互联网应用程序访问网站。公有云和私有云将数据部署到服务器与远程终端，联网即可获取，进而改变财务数据的生成、存储、获取和使用模式。云会计采集并预处理公司基础数据后，按一定业务结构逻辑归类于数据仓库中实施处理和分析程序，结合大数据的挖掘功能和数据处理方法，将财务数据和分析需求高度匹配，再转变为用户公司所需的会计信息存储到云端数据库中，满足公司日常会计业务实务管理需求，并根据管理者决策偏好和特点，在最短时间内作出有效决策，快速回应客户单位需求。

（4）大数据技术。大数据技术帮助会计实现企业级全数据使用。随着数据爆炸式发展，非结构化或半结构化数据被广泛用于优化生产流程、增强客户体验。大数据技术实现从交易和经济事项拓展到运营、管理、外部经济信息全方位的数据自动化收集，对数据进行存储、分析、整合，利用数据分析得出有价值的决策信息，全面赋能会计价值。一是提升会计数据处理能力，从多样化数据采集到数据分类、精准数据分析，重塑会计信息处理流程。二是创新会计作业价值，一改传统静态财务分析流程，大数据嵌入会计领域以建立动态模型模拟和分析价值链，深入挖掘财会信息，寻找隐藏在价值链中的数据联系，采用全面定量分析的方式对庞杂的会计信息进行结果描述，提升财务分析效果。三是数据查询分析便捷高效，大数据技术不仅能快速高效查询目标数据，还可应用于银行、税务等原始数据查阅；通过信息共享多方面转化数据，使数据最终呈现符合利益相关者决策需求的形态。

7.4.2　业务流程再造促进价值创造流程优化

数字经济沿着信息和行为链条推进会计智能化创新，会计依托新技术在价值链条上实现前端业务活动、中端数据处理和后端核算分析交互连接，并通过提升财务管理流程的标准化水平和价值链财务共享能力更好地服务于企业价值管理需求，进而提升会计管理在数字经济时代的决策价值。作为企业内外部数据交汇的中心，会计部门通过转变工作模式以满足业务数字化的服务需求。一是数据整合和服务效率提高的需求推动财务向多部门协同的财务共享中心转型。财务共享中心集中内部财务资源，整合部分规范性强、重复度高的业务，依托信息化技术搭建网络平台，为不同成员单位提供财务服务职能。在这个基础上，财务共享中心可以集成大量的价值运动数据，相较于财务单中心数据生产模式，能够更好的整合核算数据、预算数据、资金数据、资产数据、成本数据、外部标杆数据等与管理决策相关的信息，提高财务管理流程的标准化水平、运营效率和管控能力，解放财务人员更多地参与到企业数字化转型的战略决策和业务支持的工作中。二是过程控制的服务需求促使会计向及时化、定制化的服务模式转变。企业财务管理已不局限于对传统经济指标的事后分析，而是更注重对战略、客群、营销、产品设计和定价等方面提供决策支持。海量业务细节中生成的数据具有更丰富的经济意义，会计结合内外部的大数据分析，能够为战略目标和业务过程中的个性化需求提供更加深入和全面的分析或建议。三是丰富的分析方法和报告形式为企业发展提供更广阔的业务支持服务。在财务数据分析中，依托 ETL、OLAP、数据挖掘和神经网络等技术，立足风险预防与成本管控，实现对企业内部大数据与非结构化数据进行多维度分析，并利用智能报表技术提供更便捷、更实时的报告界面，实现财务数据可视化，让会计真正成为企业的"仪表盘"，进而从管理本源挖掘绩效提升的潜力。

数字经济以使用数字化的知识和信息作为关键生产要素。ABCD 技术改变了会计工作中会计部门人力和数据要素的投入产出结构，数字应用边际收益大于人力投入边际收益的工作将逐步被软件与数字设备的组合取代，会计专家服务成为企业战略决定和业务决策中不可替代的中流砥柱。一是重复性财务工作的自动化，大幅提升企业管理效能。财务工作中的交易、控制、合规、报告四个中间环节可以由人工智能代劳，实现高效率、无间断工作，完成工作效率跃升。二是管理会计过程控制的全局化，形成更完整的决策支持。数字化信息系统提升了以"三全"（全面、全员、全流程）为特征的全面预算管理能力，将战略计划、预算预测、执行控制、分析、绩效考核紧密结合，降低管理成本，增强了会计管理工具的应用效果。三是分析性事务的专家化，让会计成为企业管理的桥梁。为应对与多领域对接的专家服务需求，会计人员能力圈逐步向数据分析和预测、资本运作、法务会计、风险管理等领域延伸。公司战略管理将更加依赖于具有专业分析能力的财务人员根据决策需求作出规划，会计在商业活动中将发挥更加重要的服务价值。

第八章
数字化与会计从业人员变革

8.1 数字化对会计变革的影响

8.1.1 数字化变革对会计行业的影响

1. 人工智能和大数据逐渐取代传统会计行业

近年来,随着信息技术的快速发展,人工智能和大数据在各行各业的应用日益广泛,国务院印发的《"十四五"数字经济发展规划》提出:"数字经济是继农业经济、工业经济之后的主要经济形态,是以数据资源为关键要素,以现代信息网络为主要载体,以信息通信技术融合应用、全要素数字化转型为重要推动力,促进公平与效率更加统一的新经济形态。数字经济发展速度之快、辐射范围之广、影响程度之深前所未有,正推动生产方式、生活方式和治理方式深刻变革,成为重组全球要素资源、重塑全球经济结构、改变全球竞争格局的关键力量。"随着人工智能和大数据技术的深入发展,其在会计领域的应用也逐渐成为研究的热点。针对会计行业的数字化转型,政府也提出了明确要求。例如,推动会计信息化建设、提升会计信息质量、加强会计监管等方面都涉及人工智能和大数据的应用。这些政策要求会计行业积极采用新技术,提高工作效率和准确性。随着科技的飞速发展,人工智能(AI)和大数据技术正日益渗透到各个行业,其中也包括传统的会计领域。这种趋势正在逐渐改变着传统会计行业的工作方式、角色定位以及行业未来的发展方向。人工智能在会计工作中的应用,对会计工作人员也提出了更高的要求。在这种背景下，会计工作人员必须要适应人工智能技术的发展要求，并在此基础上结合自身的实际情况，调整心态、快速适应行业变革，并对自己的行业发展进行精准定位。

（1）自动化处理与效率提升。人工智能技术的应用使得传统会计行业中大量繁琐的数据处理工作可以被自动化执行。传统上，会计人员需要耗费大量的时间和精力来进行数据的收集、整理和录入，而现在这些工作可以通过AI系统来完成，极大地提高了工作效率。例如，智能化的会计软件可以自动识别和录入发票信息，自动分类交易数据，甚至可以通过自动学习算法进行会计分析和报告的生成。这种自动化处理不仅能够节省时间和人力成本，还可以减少人为错误的发生，提高了数据处理的准确性和可靠性。

（2）大数据分析与预测能力。大数据技术的兴起为会计领域提供了前所未有的数据分析和预测能力。传统的会计方法往往基于历史数据的分析和报告，而大数据技术可以帮助会计人员更好地理解当前的市场趋势和业务环境。通过分析海量的数据，会计人员可以更准确地预测未来的发展趋势，从而为企业的战略决策提供更科学的依据。此外，大数据分析还可以帮助会计人员发现隐藏在数据背后的规律，为企业提供更深入的决策支持。

（3）智能审计与风险管理。人工智能技术的应用还可以改变传统的审计和风险管理方式。传统上，审计工作需要大量的人力和时间来进行，而智能化的审计工具可以通过数据挖掘和模式识别技术来快速识别潜在的风险和异常，从而提高审计的效率和准确性。同时，人工智能还可以帮助企业建立更加智能化的风险管理系统，及时发现和应对潜在的风险，降低企业的经营风险和损失。

2. 会计行业信息技术支撑不完备

为科学规划"十四五"时期会计信息化工作、推进会计数字化转型，制订了会计信息化发展规划。在当今数字化时代，信息技术已经成为各个行业发展的重要支撑。尽管会计行业在某些方面已经取得了一定的进步，但整体而言，其信息技术支撑仍然存在不完备的情况。下面将探讨会计行业信息技术支撑不完备的原因、影响以及可能的解决方案。

传统会计行业信息技术支撑不完备的原因包括：系统基础老化、更新不及时、担心信息与隐私不安全以及更新费用昂贵。

首先，传统会计行业的系统基础已经跟不上时代发展的需要，许多会计机构和企业仍在使用老旧的软件系统和技术设备。这些系统可能缺乏最新的功能和安全性，无法满足当今快速变化的业务需求。其次，传统会计行业技术更新迭代不及时，会计行业相对保守，对于新技术的接受和应用速度较慢。由于技术更新迭代不及时，许多会计从业者可能缺乏最新的信息技术知识和技能，导致技术水平滞后。最后，由于会计行业涉及大量敏感的财务数据，信息安全和隐私保护是首要考虑的问题。因此，一些会计机构可能对于采用新的信息技术存在疑虑，担心可能带来的安全风险。然而，会计行业更新需要高昂的成本以及丰富的资源，更新和升级信息技术系统需要投入大量的资金和人力资源。对于一些小型会计事务所或中小型企业来说，这可能是一个巨大的负担，导致他们无法跟上信息技术的发展步伐。信息技术不完备对会计行业造成一系列负面影响，如工作效率低下、数据安全隐患、服务水平下降和人才流失等。老旧的系统和技术设备可能导致会计工作效率低下。例如，数据处理速度慢、系统易崩溃等问题都会影响到会计人员的工作效率，从而降低工作质量和效率；缺乏更新的信息技术支持可能会增加数据安全风险。老旧的系统容易受到黑客攻击和数据泄露的威胁，从而给企业带来严重的财务损失和声誉风险；信息技术支撑不完备可能会导致会计服务水平下降。客户期望越来越高的信息化服务可能无法得到满足，从而影响到企业的客户关系和市场竞争力；缺乏更新的信息技术支持可能会导致人才流失。优秀的会计人才可能会选择离开技术落后的企业或机构，寻求更好的发展机会和工作环境。

针对传统会计行业存在的信息技术不完备问题，给出了以下解决方案：

首先，会计机构和企业应该积极投入资金和资源，进行信息技术系统的更新和升级。采用最新的软件系统和技术设备可以提高工作效率、加强数据安全，并提升服务水平。其次，企业应为会计从业者提供定期的技术培训和教育，帮助他们掌握最新的信息技术知识和技能。通过不断学习和提升，可以提高会计人员的技术水平，以适应信息化发展的需求。再次，小型会计事务所或中小型企业可以考虑与其他机构合作或共享信息技术资源，通过合作与共享,可以降低信息技术投入成本,共同应对技术更新和升级的挑战。最后,加强信息安全意识和保护措施,采取有效的措施保护财务数据的安全和隐私。

会计行业信息技术支撑不完备的问题是一个长期存在的挑战,但通过积极采取措施,可以逐步解决这一问题。会计机构和企业应该意识到信息技术的重要性,加强对信息技术的投入和管理、提升信息化水平,以适应数字化时代的发展需求。只有这样,才能更好地推动会计行业的发展,提升服务质量,从而实现可持续发展的目标。

3. 会计行业的价值链向"战略导向"发展

价值链会计最主要、最直接的两个理论来源是价值链管理理论与会计管理理论,因此,价值链会计理论框架的构建应主要考虑这两个理论的特点,以形成自己特有的理论框架。价值链管理的精髓在于用"链"的观点来看待企业的一切现实的和潜在的价值增值活动,对外将供应商、客户、竞争对手等相关企业视为外部价值链的组成部分,强调与它们的合作关系,将自己的价值增值建立在整个价值链联盟的价值增值基础之上,体现的是一种"多赢"的观念;对内将所有的价值增值活动视为内部价值链上的有机组成部分,它们之间是相互影响的关系,强调通过协调及消除不增值活动等手段来创造最大化的价值。总而言之,价值链管理强调的是一种对外与对内的合作与协调关系,以及建立在这一关系基础上的价值增值最大化思想。传统的会计理论建立在传统的管理思想基础之上,这种传统的管理思想人为地将企业的各个业务活动割裂开,而且很少考虑企业外部的影响因素,这导致传统的会计管理缺乏整体和协调的观念,从而影响会计管理工作的绩效。

从传统角度而言,会计服务主要是为企业提供财务报告、税务申报等基础性工作,其主要价值体现在合规性和数据准确性方面。然而,随着市场竞争的加剧和商业环境的变化,企业对会计服务的需求也在发生变化。他们需要更多战略性的支持,以应对市场挑战、制订发展策略和优化资源配置。

(1)"战略导向"在会计行业的体现:①战略规划与咨询服务,现代会计事务所不仅提供财务报告和税务服务,还会提供战略规划和咨询服务。他们帮助客户分析市场趋势、竞争对手和内外部环境,制订长期发展战略,并为企业提供战略执行的支持。②风险管理与内部控制，风险管理是企业战略决策的重要组成部分，会计师通过评估和管理企业的风险，帮助企业建立健全的内部控制体系，保障企业的资产安全和利益最大化。③绩效管理与数据分析，绩效管理是企业战略执行的核心环节，会计师利用数据分析工具和技术，帮助企业监控和评估业绩，发现问题并及时调整战略，以实现业务目标。④资本市场和投资者关系，会计师在企业的资本市场和投资者关系中扮演着重要角色。他们负责制作财务报告，向投资者传递企业的财务状况和业绩表现，为投资者提供决策支持。

（2）变革的驱动因素：①商业环境的变化，球化、数字化和市场竞争加剧等因素推动了企业对战略性支持的需求增加，企业需要更多的战略规划和决策支持，以适应快速变化的商业环境。②技术进步与数据驱动，信息技术的发展使得数据处理和分析变得更加高效和准确，会计师可以利用数据驱动的方法，为企业提供更准确的决策支持和战略建议。③专业人才的崛起，现代会计师需要具备更广泛的知识和技能，不仅仅是财务专业知识，还需要懂得战略管理、市场营销、风险管理等方面的知识，专业人才的崛起推动了会计行业向战略导向的转变。

（3）变革带来的影响：①提升会计服务的附加值，战略导向的会计服务不仅仅是数据处理和报告，而是提供更多战略性的决策支持，为客户创造更大的附加值。②拓展会计师的角色和职责，会计师不再仅仅是财务管理的执行者，而是战略伙伴和决策者，他们需要参与到企业的战略规划和决策制定中，为企业提供战略性建议。③提高行业竞争力，战略导向的会计服务可以帮助企业更好地应对市场挑战，提高竞争力和盈利能力，从而推动整个行业的发展。

会计行业的价值链正逐渐向战略导向发展，这是市场需求和行业变革的必然结果。随着商业环境的不断变化和技术进步的推动，会计师将发挥越来越重要的战略作用，为企业的发展提供更全面的支持和服务。

8.1.2　会计从业人员面临的挑战

21世纪经济的的迅速发展使得会计行业也要紧跟国际形势。随着人工智能、大数据分析和自动化技术的兴起，会计技术变革给传统的会计工作带来了挑战。会计市场的开放不仅会给会计工作人员的适应、判断和管理能力带来国际化挑战，而且也会对会计人员的职业思想道德、创新发展能力带来严峻挑战。大数据时代赋予会计人员日渐重要的地位与需求，也对会计人员的必备素质提出了更高的要求。

（1）自动化对传统工作的影响：①自动化技术日益普及，传统的数据录入和处理等重复性工作面临被替代的风险，这对传统的会计从业人员构成了威胁。②数字化转型改变学习曲线，会计从业人员需要适应新的数字化工具和技术，这需要不断的学习和适应，可能会对一些传统会计人员构成挑战。然而，技术变革不仅带来了挑战，也为会计行业带来了新的机遇，如智能化工具的应用，数据分析软件、人工智能系统等智能化工具的应用可以提高会计工作的效率和准确性，从而为会计从业人员创造更多的时间去专注于战略性的工作。③数字化技能的需求增加，具备数字化技能的会计从业人员将更受市场欢迎，掌握大数据分析、云计算等技能，可以让会计人员在数字化时代抢占先机。

（2）复杂的法规与合规要求的挑战：①随着全球化进程的加速，会计行业面临着越来越复杂的法规和合规要求。②国际财务报告准则的变化、国际财务报告准则（IFRS）等法规的不断更新和变化，使得会计从业人员需要不断学习和适应新的法规要求，以确保财务报告的准确性和合规性。③日益复杂的税收政策，跨国公司面临的复杂税务环境需要会计人员具备更深入的税务知识，以确保企业遵循相关法规并最大程度地减少税务风险。尽管法规要求不断提高，但也为会计从业人员提供了发展的机遇，专业咨询服务的需求。随着法规和合规要求的复杂化，对专业咨询服务的需求也在增加，因此具备深厚专业知识的会计从业人员可以为企业提供更全面、精准的合规建议和服务。④专业化领域的发展，会计人员可以通过深入研究特定行业或领域，成为该领域的专业人士，这不仅提高了从业人员的市场价值，同时也能够为企业提供更具针对性的专业服务。

（3）全球化的商业环境给会计行业带来了新的挑战和机遇：①全球化业务的复杂性，企业越来越多地拓展到全球市场，会计人员需要处理跨国业务、多国税收政策等问题，增加了工作的复杂性；②多元化业务的管理，企业日益多元化的业务形态，涉及不同行业和领域，对会计人员的综合管理和协调能力提出了更高的要求。

（4）传统会计人员必须终身学习，跟上数字化变革的脚步。目前人工智能一般是应用在复杂、烦琐的工作中，这些财务工作对于会计人员来说，不仅要耗费大量的时间精力，而且在处理的过程中，也常常会发生一定的错误，导致会计信息处理效率和质量低下。而将这部分工作交由人工智能进行处理，可进一步提高处理的效率和质量。但对于高级会计工作而言，人工智能尚未渗透其中。基于这一现状，会计工作人员必须要重新对自己进行定位，积极寻找自身的价值，并确定新的工作目标，进而不断提升自身的综合素质，以保证其不会被行业淘汰。面对快速变化的市场和职业环境，终身学习的理念变得愈发重要。适应变化、持续学习，并灵活应对市场需求，将是会计人员在未来取得成功的关键。

8.2 会计从业人员如何应对数字化变革

8.2.1 提升技术应用能力

1. 学习数据分析与挖掘

在新一代信息技术发展背景下，大数据智能化时代主要是以数字化的知识和信息作为工作对象。中共中央国务院于 2020 年 4 月 9 日印发的《关于构建更加完善的要素市场化配置体制机制的意见》明确提出，要加快数据要素市场的培育，推进政府数据开放共享，提升社会数据资源价值，加强数据资源整合和安全保护。随着数字经济的飞速发展，数据已成为全球争夺的重要战略物资，数据也成为企业的核心竞争力。数据具有很强的共享性，需要会计人员利用数据挖掘技术及分析能力进行二次或多次开发，从而挖掘出其中更有用的信息。因此，在大数据智能化时代背景下，会计人员需要掌握数据的挖掘及分析能力，通过挖掘和分析找出最有价值的商业信息，进而参与企业管理决策。特别是目前国家数字政务不断发展，自动化、共享化水平越来越高，企业的纳税风险不断地上升。新时代下的企业会计人员更应努力去掌握新一代信息技术在企业纳税筹划中的应用，加快建立一套科学完善的纳税筹划风险管理系统，实现企业的管理需要。

会计人员应夯实理论基础，掌握数据分析工具并将其运用到实际当中。要想夯实理论基础，学习数据分析与挖掘，首先要掌握相关的理论知识，会计人员需要了解统计学、数据挖掘算法、机器学习等基础知识，理解数据分析的基本原理和方法，因为理论知识是后续的实践操作坚实的支撑，掌握数据分析工具是会计人员学习数据分析与挖掘的关键步骤，所以 Excel、Python 等工具在会计领域具有广泛的应用。会计人员可以通过参加培训课程、在线学习等方式，逐步掌握这些工具的使用技巧，提高数据处理和分析的能力。理论学习和工具掌握只是第一步，真正的挑战在于将所学知识应用于实际工作中。会计人员可以通过参与实际项目、分析真实案例等方式，将理论知识与实际操作相结合，加深对数据分析与挖掘的理解和应用。数据分析与挖掘在会计工作中的应用实践，正逐渐成为现代财务管理的重要趋势。以下是数据分析与挖掘技术在会计工作中的应用：

（1）在深度财务分析方面，数据分析与挖掘技术为会计人员打开了一扇全新的窗口。传统的财务分析主要依赖于财务报表和静态的财务指标，而现代会计则通过深度利用数据分析与挖掘技术，挖掘出财务数据背后的丰富信息和潜在价值，从而为企业提供更精准、更有远见的财务决策支持。通过对大量的历史财务数据进行挖掘，会计人员可以揭示出财务趋势、周期性变化以及潜在的异常点。这些分析不仅有助于预测未来的收入、成本等变化趋势，还能帮助企业提前制订应对策略。此外，结合客户数据进行分析，会计人员可以更加精准地识别出对企业有重要价值的客户，进而制订更加个性化的服务和营销策略。同时，通过对客户数据的深入挖掘，还能发现潜在的风险客户，为企业规避风险提供有力支持。

（2）精准成本控制是会计工作的另一个重要应用领域。传统的成本控制方法往往依赖于经验和手工核算，很难发现成本构成中的细微差异和不合理因素。而借助数据分析与挖掘技术，会计人员可以迅速定位到成本构成中的关键点和异常值。通过对采购、生产、销售等各个环节的成本数据进行深入分析，会计人员可以揭示出成本过高的原因，如供应商价格不合理、生产过程中的浪费等。进而，会计人员可以提出针对性的成本控制策略，如优化供应商选择、改进生产工艺等，从而有效降低企业的运营成本、提升盈利能力。

（3）智能风险预测则是数据分析与挖掘技术在会计工作中的又一重要应用。传统的风险预测方法往往依赖于经验和直觉，很难准确把握潜在的风险因素和风险点。而借助数据分析与挖掘技术，会计人员可以建立风险预测模型，对历史数据进行挖掘和分析，发现潜在的风险信号和预警指标。通过对这些风险信号和预警指标的实时监控和分析，会计人员可以及时发现并应对潜在风险，为企业的风险管理和防范提供有力支持。

综上所述，数据分析与挖掘在会计工作中的应用实践具有广泛的应用前景和巨大的价值潜力。通过深度财务分析、精准成本控制和智能风险预测等方面的应用，会计人员可以更加深入地挖掘财务数据背后的信息和价值，为企业提供更精准、更有远见的财务决策支持。

2. 掌握数字化工具与软件

随着科技的发展，会计基础核算业务、财务报表业务等原会计基础工作将被人工智能逐步取代，借助 OCR 机器识别、RPA 流程自动化等手段，机器人将在流程化、自动化的会计基础工作中逐渐取代人工。对于机器人的管理员方面，需要既精通财务又精通技术的应用型专业人才对机器人日常管理和流程异常事项进行及时处理。在数字化变革中，会计人员不再是单纯的数据记录者和报表编制者，而是需要成为能够运用数字化工具与软件，高效处理和分析数据的专业人士。

数字化工具是指在现代科技的推动下，通过将传统工作流程、信息处理和沟通方式转变为电子化、网络化形式的一系列应用程序和软件工具。数字化工具，简而言之，是将传统模式转化为数字化形式的工具和技术。它们可以包括各种软件、应用程序、在线平台和互联网服务，主要用于数据管理、信息交流、任务处理等。

数字化工具与软件如云计算平台、大数据分析工具、自动化记账系统等，为会计工作带来了革命性的变化。通过云计算平台，会计人员可以实现数据的实时共享和协同工作，打破了地域和时间的限制，提高了工作效率。这些工具不仅极大地提高了数据处理的准确性和效率,而且使得会计人员能够从繁琐的日常工作中解脱出来,将更多的精力投入到高级分析和策略性决策中。为了更好地掌握数字化工具与软件,会计人员可以从以下几个方面着手:

首先,会计人员需要了解并掌握各种数字化工具与软件的基本功能和操作方法。通过参加培训课程、在线学习等方式,不断提升自己的技能水平。其次,会计人员需要在实践中不断积累经验,熟悉各种工具与软件在会计工作中的实际应用。通过处理实际案例、参与项目等方式,加深对数字化工具与软件的理解和应用。最后,会计人员还需要保持持续学习的态度,关注数字化技术的最新发展,不断更新自己的知识和技能。会计人员应快速学习、掌握并运用企业数字化转型所应用的大数据、云计算等技术和财务核算系统,从而更好地满足企业数字化转型对数字技术应用的需求。例如,对于已经建立财务共享平台的企业会计人员来说,掌握并运用财务共享平台是必需的,而对于目前还没有应用财务共享平台的企业会计人员来说,应积极学习财务共享平台的应用方法,因为财务共享平台的应用是企业的发展趋势,提前学习相关知识能够更好地应对企业未来进行数字化转型可能带来的变化,同时也能够提高自身的竞争力。

掌握了数字化工具与软件后,会计人员的工作面貌发生了明显改变,实现了工作效率和质量的双提升。在数据处理方面,数字化工具以其强大的自动化功能,显著改变了传统的手工操作模式。以前,会计人员需要花费大量时间收集和整理数据,手动进行烦琐的计算和核对,而现在,这些工作都可以由数字化工具自动完成。这些工具能够迅速从各个数据源抓取数据,进行清洗、整合和分析,大大提高了数据处理的速度和准确性,同时也降低了人为错误的风险。

在报表编制方面,数字化工具同样展现出了强大的威力。传统的报表编制工作往往需要会计人员手动填写数据、调整格式,不仅耗时耗力,还容易出错。而现在,借助自动化报表生成工具,会计人员只需设定好模板和规则,便可以根据预设的要求自动生成各种财务报表和分析报告。这不仅提高了报表的准确性和及时性,还使得会计人员能够有更多的时间和精力投入到对数据的深入分析和解读中。

预算管理是企业财务管理的重要一环，数字化工具在这里也发挥了重要作用。通过预算管理软件，会计人员可以实时监控预算执行情况，包括各项费用的支出、收入的实现等。一旦发现预算执行情况与预期存在偏差，会计人员可以迅速进行调整和优化，这种实时监控和动态调整的方式，使得预算管理更加精准和高效。

此外，数字化工具与软件在风险管理和决策支持等领域也发挥着越来越重要的作用。通过对历史数据的挖掘和分析，会计人员可以揭示出潜在的风险因素和风险点，为企业制定风险防范措施提供重要依据。同时，基于数据的决策支持也使得企业的决策更加科学、合理。会计人员可以利用数字化工具对数据进行深度挖掘和分析，为企业制订战略、优化运营提供有力支持。

综上所述，数字化工具与软件的应用为会计人员的工作带来了革命性的变化。它们不仅提高了工作效率和质量，还使得会计人员能够有更多的时间和精力投入到对数据的深入分析和解读中，为企业的发展贡献更多的智慧和力量。随着技术的不断进步和应用场景的不断拓展，数字化工具与软件在会计工作中的应用前景将更加广阔。

8.2.2 增强业务洞察力

1. 深入了解企业运营模式

大数据时代的到来要求企业具有经营管理的敏捷性和信息决策的实时性，现代企业以数据驱动来带动业务发展，需要在大数据环境下获取决策信息。企业借助人工智能技术智能化地处理会计工作，挖掘数据背后隐含的信息，让数据通过洞察变成信息和知识，辅助管理决策。如何洞察业务本质，成为会计人员面临的重要课题。掌握业务洞察力不仅要求会计人员具备深厚的会计专业知识，还需要他们深入了解企业运营模式和提高财务决策支持能力。

运营模式是对企业经营过程的计划、组织、实施和控制，是与产品生产和服务创造密切相关的各项管理工作的总称。会计人员可以通过以下举措深入了解企业运营模式：

（1）加强与业务部门的沟通与合作，是会计人员实现自身价值的重要途径。在日常工作中，会计人员需要主动与业务部门建立紧密的联系，了解他们的业务需求、工作流程和面临的挑战。通过定期的交流会议、跨部门合作项目等方式，会计人员可以深入了解业务部门的运作情况，为他们提供精准的财务支持和建议。同时，会计人员还需要关注业务部门的创新实践和市场动态，以便及时调整财务策略，为企业的业务发展提供有力保障。

（2）参与企业的战略规划与决策过程，是会计人员提升自身能力的关键环节。在战略规划阶段，会计人员需要深入了解企业的发展目标、市场定位和业务模式，为企业制订切实可行的财务规划。在决策过程中，会计人员需要运用自己的专业知识和经验，对各项决策进行财务分析和风险评估，为企业的决策提供有力支持。通过参与战略规划与决策过程，会计人员可以更好地了解企业的发展方向和未来规划，从而为企业的发展贡献自己的智慧和力量。

（3）学习行业知识和市场动态，是会计人员保持竞争力的必要手段。随着科技的快速发展和市场的不断变化，会计行业也在经历着深刻的变革。会计人员需要时刻保持敏锐的洞察力，关注行业的最新动态和趋势，以便及时调整自己的知识体系和工作方法。通过参加行业培训、研讨会等活动，会计人员可以不断拓宽自己的视野，了解最新的行业知识和技术。同时，会计人员还需要关注市场变化，了解竞争对手的情况和市场需求，以便为企业制订更加精准的财务策略。

通过加强与业务部门的沟通与合作、参与企业战略规划与决策过程、学习行业知识和市场动态等方式，会计人员可以深入了解企业的运营模式和商业模式。只有不断提升自己的综合素质和能力水平，会计人员才能在数字化变革中立于不败之地，从而为企业的发展贡献自己的力量。

2. 提高财务决策支持能力

传统会计人员需要转变思维，树立数字化意识。过去，会计人员的工作主要集中在核算、记账和报表编制等基础层面，很少涉及决策支持等高级层面。然而，在数字化时代，会计人员必须认识到数据的重要性，学会从海量数据中提取有价值的信息，为企业的战略决策提供支持。因此，会计人员需要不断提升自身的专业素养，并关注行业发展趋势，了解新兴技术和业务模式，以便在财务决策中提供更具前瞻性的建议。

加强与业务部门的沟通与协作也是提升财务决策支持能力的关键。传统会计人员往往局限于财务部门内部，与业务部门之间的沟通和协作不够紧密。然而，在数字化时代，财务部门与业务部门之间的界限逐渐模糊，因此二者之间的合作变得更加重要。会计人员应主动与业务部门建立联系，了解业务需求，为业务部门提供有针对性的财务支持。同时，会计人员还应积极参与企业的战略规划和项目管理，从财务角度为企业的发展提供有力保障。

培养跨学科的知识储备也是提升财务决策支持能力的重要途径。在数字化时代，财务决策不再局限于财务领域本身，而是需要综合考虑市场、技术、法律等多个方面的因素。因此，会计人员需要具备跨学科的知识储备，以便更好地理解和分析企业的运营环境和风险。通过不断学习和积累，会计人员可以逐渐形成自己的知识体系和思考框架，为企业的财务决策提供更具深度和广度的支持。

转型成为管理赋能型综合财务人才是提升财务决策支持能力的重要路径。随着经济和科技的发展，企业面临的内外部环境的复杂程度不断上升，对企业经营风险管理，以及精细化的内部流程和成本管理需求不断上升。因此，需要财务人员更多地向管理型人才转变，不仅要精通财务知识，更要参与到企业的管理中，深入了解企业业务流程，为企业精细化管理中的流程再造、全面预算管理进行决策支持，不断将财务和业务进行整合处理，从而推动企业战略目标的达成。深入学习企业业务流程，不断完善企业内部管理流程和外部经营决策方法，从业务核算型会计向综合管理型人才进行转型。

在数字化变革的背景下，创新思维和跨界合作能力成为会计人员不可或缺的重要素质。会计人员应勇于尝试新的方法和手段，寻找解决问题的有效途径。利用大数据分析、云计算、人工智能等先进技术，对企业的财务数据进行深入分析和挖掘，发现潜在的业务机会和风险点，为企业的决策提供有力支持。同时，跨界合作能力是会计人员实现自身价值和提升工作效率的重要手段。在数字化变革的背景下，企业的运营模式和商业模式都在发生深刻的变化，财务部门需要与其他部门更加紧密地合作，共同应对挑战和把握机遇。会计人员应积极与销售、采购、生产等部门建立合作关系，深入了解企业的业务流程和价值创造过程，为财务分析提供更加全面和更准确的数据支持。

8.2.3 持续学习与适应变化

1. 关注会计行业发展趋势

2006年初,我国发布了新的会计准则体系,标志着我国会计准则与国际会计准则趋同。会计制度正在不断发展,关注会计行业发展趋势有助于传统会计人员了解行业的最新动态和变化。随着技术的发展,会计行业正逐渐从传统的核算、记账向数字化、智能化方向转变。会计人员需要密切关注这些变化,了解新兴技术的应用和行业的创新模式,以便及时调整自己的工作方式和思维模式,跟上时代的步伐。

随着行业的发展,企业对会计人员的要求也越来越高。目前全国会计人才市场逐渐呈现出两极分化的趋势:一方面普通会计人才严重饱和,另一方面高级会计人才严重短缺,甚至需要从其他国家引进。面对这一现象,财政部近几年的政策也表明:在不久的将来,高端会计师将会成为我国会计的重点培养对象。会计人员需要不断学习和掌握新的知识技能,以适应行业的变革。通过关注行业发展趋势,会计人员可以了解最新的会计准则、政策和法规,掌握先进的财务管理理念和方法,从而提升自己的专业素养和能力水平。那么,传统会计人员应如何提升对会计行业发展趋势的关注度呢?

首先,传统会计人员需要积极拥抱变革,主动获取行业信息,以便在数字化时代保持敏锐的洞察力。在现代社会中,信息更新速度极快,行业内的动态和前沿技术日新月异。因此,会计人员不能仅满足于完成日常的工作流程,而应主动拓宽信息获取的渠道。他们可以通过阅读行业专业书籍、期刊杂志,参加行业研讨会、培训会议等途径,深入了解行业的最新动态和前沿技术。这些活动不仅能够帮助会计人员掌握最新的会计理论和方法,还能够让他们了解行业内的创新实践,为企业的财务管理提供新的思路和方法。除了传统的信息获取方式,会计人员还可以充分利用互联网资源,获取更加及时和丰富的行业信息。他们可以关注会计行业的官方网站、社交媒体等渠道,随时了解行业的最新动态和热点话题。此外,通过浏览行业博客、论坛等交流平台,会计人员还可以与同行进行在线交流和讨论,分享彼此的经验和见解。

其次,传统会计人员需要加强与同行的联系与合作,以拓宽视野并提升专业素养。在数字化时代，企业之间的合作与竞争关系愈发复杂，会计人员需要具备更广泛的视野和更高的专业素养，才能为企业提供更好的财务服务。通过加入会计行业协会或组织，会计人员可以与同行进行分享，了解他们的经验和做法。这些协会或组织通常会举办各种交流活动，如研讨会、讲座、座谈会等，为会计人员提供了学习和交流的平台。通过参与这些活动，会计人员可以结交更多的同行朋友，了解不同企业的财务管理模式和经验，从而提升自己的专业素养和能力。

最后，传统会计人员还应积极参与企业的战略规划和管理决策，以更好地发挥会计职能的作用。会计人员作为企业的重要管理者之一，应该深入了解企业的运营模式和业务流程，对企业的财务状况和风险点有清晰的认识。通过参与企业的战略规划和管理决策，会计人员可以更好地了解企业的战略目标和发展方向，从而为企业的发展提供有力的财务支持。同时，会计人员还可以借此机会了解企业的市场需求和竞争态势，为企业的财务管理提供更加精准的建议。

在关注会计行业发展趋势的过程中，传统会计人员还需要保持开放的心态和创新的思维。数字化变革带来了许多新的机遇和挑战，会计人员需要敢于尝试新的技术和方法，勇于探索新的领域和模式。同时，也要保持对新知识的渴望和学习的热情，从而不断提升自己的综合素质和能力水平。

总之，提高关注会计行业发展趋势的能力对于传统会计人员来说至关重要。通过主动获取行业信息、加强与同行的交流与合作、积极参与企业的战略规划和管理决策，以及保持开放的心态和创新的思维，会计人员可以更好地应对数字化变革的挑战。

2. 参加专业培训与交流活动

随着全球化和信息化的深入发展，新的会计准则、税务政策、财务管理理念和技术手段不断涌现，要求会计人员不断更新知识和技能，以适应新的工作环境和要求。因此，参加专业培训与交流活动成为会计人员提升自身专业素养和竞争力的重要途径。随着数字化技术的应用日益广泛，会计人员需要掌握更多的数字化技能，如大数据分析、云计算、人工智能等。通过参加专业培训，会计人员可以系统地学习这些新知识、新技能，从而掌握数字化工具的应用方法，提高工作效率和质量。

专业培训还能帮助会计人员了解行业的最新动态和发展趋势，为他们的工作提供有力的理论支持和实践指导。参加专业培训为会计人员提供了一个学习和交流的平台，在培训过程中，会计人员可以与来自不同领域、不同企业的同行进行深入交流和探讨，分享彼此的经验和做法，进而互相学习和借鉴。这种交流和互动有助于会计人员拓宽视野，了解不同企业的财务管理模式和经验，从而更好地应对数字化变革带来的挑战。除了专业培训，会计人员还可以积极参加各种交流活动，如行业研讨会、论坛、座谈会等。这些活动不仅为会计人员提供了与业内专家和学者交流的机会，还能让他们了解行业的最新研究成果和发展方向。通过参加这些活动，会计人员可以不断更新自己的知识体系，以跟上数字化变革的步伐。

此外，参加交流活动还能增强会计人员的团队协作精神和沟通能力。在数字化变革的背景下，财务部门与其他部门之间的沟通和协作变得更加重要。通过参加交流活动，会计人员可以更好地了解其他部门的需求和关注点，从而加强与其他部门的沟通和合作，形成更加紧密的团队协作关系。这种团队协作精神和沟通能力对于应对数字化变革中的挑战和问题至关重要。在参加专业培训与交流活动时，传统会计人员应充分发挥自己的主观能动性，积极参与、深入思考。首先，要明确自己的学习目标，有针对性地选择适合自己的培训课程和活动。其次，要保持开放的心态，勇于接受新知识、新技能，敢于挑战自己的传统思维模式。最后，还要善于总结和反思，将所学知识和技能应用到实际工作中去，不断提高自己的工作效率和质量。

总之，参加专业培训与交流活动是传统会计人员应对数字化变革的重要途径。通过参加这些活动，会计人员可以不断提升自己的专业素养和技能水平，从而增强团队协作精神和沟通能力。

8.3 企业如何支持会计从业人员应对数字化变革

8.3.1 提供数字化培训与资源支持

随着数字化技术的迅速发展，企业面临着数字化变革的挑战。在这一背景下，会计从业人员作为企业财务管理的核心力量，其数字化能力的提升至关重要。为了支持会计从业人员应对数字化变革，企业需要提供数字化培训与资源支持。以下是企业可以采取的具体措施：

（1）制订数字化培训计划。企业应结合会计从业人员的实际情况和数字化技术的发展趋势，制订具体的数字化培训计划。该计划应包括培训目标、培训内容、培训方式、培训时间等方面的内容，确保培训的针对性和有效性。

（2）提供多样化的培训方式。为了满足不同会计从业人员的学习需求和习惯，企业应提供多样化的培训方式。例如，可以组织线上培训课程，方便会计从业人员随时随地学习；也可以邀请数字化技术专家进行现场授课，提供面对面的指导和交流机会；此外，还可以鼓励会计从业人员参加行业内的数字化培训活动，拓宽其视野和知识面。

（3）提供数字化资源支持。①提供数字化工具与软件的试用机会，以便他们在实际工作中熟悉和掌握这些工具与软件的使用；②企业还可以建立数字化资源共享平台，提供相关的数字化资料、案例、视频等学习资源，方便会计从业人员随时查阅和学习；③企业还可以搭建交流平台，鼓励会计人员之间进行经验分享和交流合作，形成良好的学习氛围和合作机制；④引进先进的会计信息系统，如 ERP 系统、财务共享平台等，实现财务数据的集中管理和自动化处理；⑤通过系统提供的实时数据和分析功能，会计人员可以更好地了解企业运营状况，为决策提供有力支持；⑥建立完善的数据安全保障机制，包括数据加密、访问控制、备份恢复等措施，确保会计数据的安全性和完整性；⑦加强员工的数据安全意识培训，提高会计人员对数据安全的重视程度。

（4）企业应持续关注数字化变革的最新动态和会计人员的实际需求，不断优化培训与资源支持体系。企业可以定期收集会计人员的反馈意见，了解培训效果和资源使用情况，及时调整培训计划。同时，企业还可以加强与行业组织和专业机构的合作与交流，引进先进的培训理念和方法，不断提升培训与资源支持的质量和水平。

8.3.2 鼓励创新与团队协作精神

随着数字化技术的广泛应用,财务管理领域也在不断创新。会计人员需要摆脱传统思维的束缚,积极拥抱新技术、新方法,不断探索财务管理的新路径。在数字化时代,跨部门、跨领域的合作成为常态。会计人员需要与其他部门密切合作,共同应对复杂的财务问题。为了支持会计从业人员应对数字化变革,并在此过程中鼓励创新和团队协作精神,企业可以采取以下措施:

(1)建立创新文化。企业应积极营造一种鼓励创新且开放包容的文化氛围。这种文化氛围有助于激发会计人员的创新潜能,促进团队协作精神的发挥,鼓励会计从业人员勇于尝试新的数字化工具、技术和方法,即使它们可能带来一定的风险。通过设立创新奖励机制,企业可以表彰那些在数字化变革中表现出创新精神的会计从业人员,从而激发整个团队的创新热情。

(2)提供创新支持。这包括提供数字化技术研究和开发所需的资源,购置先进的数字化设备和软件,为研发人员提供高效的工作平台。企业应给予研发人员充分的时间,让他们能够专注于技术研究和开发,而不是被琐碎的事务所牵绊。通过合理安排工作时间和任务,确保研发工作的顺利进行,从而加速创新成果的产出。此外,企业还可以建立创新团队或跨部门协作平台,让会计从业人员与其他部门的同事共同研究、探讨数字化变革中的新问题、新挑战和新机遇。

(3)培养团队协作精神。数字化变革往往涉及企业内多个部门和岗位的协同合作。因此,培养会计从业人员的团队协作精神至关重要。企业可以通过组织团队建设活动、跨部门合作项目等方式,加强会计从业人员与其他部门同事之间的沟通与协作能力,不断提升会计人员的创新能力和团队协作精神。同时,企业还可以建立明确的团队协作规范和流程,确保在数字化变革过程中各部门能够高效、有序地协同工作。

(4)鼓励知识分享与交流。在数字化变革过程中,会计从业人员需要不断学习和更新自己的知识。企业应鼓励会计从业人员之间进行知识分享与交流,以便更好地应对变革带来的挑战。为此,企业可以建立内部交流平台或社交媒体群组,方便会计从业人员随时分享自己的经验、心得和发现。同时,企业还可以定期组织内部研讨会或分享会,让会计从业人员有机会与同行深入交流、碰撞思想。

8.3.3 建立有效的激励机制与评价系统

当人们一旦确立了目标就有了行动的方向,就会努力地为实现目标而积极行动。然而,在数字化时代,传统的企业财务会计会显现出越来越明显的缺陷,严重的话甚至会阻碍企业的发展。如果企业想在同一行业的竞争中处于更加有优势的地位,并能够更长期、稳定地发展,则必须对现有的传统的财务会计系统进行现代化的改革。同时,也要积极探索未知的人工智能领域并探究和开发出更全面、标准化的制度体系。因此,企业建立有效的激励机制与评价系统,对于支持会计从业人员应对数字化变革而言至关重要。以下的建议措施旨在激发会计从业人员的积极性、提升他们的数字化技能,并促进企业的整体数字化转型。

首先,企业应明确激励机制的目标,即鼓励会计从业人员积极参与数字化变革,提升他们的数字化技能水平,以推动财务管理工作的创新与发展。这些目标应与企业的整体战略和数字化转型目标保持一致。

其次,为了满足不同会计从业人员的需求,企业应设计多元化的激励措施。这些措施可以包括:①物质激励,如提供数字化技能培训补贴、设立数字化创新奖励基金,以及对在数字化变革中表现突出的会计从业人员给予加薪或晋升等;②非物质激励,如提供数字化技能认证机会、举办数字化技能竞赛并颁发荣誉证书,以及为优秀团队或个人提供展示成果的平台等。

再次,为了客观、公正地评价会计从业人员在数字化变革中的表现,企业应建立科学的评价体系。该体系应包括:①数字化技能掌握程度,用以评价会计从业人员对数字化工具、软件和技术的熟悉程度和应用能力;②数字化创新成果,用以评价会计从业人员在数字化变革过程中提出的创新想法、实施方案以及取得的成效;③团队协作与沟通能力,用以评价会计从业人员在跨部门、跨岗位协作中的表现,以及他们在团队中发挥的作用和影响力。

最后,确保激励机制与评价系统的有效实施,为了确保激励机制与评价系统的有效实施,企业应采取以下措施:①加强沟通与宣传,向全体会计从业人员明确介绍激励机制与评价系统的目的、内容和实施方式，确保他们了解并认同这些措施；②定期评估与调整，定期对激励机制与评价系统的实施效果进行评估，根据评估结果及时调整和完善相关措施，以确保其持续有效；③强化监督与反馈，建立监督机制，确保激励措施和评价结果的公正、公平；④鼓励会计从业人员提供反馈意见，以便企业及时了解他们的需求和期望，并作出相应改进。

总之，通过建立有效的激励机制与评价系统，企业可以激发会计从业人员的积极性和创造力，提升他们的数字化技能水平，进而推动企业的整体数字化转型。这不仅有助于提升企业的财务管理能力和竞争力，也有助于为会计从业人员创造更好的职业发展环境。

第九章
数字化与会计教育变革

会计教育数字化是中国数字化人才建设的重点工程之一,党的二十大报告提出:"当前,世界百年未有之大变局加速演进,新一轮科技革命和产业变革深入发展,国际力量对比深刻调整,我国发展面临新的战略机遇。"国务院国资委发布的《关于中央企业加快建设世界一流财务管理体系的指导意见》、财政部印发的《会计信息化发展规划(2021—2025年)》《会计改革与发展"十四五"规划纲要》等文件都突出强调了数字化转型与人才培养的重要任务,并明确指出会计需主动进行职能拓展,深化会计人才培养模式改革,推进会计教育改革,提升会计教育质量,向更高水平的信息化迈进。

然而,数字技术在企业管理领域呈现出突飞猛进的发展态势,进一步加剧了传统会计教育体系与当下企业对会计岗位职能需求之间的差距,这是摆在传统会计教育面前尤为棘手的问题。那么,我国会计教育应如何应对数字化发展进程中对会计人才的培养新要求与新挑战?如何培养数字化会计人才呢?

9.1 传统会计教育的现状

工业时代,传统的会计模式是建立在借贷记账法、权责发生制等基础上,以资产的确认、计量、记录、报告为核心的。在此基础上应运而生的传统的会计教育也更偏向于满足应试教育的需求,教育的定位主要集中在根据会计专业的培养目标,为受教育者教授最基础的会计理论知识和操作技能,帮助他们熟悉会计的基本流程和规则,从而具备从事会计工作的能力。

9.1.1 传统会计教育的定位

会计学是研究会计信息的收集、记录、报告、解释、分析和验证,并有效地管理经济活动的一门学科,由阐明会计制度赖以建立的会计理论以及处理和组织会计实务的会计程序、方法组成。

传统的会计学专业人才的培养主要定位于理论基础、实践操作、职业素养三个方面:

(1) 理论基础主要包括会计原理的掌握、会计准则的理解、会计制度的了解三个方面。

第一,会计原理的掌握。传统会计教育强调学生对会计基本原理的理解和掌握,这包括会计的定义、目标、假设以及会计信息的生成和传递过程等。通过对这些原理的学习,学生能够对会计的本质和作用有深入的认识,为后续的会计学习打下坚实的基础。

第二,会计准则的理解。会计准则是规范会计行为、保证会计信息质量的重要依据。传统会计教育要求学生深入学习并理解会计准则,掌握其基本内容和要求。这有助于学生在实际工作中正确运用会计准则,提高会计信息的质量和可靠性。

第三,会计制度的了解。会计制度是企业内部规范会计行为、保证会计工作有序进行的规章制度。传统会计教育要求学生了解企业会计制度的基本框架和内容,熟悉会计工作的流程和规范。可以帮助学生在实际工作中更好地适应企业的会计制度,提高工作效率。

(2) 实践操作主要包括手工账务处理以及基础的财务软件应用。

第一,手工账务处理。传统会计教育通过教授手工账务处理的流程和方法,使学生掌握基本的会计操作技能,包括凭证的填制、账簿的登记、报表的编制等。学生通过手工账务处理的学习和实践,能够熟悉会计工作的基本流程,为后续的电算化会计操作打下基础。

第二,财务软件应用。随着科技的发展,会计软件在会计工作中扮演着越来越重要的角色。传统会计教育也会培养学生的财务软件应用能力。学生将学习如何使用各种会计软件,掌握其基本功能和操作方法。这将使学生在实际工作中更加高效地进行账务处理、报表生成等工作。

（3）职业素养主要包括诚信与道德观念、责任感与敬业精神、保密意识、风险意识与谨慎态度。

第一，诚信与道德观念。会计是一个高度依赖诚信的职业。传统会计教育强调培养学生的诚信意识，确保他们在工作中始终坚守道德底线。这包括确保财务信息的真实性、完整性和准确性，以及遵守会计职业道德规范。

第二，责任感与敬业精神。会计人员需要承担起为企业和社会提供准确财务信息的重要责任。传统会计教育通过强调责任感的培养，使学生明白自己的工作对于企业和整个经济体系的重要性，并培养他们的敬业精神。

第三，保密意识。会计人员经常接触到企业的敏感财务信息。传统会计教育注重培养学生的保密意识，确保他们不会泄露任何可能对企业造成损害的信息。

第四，风险意识与谨慎态度。会计工作涉及企业的经济命脉，因此，传统会计教育培养学生的风险意识，使他们在处理财务信息时始终保持谨慎态度，确保不会因疏忽大意而给企业带来损失。

9.1.2　传统会计教育存在的问题

随着以大数据、云计算、区块链等为代表的数字技术的迅速发展，我国的数字经济正在高速增长和快速创新。中国信通院2023年发布的《中国数字经济研究报告》显示，2022年我国数字经济规模达到50.2万亿元，占GDP比重达到41.5%。数字技术与实体经济深度融合，为经济高质量发展提供强大支撑。在此背景下，越来越多的企事业单位加快数字化转型，推进了财务数字化建设，对会计岗位的核心任务与职业能力水平也提出了新的要求。因此，传统的会计培养方式已经不再适应经济社会的发展，诸多弊端暴露无遗。

1. 培养方案滞后，教育形式单一

传统的会计教育侧重于教授基础知识，培养专职人才。许多高校对专业人才培养的重点放在基础会计核算方面，会计教师把注意力集中在理论教学上，在实际教学中更加注重利用学生的记忆力来获取知识，以培养会计核算员、税务员、审计助理等传统型会计前台、中台业务岗位为主要职业导向，以单一的核算、纳税申报、审计等为岗位核心任务。传统的会计教学普遍缺乏模型化（抽象及量化）、系统化（层级及优化）、计算机实现（工科思维）等方面的内容，无法实现技术和专业的紧密融合。

由于技术的更新迭代，使用新技术从事基础会计核算的岗位越来越少，会计岗位对新技术应用与分析能力的需求越来越高。在数字化时代，借助图像识别、人工智能等技术，可以自动完成会计原始凭证扫描、数据提取和传递、财务核算和财务报表编制等程序性工作。因此，程序性的会计核算工作将逐渐交给财务机器人去完成，而专门从事基础核算工作的会计人员将面临失业或转岗。会计的角色定位从被动的信息提供者向主动的信息分析者转变，这就要求会计从业者从"核算型"向"管理型"转型。

传统的会计教育模式难以充分应对数字化背景下财会人才的复合化职业岗位的需求。学生对大数据、信息技术等相关技能的掌握不够全面，在成本核算以及会计管理工作中通常采用传统核算和管理模式，过于注重理论知识的学习，导致学生无法灵活地将自己所学知识运用到实践活动当中，思维能力得不到有效开发，信息技术应用能力得不到及时的培养。人才培养方案在实验课程的设计中未充分考虑互联网的发展和应用，缺乏与数字化会计的特点相契合的内容和方法，导致学生未能充分了解和掌握数字化发展在会计领域的应用。因此，虽然岗位的需求和就业机会较多，但学生自身所具备的能力却无法满足企业要求，会对学生的发展造成一定的阻碍。

2. 教育标准与人才需求不匹配

近年来，企业招聘专业人才的难度逐年递增，结构性失业的现象极为普遍。这种严峻的就业难问题主要是由于：育人标准与用人标准脱节、教育内容与实践应用脱节、教育评价与教学产品脱节等问题。学校在制订人才培养方案时缺乏必要的市场调研，不了解市场对会计人才的需求状况，也不清楚用人单位对会计人才的技能和素质要求，缺乏专业特色和竞争优势。由此可见，虽然会计相关专业的学生数量充足，但能力与企业数字化转型需求相匹配的学生严重不足。传统的会计教育体系未能及时与经济社会对会计人员的能力需求有效衔接，会计教育培养效果与经济社会对会计人员能力需求之间的差距逐渐扩大。

传统会计教育的教学模式主要采用传统的实体课堂教学模式，教学理念、教学方法和教学手段都比较陈旧。在教学理念方面，教师不能充分利用互联网新技术，仍然坚持学生以课堂为中心、课堂以教师为中心、教师以教材为中心的传统教学理念。在教学方法方面，主要采用以课堂讲授为主的"满堂灌"方式，缺乏与学生的交流互动，课堂气氛比较沉闷，难以调动学生的学习积极性。在教学手段方面，过度依赖教材和 PPT，主要还是采用传统的多媒体教学手段。在教材的编写方面，传统的会计专业的教材撰写缺乏职业特色、专业教材间缺乏相应的衔接，因此无法实现理论与实践相结合的教学要求。会计工作重在实操，但现阶段许多会计类教材的编写存在与实际融合困难的现状。

当前的会计实验课程往往注重培养学生对操作步骤的熟悉和模板的填写，缺乏对会计背后原理和概念的深入理解，实验课程普遍也以传统的实验操作为主，缺乏其他形式的教学方法的应用，以及对学生实际问题的思考和解决能力的培养。同时，会计实验课程往往以个人为单位进行实验操作，学生之间缺乏互动和合作，限制团队协作能力的发展，无法培养出具备综合素质的会计人才。程序化的教学手段、过于机械化的实验课程等问题制约了对学生综合素质的培养，会计教育需要寻求新的教学模式和方法，以提升会计实验教学的效果和质量。此外，目前高校通常是通过第三方，将技术厂商或教育机构的教育教学设备、平台及内容引入日常教学中。由于缺乏统一、普适、规范的软件，因此这种教学方式不仅加大了由于厂商或机构教学水平不足而导致的教育试错成本，而且容易出现教育主导权偏离的争议性问题。

3. 课程体系陈旧，创新意识欠缺

以互联网、大数据、人工智能、云计算、区块链等为代表的数字技术的广泛应用促使会计环境发生显著的变化。技术加持下，信息化的不断升级促进了会计从核算、监督基本职能逐渐向管理职能及其他派生职能扩展，基础性的核算会计岗位面临淘汰。会计的职能范围从传统的算账、记账、编报拓展到价值管理、资本运营、风险管控、战略决策等，未来需要的更多是将业务信息和会计核算相结合，能够针对特定的经济环境和行业发展趋势，运用大量的财务与非财务数据、结构化与非结构化数据进行深度分析，以服务企业的管理和决策,助力企业价值提升的高水平、复合型人才,这样才能够长久持续发展而不被机器人取代。

目前,传统会计专业的课程设置主要存在课程过多、结构不合理、内容陈旧等问题。会计专业课程设置过多,一般设置了"基础会计""中级财务会计""高级财务会计""成本会计""管理会计""财务报表分析"等课程,以及审计学和财务管理方面的课程。在课程结构方面,过于偏重理论课程和专业课程,而实训课程、信息技术类课程、数据分析类课程偏少。有些高校也开设了会计实践的课程,但是所涉及的内容大多停留于理念、原则、框架等方面,尚未落实到具体的操作和应用层面,课程内容比较陈旧,课程之间重复的内容较多。这种"隔靴搔痒"的课程体系不能适应目前数字化转型的发展趋势,培养的学生能力偏重于专业理论方面,缺乏实践锻炼,更谈不上拥有数据处理和分析能力、信息技术能力、管理和创新能力等。因此,优化会计专业课程体系和教学方法,是各高校会计教育改革时面临的紧迫问题。

同时,教学的设备和设施也相对滞后。目前,部分会计实验软件的功能和界面设计较为陈旧,无法体现"数字化+会计"的特点,这导致学生在实验中无法体验到数字技术在会计领域的应用。部分会计实验软件内容建设偏重传统的手工会计和电算化会计核算,但现实中的会计工作涉及许多领域,如数据分析、财务决策、风险管理等,这也限制学生的实际操作和应用能力的培养。同时,实验软件与会计行业的企业合作和反馈机制不够健全,无法及时了解行业的实际需求和动态变化,这使得会计实验软件的内容无法及时调整和优化。

此外,目前高校的知识结构相对比较单一,缺乏大数据分析、云计算和信息技术等方面的知识。在智能化时代,财务数智化正在不断挑战目前的会计职业。教师如果不能加强学习,及时更新知识储备,还是沿用传统的会计教学模式,那么培养出来的学生就不能适应智能化时代对会计人才的要求。另外,技术的发展正在不断影响教学方式和教学手段。在线教育、慕课、微课、混合式课堂等教学形式迅速发展,不仅要求教师改变教学组织方式,也要求学生改变学习方式。智能化时代对教学的挑战不仅在于技术本身,更重要的是挑战教师采用新技术的能力。

9.2 数字化时代会计教育的新发展

现代信息技术的蓬勃发展给各行业带来了深远影响，会计教育也不例外。随着数字化的兴起，会计教育面临着前所未有的机遇和挑战。互联网和大数据技术的整合为会计教育的创新和发展开辟了新的道路。此外，数字化转型还为会计教育带来个性化学习、开放教育资源、跨界合作等机遇。因此，抓住数字化的机遇，推动会计教育的理论创新和实践发展已成为提升会计教育质量的重要工作。

9.2.1 数字化时代，会计教育的基本概念

（1）会计数字化与数字会计化的关系。数字化是指将信息转化为计算机可读数字的过程，数字化技术的应用可以使得企业的日常经营管理更加精准、工作效率与工作质量不断提升，从而为管理层提供切实有效的管理信息，便于其作出精确判断。数字化技术是目前中国信息化发展的必经之地，也是国内信息技术发展至今的里程碑。从技术层面而言，可以将数字化与会计关系分为两类，即将企业会计工作融入数字化技术，实现会计数字化转型。数字化技术应用之后，可以将该项技术投入到日常财务核算当中，财务人员根据数字化技术要求、结合企业日常运作的需要，提供经济组织所需要的会计核算工作及财务信息，使得数字化会计发挥其相应作用。

（2）会计教育数字化与数字化会计教育。会计教育数字化与数字化会计教育并非仅是字面上语序的不同，其本质和内涵也存在明显差异。前者是指传统会计教育的数字化改革，如近几年某些大学尤其是一些职业院校结合"大数据""智能化"等新一代技术而增设或重组了专业，像大数据与会计、大数据与财务等，其内涵更侧重于会计教育的转型和改革动作及过程，对"结果"不过分关注或无法提前预判且没有统一的评判标准。后者则是指专门培养数字化会计的教育，如目前市面上的一些社会培训或证书项目，其以数字化会计的理论和实操为主要课程内容，学员学习的初衷、过程、结果都有明显的"数字化"特点，以数字化的习得为出发点和落脚点，全面提升数字化会计知

识技能，助力职业能力的提升和拓展。

（3）数字化会计教育研究界定。数字化会计教育以会计数字化转型为切入点，以培养懂会计、懂业务、懂技术的"三懂"数字化会计师为目标，依托数字化技术手段，全面提升被教育对象的职业水准、知识水平、技能熟练度等综合素质。与此相对应，数字化会计教育的提供方应符合以下要求：第一，依法注册，具有独立法人资格；第二，配备与所提供教育服务相匹配的服务人员和教育资源；第三，建立教育服务管理制度并有效实施；第四，按服务约定提供教育服务和产品。

9.2.2 数字化时代，会计教育的新理念

随着信息技术和人工智能的发展，新技术、新产业、新模式不断涌现，给会计理论与实务提出了新要求，也带来了新的挑战。大量重复的、低附加值的、结构化的工作正在被财务机器人替代，业务流程越来越数字化、网络化、智能化，会计由仅是事后监督转向事前预测、事中控制和事后监督的综合体，在帮助企业运营、支持战略决策和实现价值创造方面发挥越来越重要的作用。国际知名的四大会计师事务所陆续推出了财务机器人，一些大型集团公司开始建立财务共享服务中心，推行共享服务的财务管理运作模式。数字化在企业经营管理中的深度应用逐渐成为会计行业的发展趋势。

目前，我国会计人才的供需情况也存在结构性失衡的问题，初级会计人才供过于求，而高级会计人才供不应求。高校的会计专业毕业生难以找到专业对口的工作，同时企业又难以招到所需要的会计人才。

在业财税一体化深度融合中，能够用财会专业知识、数据整合、分析、预判等能力引领业务发展、商业变革，基于真实的场景和行业发展趋势所表现出的复合知识基础、分析预判、决策优化和战略思维是机器不可能取代的。因此，"新财经"背景下的会计行业，提出了要因国际经济环境变化、技术环境更新发展、产业环境变革、学科交叉融合、市场需求多样化等复杂经济环境变动而变动的会计教育发展要求。

2018年教育部出版的《普通高等学校本科专业类教学质量国家标准》显示，会计学专业人才培养应定位于博学的专业人才，在会计实践中具备

诚信意识和专业操守；课程体系能够与专业素质和能力要求有效衔接；形成保证会计专业技能相关性和时效性的持续学习与创新能力；与会计实务界形成互动。

数字化时代的会计教育定位于知识要求、能力要求、素质要求三个方面，依托数字化技术手段，以价值分析、价值管理和价值创造为核心，更加重视业务的重构与再生，更关注用户和市场的全局性优化，推动组织由管理思维向用户与数据思维转变，全面提升被教育对象的职业水准、知识水平、技能熟练度等综合水平。

（1）对会计人员的知识要求主要包括学科基础知识、专业知识、以及通识性知识和其他相关知识三个方面。

第一，学科基础知识。作为工商管理类学科的下属专业，会计学专业培养的学生首先需要掌握管理学、经济学等学科知识，建立一个良好、扎实的基础背景。

第二，专业知识。在具备学科基础知识后，学生需要系统的掌握基本理论、方法和技能等会计专业知识，了解本学科的理论前沿和发展动态，熟悉国内外与会计有关的制度法规和国际惯例。

第三，通识性知识及其他相关知识。学生还需要具备人文社会科学知识，学习思想政治理论，掌握并运用数学、外语和计算机等方面的知识技能，以及适当的工程技术和信息技术知识。

（2）对会计人员能力要求主要包括专业能力和综合能力两个方面。

第一，专业能力。学生需要娴熟掌握定性和定量的分析方法，不仅需要准确地陈述和处理会计事项，撰写会计工作报告和财务分析报告，更需要对会计信息进行恰当的分析，为决策支持和风险管理提出合理的建议。

第二，综合能力。主要包括知识与信息的获取能力、人际交往能力、自主学习和持续创造能力。数字化时代的知识与信息呈现大爆炸态势，新事物、新技术不断涌现，多学科交叉融合，学生需要具有较强的语言与文字沟通能力，能够理解和适应智能化时代下的财会需求；要熟练掌握 Excel、Python 等数据分析工具，对财务数据进行筛选、汇总、统计、分析；要紧随时代发展步伐，不断提高创新能力，推动企业管理创新；从繁杂的会计核算工作中解脱出来后，会计的预测、决策和控制职能将会不断扩大，因此要求其具备较高的管理能力、较强的学习提高和知识转化与应用能力。

（3）对会计人员素质要求主要包括人文和科学素质、专业素质和身心素质三个方面。

第一，人文和科学素质。学生需要树立社会主义核心价值观，具有良好的道德修养和社会责任感，注重人文素养，树立法制观念、公民意识和科学态度。

第二，专业素质。学生需要具备会计专门知识和技能，具有创新意识以及分析和解决相关问题的基本能力，坚持职业操守和道德规范，具有事业心、责任感和严谨的工作态度，以及遵纪守法、诚实守信和乐于奉献的精神。

第三，身心素质。学生应具备健康的体魄和心理素质，正确认识自然规律和社会发展规律，正确处理人与自然和谐发展关系以及社会人际关系。

从学科发展趋势看，数字化时代的会计学科正与其他财经学科、理工农医学科进行深度交叉融合与创新发展。从会计数字化发展趋势看，互联网+、区块链、云计算、大数据、人工智能等新型会计技术正不断深度渗透进会计领域的发展中。因此，数字化时代的会计教育要以"学科交叉融合、校企协同发展"方式培养复合型、外向型、应用型、创新型人才，致力于素质有诚信品质、有专业知识、有人文素养新时代会计人。

9.2.3 数字化时代，会计教育转型的新机遇

在国家政策的大力扶持之下，会计教育的转型升级也迎来了新的机遇。

1. 改变了传统教育方式

传统的会计工作往往依赖于纸质文档和手工操作，数字化时代的会计教育打破了传统约束和固有观念，一些基础性的核算工作逐渐被人工智能所取代，会计人员因此可以从以前程序性的核算工作中解放出来，会有更多时间和精力投入到企业的业务发展、财务预测和经营决策等非程序性工作中去。

数字化为会计教育提供了丰富的技术支持，给会计实践带来了新的机遇。云计算技术为会计教育提供强大的计算和存储能力，师生可通过云平台轻松存取和管理大量数据和学习资源；大数据分析工具的应用使得学生能够深入

挖掘财务数据，从中获取有价值的洞察，提高财务分析的精准性和深度；移动互联技术的普及让学生和会计人员能够随时随地获取学习资源和处理财务事务，极大提高学习和工作的便捷性与效率；人工智能技术在会计领域的应用不断拓展，自动化会计软件和智能审计系统等工具能够为会计人员减轻繁重的手工工作，提高工作效率；在线教育平台为学生提供全球化的优质会计教育资源，实现学习的时间和空间的解耦；社交媒体与协作工具的运用促进师生之间的交流与合作，增强学习的互动性和合作性。这些技术支持能使会计教育更加智能化、数字化和灵活化，为培养适应数字化时代需求的专业人才奠定坚实基础。同时，这些技术也将会推动会计教育的创新与发展，培养更具综合能力的会计人才，助力会计行业在数字时代持续繁荣。

2. 为会计教育提供了新资源和新手段

传统的会计实践教学往往受限于时间和场地等因素，而数字化技术则可以通过模拟实验、在线实践等方式，为会计教育提供新资源和新手段，为学生提供更加真实、便捷的实践环境，极大地推动了教育模式的创新和发展。

（1）丰富的教学资源：数字化技术使得海量的会计学习资源得以在线呈现，包括电子教材、在线课程、案例库、模拟软件等。这些资源不仅丰富多样，而且更新迅速，能够紧跟会计行业的最新发展和变化。同时，数字化资源还具有易获取、易分享的特点，使得学生们可以随时随地进行学习。

（2）互动式教学体验：通过数字化手段，教师可以采用更加生动、互动的教学方式，如在线直播、在线讨论、在线测试等。这种教学方式可以激发学生的学习兴趣，提高他们的参与度，同时也有助于教师更好地了解学生的学习情况，进行有针对性的指导。

（3）模拟实践环境：数字化技术可以模拟真实的会计工作环境，为学生提供实践机会。例如，通过会计模拟软件，学生可以模拟完成从凭证到报表的整个会计循环，体验真实的会计工作流程。这种模拟实践不仅有助于学生巩固理论知识，还能提高他们的实际操作能力。

（4）个性化学习支持：数字化技术可以根据学生的学习情况和需求，提供个性化的学习支持。例如，通过智能推荐系统，可以为学生推荐符合其学习水平和兴趣的课程内容；通过数据分析，可以帮助学生发现自己在学习中的薄弱环节，制订针对性的学习计划。

（5）跨界融合教学：数字化技术使得会计教育可以更加便捷地与其他学科进行跨界融合。例如，可以将会计知识与信息技术、数据分析、商业智能等领域进行结合，开设跨学科课程或项目，培养学生的跨界思维和创新能力。

数字化为会计教育提供了前所未有的机遇和挑战。教育机构和教师应该积极拥抱数字化技术，探索新的教学模式和方法，培养适应时代需求的会计人才。同时也需要关注数字化教育可能带来的问题，如信息安全、隐私保护等，确保数字化教育的健康发展。

3. 培养创新思维，促进跨界融合

会计的跨界融合是指会计领域与其他相关领域的交叉与融合，形成新的应用模式和服务方式。随着科技的发展，特别是大数据、云计算、人工智能等技术的广泛应用，跨界融合成为推动会计行业发展的重要力量，主要体现在以下几个方面：

第一，技术融合。会计行业与信息技术的结合日益紧密，会计信息系统不断完善，实现了财务数据的自动化处理和分析。例如，通过云计算技术，企业可以实现财务数据的远程存储和共享，提高数据的安全性和可靠性；人工智能技术则可以帮助会计人员进行复杂的财务分析和预测，提高工作效率。

第二，业务融合。会计行业与其他业务领域，如供应链管理、市场营销、人力资源管理等的融合也在不断加深。会计人员需要了解并参与到这些领域的业务活动中，提供全面的财务支持和服务。例如，在供应链管理中，会计人员需要参与采购、库存、销售等环节的财务控制和风险管理；在市场营销中，会计人员则需要提供有关产品定价、市场推广等方面的财务分析和建议。

第三，人才融合。跨界融合也对会计人才提出了更高的要求。会计人员不仅需要具备扎实的会计专业知识，还需要掌握相关的信息技术和业务知识，具备跨界思维和创新能力。同时，企业也需要加强会计人才的培养和引进，打造具备跨界融合能力的会计团队。

第四，服务模式创新。跨界融合还推动了会计服务模式的创新。传统的会计服务主要关注企业的财务报表和合规性，而跨界融合则使得会计服务向更广泛、更深入的方向发展。例如，提供定制化的财务解决方案、开展财务咨询和顾问服务、参与企业战略决策等，都成为现代会计服务的重要组成部分。

传统的会计教育体系只注重于基础的会计能力的培养，但知识大爆炸的数字化时代，社会更需要的是兼具知识素养、信息分析能力、跨界融合和创新思维的"全才"。数字化时代的会计教育鼓励学生跨学科学习，融合其他学科的知识和技能，培养综合素质和创新意识。企业需要加强跨界合作，推动会计与其他领域的深度融合，以应对日益复杂的经济环境和市场需求。同时，会计人员也需要不断提升自身的综合素质和能力水平，以适应跨界融合带来的新挑战和新机遇。

9.3 数字化背景下加强会计教育变革的措施

数字化时代，数字化会计人才的培养对于促进产业升级，推动经济社会发展的重要性不言而喻。为此，需要采取多种措施保证数字化会计人才的培养能够满足市场人才的实际需求，进而形成需求侧与供给侧的良性循环，推动产业快速发展。

9.3.1 数字化时代，强化数字化人才的认知

推动会计教育数字化变革，首先需要强化数字化人才认知。数字化会计教育应客观认识数字化会计教育和人才培养的规律，牢固树立立德树人、德育为先的根本导向，解决好培养社会主义建设者和接班人的根本方向和根本标准问题，破除"唯分数、唯升学、唯文凭、唯论文、唯帽子"的传统教育观念，建立有利于人们个性全面发展、教育持续健康发展的教育教育理念和教育评价体系。

受传统教育理念的影响，许多会计教师都没有意识到把数字技术运用到会计教学中的重要性，没有积极改变传统的教育观念。部分教师甚至认为，如果改变了传统的教学方式，势必会带来更大的教学负担与压力。实际上，教育数字化转型升级能够帮助教师进行资源的融合、数据的汇总与分析，提高

教学的效率、增强课堂的实施效果。由此可见，会计教育的数字化转型任重而道远，需要全面推进政府、院校和社会各界广泛参与，落实主体责任，合力协同，强化数字化人才的认知。

国家主管部门尤其是财政部以及与会计人才培养、就业和技术应用等相关的部门，应发挥主管单位的作用，整合管辖范围内不同行业、不同产业，以及人才培养上下游之间的有效连通，通过制定政策以及颁布相关文件加强对数字化会计发展的普及力度，加强国家政策法规和行政命令的规范与引导，将具有号召性、引导性、规范性的政策颁布作为刺激全社会各领域数字化会计发展的重要推动力。同时，制定数字化会计相关行业标准规范，联合专业研究机构、技术厂商与实践单位等建立行业自治与持续改进机制，实现标准前瞻性适用性兼顾，不断完善数字化会计标准体系，不断规范人才培养标准和流程，推动数字化会计教育在全社会得到广泛共识和实施。

企业要想持续发展，就必须应对转型升级的挑战，将数据化、信息化管理模式融入企业工作。这便意味着企业对人才引进的标准也要有所提升，其不仅要具备较强的专业能力，还要具备一定的信息技术应用能力，灵活运用信息技术手段开展工作。所以，高校教师要在教育改革的基础上根据时代的发展，创新教学理念，特别是注重实践性教学，使将现代信息化技术应用到教育工作当中，在提升教学质量的同时，为学生综合能力的提升打下基础，从而有效实现数字化与会计教育的教学改革。

在数字化时代，会计院校需要重新定位会计人才培养目标，强化数字化认知，将传统会计知识与现代信息技术的结合确定为培养会计人才的重要方向，以满足现代会计行业的需求。学生应掌握扎实的会计基础知识，具备计算机技术、数据分析工具、云计算等信息技术应用能力。同时，了解数字化背景下的会计发展趋势，培养创新意识和数据分析能力也成为必备要素，以适应时代变革和企业需求。

9.3.2 数字化时代，推动数字化师资队伍建设

推进会计教育数字化改革，关键在于推动数字化师资队伍建设。高等教育的中心是学生，关键是师资，高质量的人才培养离不开高质量的师资。数

字化会计人才培养跨学科的特点决定了师资团队中必须有相当一部分教师既要具备广博的财务理论知识，又要了解企业实践，还要具备参与企业数字化转型的实践经验。

为适应深度数字变革时代培养学生的新要求，要依托教育部人文社科重点研究基地"会计与财务研究院"和教育部、国家外专局高等学校学科创新引智计划"会计改革与发展学科创新引智基地"，采用持续柔性引进和本土培养相结合的方式，逐步打造一批具备深度数字化思维、掌握相关前沿理论和方法的一流的智能化师资队伍，推动深度数字化变革背景下财会相关课程的建设和教学。

为了明确教育定位，做好会计人才的培养和输送工作，需要政府、院校、教师等主体一起努力。政府应充分发挥其智能职责，加强人力、物力、财力的支持力度，及时制定相关法律法规加强引导作用。院校应明确人才培养的主体责任，全面提升专业建设和师资队伍建设，大力鼓励长期深耕会计信息化、知识管理与商务智能、社交大数据等专业领域的存量教师和拥有跨学科复合背景的师资相融合，引导教师组建智能化交叉学科的课程组，鼓励教师发挥各自特长，专注于智能化背景下相关课程的建设和教学。同时面向国际，引进一批世界著名高校的专家学者作为特聘教授，通过暑期国际课程，开设讲座，开展合作研究与交流等多种方式介绍国际会计和信息化领域的最近进展，不断在全院教师之中厚植智能化、信息化素养和培育教师应用数字化技术，以解决实际教学问题的能力，形成一整套"精于业务、强于能力、秀于素质"的数字化会计教育师资队伍。

教师要不断完善自己的技能和知识，以适应不断变化的数字化环境。教师的数字化培训不是一朝一夕的事情，随着软件的不断升级、信息技术的不断更新，学生对新知识的接受能力越来越强。如果教师不能及时掌握新技术，难免在教学中处于被动地位，不能与时俱进，甚至会失去对学生的吸引力、降低教学效果。为使会计课堂更好地吸引学生，教师必须树立终身提升数字化水平的观念，积极参与学校的教育活动，通过网络不断获取学习资料，促进自身数字化教学能力的进步，从而提高课堂教学效率。

9.3.3 数字化时代，促进会计人才培养方案变革

1. 加强资源整合，构建数字化平台

数字化与会计专业人才培养的关键在于将数字化技术与会计知识相结合，既能为企业创造价值、培养适用的人才，又能为高校铺设一条走进企业数字化实践、持续跟踪前沿进展的有效路径，从而真正地实现校企互利共赢。因此，教师在教学中不仅要注重会计专业知识的传授，还要侧重学生数字化应用能力的培养。在数字化技术与会计管理知识相融合的教学中，明确教学目标，引导学生在学习中形成大数据思维，并且能够运用信息技术对会计信息数据进行处理与分析，结合会计知识开展会计核算、监督等工作。

为有效培养和提升学生信息分析能力、系统构建能力和专业判断能力，高校在数字化与会计专业课程体系的建设过程中，根据学校特色构建会计教学体系，积极打造数字化实验教学平台，构造多元智能化的商业场景，模拟并记录学生真实信息运用和决策过程。平台以资源管理和模块化课程的管理为基础，师生可以在线实现资源管理共享、课程信息发布、实验报告（作业）管理等，通过将专业知识和商业实践场景进行融合，实现智慧的"教"和"学"。数字化平台的搭建可以结合 CESIM 全球战略和企业运营模拟平台、i 实习平台、Oracle Hyperion 商务智能系统、XBRL 应用系统、在线教学云平台、Arbutus 专业审计数据分析平台等会计与财务教学模拟平台，以及财务共享实验室，从而为学生提供基础实验和企业实务应用模拟教学环境，并提高其复杂问题的能力。

数字化与会计专业人才的培养重点在于将理论与实践相结合，逐步探索出一条"国际化、本土化、专业化"的一流财会人才培养路径。因此，学校要加强与各行业已经实现高度数字化变革的头部企业合作，共建实习基地。通过企业参访、实习实践等形式，将课堂搬到企业中，由企业资深经理人、行业领导者针对真实企业环境和运营情况，在企业内部开展全真实景教学，丰富学生实训经验。这种双赢的合作过程，一方面可以根据企业需求为企业培养专业人才；另一方面，通过与企业之间的合作不断完善教学内容，通过实训教学活动的开展，培养学生信息技术灵活应用能力，从而积攒更多实操经

验，为学生今后的发展与就业打下有力的基础。

建立资源库的标准主要包括：建立资源库的开发标准、选择和管理资源库运行平台、建立共享机制。在资源库的建设过程中，需要制订统一的、科学的、先进的标准。在制订标准时，应考虑到教材资源、题库系统、音视频等方面的规范。各职业院校在开发数字教学资源时，要按照教育部的有关规定，制订相应的资源库开发规范，增强共享功能，并设立专门的管理和运营团队，对资源进行审核、分类、存储和管理，确保资源的有效利用和共享。

此外，为了有效地利用这些资源，资源开发商要研究学生的喜好，提供适合学生的用户界面，并加以美化，增加上传、下载、聊天、娱乐、用户空间等功能，提高数字化资源的使用频率。数字化资源建设要面向教学，因此在标准、内容、功能等方面，都要根据教学内容、教学需求的变化和发展作出相应的调整。数字化教学资源的建设是一个不断的、动态的、逐步完善的过程，资源建设者要让系统具备可伸缩、可扩展的功能，使之与教学的变革、发展保持同步。

2. 加强数字化教学，重构核心技能

会计专业毕业生不仅应具备技术知识，还应具备能够满足职业需求的其他核心能力，即"打造懂会计、懂业务、懂信息技术的复合型会计信息化人才队伍"。因此，数字化时代的会计教育需从产业人才需求出发，通过调研、整理和归纳产业界对数字化会计人才的岗位要求及数字化技术应用的需求，广泛吸取国内外数字化会计研究成果与经验，从数字化战略能力、业务的数字化能力、会计的数字化能力、数字化领导力、数字化技术能力五个维度精准确定数字化会计师应具备的专业技能，从而完善数字化会计人才培养。

为达到这一目标，学校应积极与本土顶尖计算机软件系统及产品研发、大数据供应商，及擅长数据挖掘、建模和分析的公司合作共建课程，深化数字技术与实践商业场景的融合。此外，各会计院校还应积极组织商业大赛，为同学们提供多样的商业实战平台，做到"以赛促学、以赛促建、以赛促教"，切实提高学生分析问题、解决问题的能力。此外，还应推动校外专业实习教学工作，增加学生对职场的适应力与竞争力。在学生参与实习的同时，企业可以藉此了解学生的工作态度、职业道德与专业知识。若学生实习表现符合企业要求，可以增加学生继续留用服务的机会。

3. 加强体系建设，助推教学改革

在课程体系的设置上，各高校要围绕深度数字变革下"会计教育要培养什么样的人""什么样的课程、师资和教学条件能够培养出市场需要的人才"等问题，开启以智能化财会人才培养为核心的教学改革谋划。同时还应结合人才培养方案的具体要求，将数字化赋能理念应用于会计专业的日常教学中，着力扩大以数字化、信息化为手段的优质教育资源覆盖面。

在体系建设过程中，高校要依托学校通识课程建设，在培养方案中大幅提高通识课程的比例，特别是战略管理和信息系统相关的课程；同时对专业课程进行优化，依据智能化环境下会计人员面对的不同商业决策场景，设置模块化的专业方向课程，形成以通识课程为基础、以战略管理为引领、以信息系统为支持、以会计专业课程为核心的"专通结合"课程体系，实现战略思维、智能化应用和专业课程教学的有机融合。

此外，应该将财务管理专业教学建设着重放在管理和数据分析中，培养建构全面公司治理能力的思维框架，在动态经济环境中，可以准确、及时地作出趋势分析，并在最适时机提供最佳决策方案。具体而言，在本科层面，将财务管理专业调整为财务管理（智能化）专业；在研究生层面，成体系地培养技术环境下的会计+大数据、会计+人工智能的高水平人才。在课程设置上，财务管理（智能化）专业开设"程序语言""SQL 数据库基础""商务数据分析""会计信息系统""决策与优化""财务建模""大数据分析与数据挖掘"等课程，大力培养学生在智能化环境下的数据处理、财务分析和决策能力。在研究生教学中，开设"Python 程序语言""数据库管理及应用""大数据与商务智能""新兴市场商业模式及治理""商务数据分析""大数据与会计研究方法""Python 在会计审计中的应用"等课程，不断提升研究生的人工智能、大数据处理能力，及其在会计财务领域深度应用的能力。同时，进一步精简、提炼传统会计学专业和财务管理专业核心课程，增加"商务数据分析""大数据与会计研究方法"等智能化技术与会计财务专业知识融合应用的课程，根据项目培养目标和定位，有针对性地嵌入战略管理和信息系统相关的课程，如"会计与证券法务"方向着重对会计信息的披露风险进行分类梳理和量化预估、"会计与公司财务"方向着重智能化会计信息系统流程管理与设计、"会计与资本市场"方向注重利用数据分析为公司追踪市场中有价值的信息流动路径和网络等。依据智能化环境下财会人员面对的不同商业决策场景，设置模块化的专业方向课程，不断提升学生解决复杂问题的能力，提升专业学生应对多元化市场的专业技能需求，将创新教学与会计教学深度融合，打造多样化会计人才。

4. 加强个性教育，促进人才分层

教学改革关键在于以教学对象为基础进行分层教育。一方面，需要考虑学生学习兴趣、学习能力、接受能力、专业个性等个性化特点，将学生以具体方式分成不同层次传授不同教学内容。会计教学主要面向职业教育学生、高校学生、社会学生等学生群体，不同学生群体的学习能力和接受能力不同，所需要的会计知识和会计技能需求各不相同。因此，在会计教学中，应该融合"因材施教"教育理念，对不同学生实施不同的教学内容。另一方面，还要对教学内容进行特性分层，将会计教学内容按学科特性、难易程度、应用类型和市场需求等特点分层给各个类别的学生。这样学生可以结合自身兴趣和特点，分层化学习内容，这体现了教学活动的因材施教原则，解决了教学内容不匹配、学生认知差异的问题。

从培养层次来看，基层人才应由会计本科教育来提供。应该重点培养学生熟练使用成熟的数字化信息系统，并利用数字化工具优化财务流程、提升工作效率的能力。

"财务+技术"人才涉及领域最多、人才需求量最大。此类人才需要对企业的行业环境、业务特点、企业文化等有深刻认知，在其业务领域有丰富的经验积累，这部分素养的形成来自于在企业中的多年实践。从这个角度来看，高校对"财务+技术"人才的培养应是面向已具备这些素养的企业中高层在职人员，并将培养重心放在"技术"上。因此，"财务+技术"人才的培养更适合由高学位层次的在职项目来完成。其中，领域擅长型人才由会计专硕在职项目进行培养，而全域战略型人才由会计专博项目予以培养。具体而言，应依托数字化平台和数字化技术，引入新媒介、新技术、新平台等教学手段，通过学习平台课前测试、自主学习能力量表、学习风格测试以及网络教学平台学习行为数据统计进行学情数据采集，对学生知识基础、认知能力、学习特点等内容进行分析。根据分析结果把握学生目前的学习状态，关注学生的个性差异，使得每个学生在课程学习活动中取得更大的收获。此外，在多元采集数据，准确分析学情的基础上，依据学情及时改进会计课程教学手段，有效利用虚拟仿真平台、超星学习通等数字化平台，及时整合智慧职教、超星泛雅、中国财税博物馆 VR 展厅、EPC 金税虚拟仿真实训平台、校外实践基地等立体化教学资源，创设真实情境、实施理实一体、任务驱动、启发式教学，帮助学生学习，为线上线下混合式教学拓宽学习空间。简言之，应注意把学习的主动权从教师转移到学生，使学生逐步成为学习的主体、教学活动从信息的单向传递向双向交换转变、学生单独学习向合作学习转变。

数字经济是第四次工业革命的标志，如何构建有效的数字经济管理体系，促进数字经济健康发展，是当今社会面临的一个重要课题。随着大数据和人工智能时代的来临，社会对会计专业人才的素质要求不断提高，职业院校亟须适应时代要求的应用型教学人才。会计教育的改革势在必行，教师应当不断实践，充分发挥数字化技术、数字化平台的最大优势，发掘与扩展数字化赋能于会计课程教学的方式，不断优化数字化赋能的课程教学设计，提高会计课堂的教学质量，进而推动会计教学改革与发展。

教育数字化转型在会计教学中的实践应用任重而道远，但曙光已现！

参考文献

[1] 马香品. 数字经济建设与高质量发展研究［M］. 北京：文化发展出版社，2023.

[2] 陈玉平，董路，李肖. 企业数字化转型［M］. 北京：化学工业出版社，2023.

[3] 罗新远. 当代社会经济学［M］. 西安：西北大学出版社，2023.

[4] 许家林，王昌锐，龚翔. 西方会计名著导读（上）［M］. 上海：立信会计出版社，2021.

[5] 葛家澍，杜兴强. 会计理论［M］. 上海：复旦大学出版社，2017.

[6] 葛家澍，林志军. 现代西方会计理论［M］. 厦门：厦门大学出版社，2002.

[7] 黄世忠. 新经济 新模式 新会计［M］. 北京：中国财政经济出版社，2020.

[8] 孙芳城，孔庆林，李孝林，杨兴龙. 会计理论比较研究［M］. 上海：立信会计出版社，2017.

[9] 彭娟，陈虎，王泽霞，胡仁昱. 数字财务［M］. 北京：清华大学出版社，2020.

[10] 配第. 赋税论献给英明人士货币略论［M］. 2版. 陈冬野，译. 北京：商务印书馆，1978.

[11] 萨伊. 政治经济学概论［M］. 陈福生，陈振骅，译. 北京：商务印书馆，2010.

[12] 马歇尔. 产业经济学［M］. 肖卫东，译. 北京：商务印书馆，2015.

[13] 中共中央马克思恩格斯列宁斯大林著作编译局. 马克思恩格斯全集：第十九卷［M］. 北京：人民出版社，1963.

[14] 经济合作与发展组织. 数据驱动创新：经济增长和社会福利中的大数据［M］. 张晓，译. 北京：电子工业出版社，2017.

[15] 中共中央马克思恩格斯列宁斯大林著作编译局. 马克思恩格斯选集：第三卷［M］. 北京：人民出版社，2004.

[16] 中共中央马克思恩格斯列宁斯大林著作编译局. 马克思恩格斯选集：第

一卷[M].北京：人民出版社，2004.

[17] 刘韬.现代企业财务管理理论研究[M].西安：西北大学出版社，2022.

[18] 斯密.国民财富的性质和原因的研究：上卷[M].郭大力，王亚南，译.北京：商务印书馆，2017.

[19] 刘琨.战略管理会计与企业创新决策[M].厦门：厦门大学出版社，2021.

[20] 中共中央马克思恩格斯列宁斯大林著作编译局.马克思恩格斯选集：第二卷[M].北京：人民出版社，2004.

[21] 韩向东.智能管理会计：全面赋能业财融合的实战指南[M].北京：人民邮电出版社，2021.

[22] 顾颖，王莉芳.创新创业新思维与新实践[M].西安：西北大学出版社，2020.

[23] 陈博文，周世军.中国数字经济发展水平的区域特征与演变趋势[J].统计与决策，2024（03）：5-9.

[24] 王媛玉，杨开忠.数字经济赋能东北经济高质量发展：基于新空间经济学"4D"框架的分析[J].社会科学辑刊，2024（02）：132-142.

[25] 胡钦太，王姝莉，郭锂.政策工具视角下我国教育数字化转型的现状与审思[J].电化教育研究，2024，45（01）：61-67+99.

[26] 杨继东.产业数字化与经济高质量发展[J].人民论坛，2023（22）：54-57.

[27] 李瑞琴，陈丽莉.企业数字化转型与进口贸易的高质量发展[J].中国特色社会主义研究，2023（05）：44-53.

[28] 孙成己，侯冠宇，张春华.企业数字化转型的知识结构与演化路径研究[J].技术经济与管理研究，2023（09）：86-91.

[29] 马捷，郝志远，李丽华，张羽.数字化转型视域下的数据价值研究综述：内涵阐述、作用机制、场景应用与数据创新[J].图书情报工作，2023，67（15）：4-13.

[30] 周卫华，刘薇.企业集团财务数字化转型：价值嵌入与路径选择：基于三家企业集团的典型案例研究[J].经济管理，2023，45（07）：94-111.

[31] 周慧珺，邹文博.数字化转型背景下数字鸿沟的现状、影响与应对策略[J].当代经济管理，2023，45（03）：60-67.

[32] 周孝. 企业数字化转型的成效、障碍与政策诉求：基于微观调查数据的分析[J]. 财政科学, 2022（11）：104-118.

[33] 孙莉莉, 李锋. 我国数字营商环境建设论略：突出问题与优化措施[J]. 东北师范大学学报（哲学社会科学版）, 2023（02）：116-124.

[34] 霍晓彤, 郑博文, 冯海燕. 数字经济与企业战略变革：基于A股上市公司的经验证据[J]. 技术经济, 2023, 42（04）：68-81.

[35] 宋玉臣, 李芳妍. 中国数字经济发展意蕴解读：变革、挑战与机遇[J]. 税务与经济, 2023（03）：58-65.

[36] 阳镇, 陈劲, 吴海军. "拥抱"还是"拒绝"：经济政策不确定性与企业数字化转型[J]. 经济学家, 2023（01）：45-54.

[37] 王磊, 李吉. 网络基础设施建设与企业数字化转型：理论机制与实证检验[J]. 现代经济探讨, 2024（01）：77-89.

[38] 钞天虎, 孙红亮. 数字化赋能会计发展的技术路径和政策建议[J]. 财务与会计, 2023（16）：77-81.

[39] 徐玉德. 数字经济时代会计变革的反思与逻辑溯源[J]. 会计研究, 2022（08）：3-13.

[40] 孙天阳, 杨丹辉. 新兴产业最新研究进展及展望：一个文献综述[J]. 产业经济评论, 2022（01）：105-122.

[41] 龚雅娴. 企业数字化转型：文献综述与研究展望[J]. 产经评论, 2022, 13（01）：40-47.

[42] 王保忠, 马佳颖. 现代会计发展演进的基本路径与未来趋势：基于技术进步视角的分析[J]. 会计之友, 2021（18）：17-24.

[43] 高汉祥, 汪子昊. 数字化与数据化：新技术大潮下会计变革的形与实[J]. 财会月刊, 2023, 44（11）：47-52.

[44] 赵宸宇, 王文春, 李雪松. 数字化转型如何影响企业全要素生产率[J]. 财贸经济, 2021, 42（07）：114-129.

[45] 吴非, 胡慧芷, 林慧妍等. 企业数字化转型与资本市场表现：来自股票流动性的经验证据[J]. 管理世界, 2021, 37（07）：130-144+10.

[46] 杜勇, 孙帆, 邓旭. 共同机构所有权与企业盈余管理[J]. 中国工业经

济，2021（06）：155-173.

[47] 田高良，高军武.数字经济时代业财融合的本质及价值创造思考[J].会计之友，2024（06）：8-14.

[48] 谢志华，杨超，许诺.再论业财融合的本质及其实现形式[J].会计研究，2020（07）：3-14.

[49] 韦德洪，陈势婷.论智慧财务管理的内涵、外延、特点与应用[J].会计研究，2022（05）：40-48.

[50] 曹越，孙丽，郭天枭，蒋华玲."国企混改"与内部控制质量：来自上市国企的经验证据[J].会计研究，2020（08）：144-158.

[51] 王岳龙，朱琰.数字化转型背景下强化企业财会监督的几点建议[J].财务与会计，2022（18）：74-75.

[52] 戚聿东，肖旭.数字经济时代的企业管理变革[J].管理世界，2020，36（06）：135-152+250.

[53] 朱民，郑重阳.关于相互促进的国内国际双循环思考[J].经济与管理研究，2021，42（01）：3-15.

[54] 于立，王建林.生产要素理论新论：兼论数据要素的共性和特性[J].经济与管理研究，2020，41（04）：62-73.

[55] 续慧泓，杨周南，周卫华，等.基于管理活动论的智能会计系统研究：从会计信息化到会计智能化[J].会计研究，2021（3）：17.

[56] 徐玉德.数字经济时代会计变革的反思与逻辑溯源[J].会计研究，2022（08）：3-13.

[57] 张庆龙.数字经济背景下的财务思维创新[J].财务与会计，2020（13）：83-85.

[58] 吴水澎.对第四次新技术革命与会计变革有关问题的看法[J].会计之友，2020（12）：10-12.

[59] 肖旭，戚聿东.数据要素的价值属性[J].经济与管理研究，2021，42（07）：66-75.

[60] 王永妍，温素彬.业以才兴：面向世界一流财务管理体系的数字化财务人才培养模式[J].财会月刊，2023，44（11）：16-22.

[61] 马瑞阳. 数字化会计教育发展路径 [J]. 山西财经大学学报, 2023, 45 (S1): 169-171.

[62] 张莉. 高职大数据与会计专业课证融通人才培养模式研究 [J]. 中国职业技术教育, 2023 (08): 90-96.

[63] 靳庆鲁, 朱凯, 曾庆生. 数智时代财会人才培养的"上财模式"探索与实践 [J]. 中国大学教学, 2021 (11): 28-34+45.

[64] 白雪洁, 王欣悦, 宋培. 中国企业数字化转型的影响因素研究: 基于TOE框架的实证分析 [J/OL]. 科学研究, 2024: 1-18.

[65] MANYIKA J, MICHAEL C, et al. Big Data: the Next Frontier for Innovation, Competition, and Productivity [R]. McKinsey Global Institute, 2011.

[66] PAUL C, ROY S. Strategies for Heading Off is Project Failure [J]. Information Systems Management, 2010, 17 (2): 61-69.

[67] DechowPM, SLOAN RG, SWEENEY A P. DetectingEarningsManagement [J]. Accounting Review, 1995, 70 (2): 193-225.